Descubriendo Kanban

El camino evolutivo a la agilidad empresarial

David J Anderson

Traducido por Lilian Mateu

BLUE HOLE PRESS Chicago, Illinois   Kanban University PRESS Bilbao, Spain

Blue Hole Press
Chicago, Illinois
www.blueholepress.com

Kanban University Press
Bilbao, Spain
https://kanban.university

Volumen Primero de la serie Mejor con Kanban
Descubriendo Kanban: el camino evolutivo a la agilidad empresarial

Copyright ©2023 Kanban University Press
Primera Edición Impresa / Edición Noviembre 2023

Para cualquier consulta relacionada con la publicación, consultas sobre derechos, ediciones personalizadas, solicitudes de traducción, licencias, pedidos al por mayor u otras consultas por favor envíe un correo electrónico a contact@kanbanbook.com. Copias adicionales impresas de esta y otras publicaciones de Kanban se pueden adquirir a través de https://kanbanbooks.com y nuestros socios de distribución regional.

Visite https://Kanban.plus para acceder a la version digital del libro y a recursos de aprendizaje adicionales.

Para cualquier consulta relacionada directamente con la Kanban University, por favor contacten con info@kanbanuniversity.com.

ISBN   978-1-960442-10-9   color LS
        978-1-960442-11-6   b-w LS
        978-1-960442-12-3   color A
        978-1-960442-13-0   b-w A

Derechos de autor de la portada © Mauvius Group Inc, d.b.a. Blue Hole Press
Derechos de autor de la foto de portada © Mauvius Group Inc, d.b.a. Blue Hole Press
Diseño de portada por Nastya Kondratova
Diseño interior por Vicki L. Rowland
Fotos de la página 2 utilizadas con permiso, Thomas Blomseth

Contents

4 ¡Abajo con la democracia!   51
La magia de Kanban: cambio emergente, evolutivo, social, cultural y de procesos

5 ¡Oblicuidad!   67
Más magia de Kanban: revisión de operaciones

6 Historias de scrumban   81
Auge y declive de Scrum en Posit Science

13 Modelo de Madurez Kanban   173

Mapeo de patrones en la implementación de Kanban con los niveles
de madurez organizativa

14 Receta para el éxito   191

Una hoja de ruta de liderazgo para hacer madurar a su organización

15 La tiranía de los *timeboxes* cada vez más cortos   201

Por qué los sistemas de flujo son esenciales para la agilidad del
negocio a escala empresarial.

16   Epifanías de las cinco millas   211
Gestión autónoma y Agile de las dependencias

17   Superar la crisis, liderazgo   225
Para aprender cómo escalar, pregunta a un emprendedor

A   Los Valores de Kanban originales   239

B   Los 14 puntos de Deming: desentrañados y reinterpretados para el siglo XXI   247

Prólogo a *Kanban*[1]

Siempre presto atención al trabajo de David Anderson. Mi primer contacto con él fue en octubre de 2003, cuando me envió una copia de su libro, *Agile Management for Software Engineering: Applying Theory of Constraints for Business Results*. Como su título indica, la *Theory of Constraints* (TOC) de Eli Goldratt había influido mucho en este libro. Más adelante, en marzo de 2005, lo visité en Microsoft; en ese momento ya estaba desarrollando un trabajo impresionante con los diagramas de flujo acumulativo. Un tiempo después, en abril de 2007, tuve la oportunidad de observar el avanzado sistema kanban que había implementado en Corbis.

Trazo esta cronología para darle una idea del implacable ritmo al que ha avanzado el pensamiento en gestión de David. No se queda atascado en una sola idea y trata de forzar al mundo a adaptarse a ella. En cambio, presta especial atención al problema global que está tratando de resolver, se mantiene abierto a diferentes soluciones posibles, las prueba en la práctica y reflexiona sobre por qué funcionan. Verá los resultados de este enfoque a lo largo de este nuevo libro.

Por supuesto, la velocidad es más útil si va en la dirección correcta; yo estoy seguro de que David sigue la dirección adecuada. Me entusiasma especialmente este último trabajo con los sistemas kanban. Siempre he encontrado que las ideas de la fabricación *lean* son más útiles en el desarrollo de productos que las de la TOC. De hecho, en octubre de 2003 escribí a David, diciéndole: «Una de las grandes debilidades de la TOC es que subestima la importancia del tamaño del lote. Si su mayor prioridad es encontrar y reducir la restricción, a menudo estará resolviendo el problema equivocado». Sigo creyendo que esto es cierto.

En nuestra reunión de 2005, nuevamente animé a David a mirar más allá del enfoque del cuello de botella de la TOC. Le expliqué que el éxito espectacular del *Toyota Production System* (TPS) no tenía nada que ver

---

1. Anderson, David J. *Kanban: Successful Evolutionary Change for Your Technology Business* (ampliamente conocido como el libro azul).

con buscar y eliminar los cuellos de botella. Las mejoras en el rendimiento de Toyota se debieron a la reducción del tamaño del lote y de la variabilidad para así reducir el inventario del trabajo en curso (*Work-in-Progres* o WIP). Los beneficios económicos surgieron a partir de la reducción del inventario y fueron los sistemas orientados a limitar el WIP, tales como kanban, los que lo hicieron posible.

Cuando visité Corbis en 2007, vi una implementación impresionante de un sistema kanban. Le indiqué a David que había llevado el enfoque de kanban mucho más allá de lo que se había hecho en Toyota. ¿Por qué dije esto? El *Toyota Production System* está elegantemente optimizado para hacer frente a las tareas repetitivas y predecibles: tareas con duraciones y costes de retraso homogéneos. En tales condiciones, es correcto utilizar enfoques tales como la priorización *first-in-first-out* (FIFO). También es correcto bloquear la entrada de trabajo cuando se alcanza el límite de WIP. Sin embargo, estos enfoques no son óptimos cuando debemos lidiar con trabajos no repetitivos e impredecibles, con diferentes costes de retraso, y diferentes duraciones de las tareas, que es precisamente con lo que debemos lidiar en el desarrollo de productos. Necesitamos sistemas más avanzados, y este libro es el primero en describir estos sistemas con ejemplos prácticos.

Me gustaría hacer algunas breves advertencias a los lectores. Primero, si cree que ya entiende cómo funcionan los sistemas kanban, probablemente esté pensando en los sistemas kanban utilizados en la fabricación *lean*. Las ideas de este libro van mucho más allá de simples sistemas que utilizan límites estáticos de WIP, un sistema de priorización FIFO y una sola clase de servicio. Preste mucha atención a estas diferencias.

En segundo lugar, no piense que este enfoque es solo un sistema de control visual. La forma en que los tableros kanban hacen visible el WIP es sorprendente, pero eso es solo un pequeño aspecto de este enfoque. Si lee este libro cuidadosamente, encontrará muchas cosas más. Las verdaderas aportaciones se encuentran en aspectos tales como el diseño de los procesos de llegada y salida, la gestión de los recursos no fungibles y el uso de las clases de servicio. No se distraiga con la parte visual y se pierda tales sutilezas.

En tercer lugar, no descarte estos métodos porque parezca fáciles de usar. Esta facilidad de uso es un resultado directo de la visión de David sobre lo que produce el máximo beneficio con el mínimo esfuerzo. Es muy consciente de las necesidades de los profesionales y ha prestado una cuidadosa atención a lo que realmente funciona. Los métodos simples crean menos disrupciones y, casi siempre, producen mayores beneficios duraderos.

Este es un libro apasionante e importante que merece ser leído cuidadosamente. Lo que obtenga de él dependerá de la seriedad con la que lo lea. Ningún otro libro le expondrá mejor estas ideas avanzadas. Espero que lo disfrute tanto como yo.

Don Reinertsen,
7 de febrero de 2010
Redondo Beach, California
Autor de *The Principles of Product Development*

Pregunta:
¿Cuántos psicólogos se necesitan
para cambiar una bombilla?

-☼-

Respuesta:
Solo uno, ¡pero la bombilla
tiene que querer cambiar de verdad!

Prólogo

En los años transcurridos desde 1988, cuando John Krafcik acuñó el término, se han dedicado muchos esfuerzos a aplicar el «lean manufacturing» a otras actividades. De todos, el Método Kanban es el único que ha logrado un éxito generalizado. ¿Por qué? Como señaló Don Reinertsen en el prólogo de *Kanban: Successful Evolutionary Change for Your Technology Business* (2010), el *lean manufacturing* está «elegantemente optimizado para hacer frente a tareas repetitivas y predecibles». El trabajo del conocimiento es bastante distinto. Kanban tuvo éxito porque no trató de forzar las prácticas de fabricación en áreas donde no eran de aplicación. En su lugar, Kanban representa una evolución de los principios más profundos y fundamentales que subyacen en el sistema de producción de Toyota; los mismos principios, resulta, que uno encuentra en gran parte de la filosofía oriental, en las artes marciales y en la guerra de maniobra moderna.

En el primer capítulo aparecen indicios de estos fundamentos. David Anderson describe su epifanía, cuando se le produjo un destello que le iluminó al ver a un funcionario recogiendo pequeñas tarjetas de plástico. Eventos como la «iluminación instantánea» son fenómenos comunes en el Zen, pero no tanto en la actual teoría de la gestión.

Mi propio acercamiento al *satori* fue más mundano. Corría el año 1987. Como todos los años, Lockheed cerró nuestras instalaciones durante tres semanas por Navidades. Estaba curioseando por nuestra biblioteca comunitaria en los suburbios de Atlanta, cuando me saltó a la vista la portada roja brillante de *Thriving on Chaos*. Fue mi propio despertar: Tom Peters había roto limpiamente con las prescripciones de *In Search of Excellence* y estaba predicando conceptos de liderazgo que aún eran objeto de acalorados debates entre líderes militares y estrategas.

Yo estaba familiarizado con algunas de estas ideas porque años antes, como miembro del personal subalterno en la Office of the Secretary of Defense en el Pentágono, había servido como punto de contacto de nuestra oficina para el avión de combate F15 y un programa de demostración de tecnología llamado «Prototipo de caza ligero», que dio lugar a los F16 y F18. Un padrino filosófico de estos era un Coronel de la Fuerza Aérea llamado John Boyd, que también estaba destinado en el Pentágono. A finales de la década de 1960, Boyd había desarrollado un marco matemático para comparar las capacidades de combate de los cazas a reacción, un método que, por cierto, todavía se sigue utilizando hoy en día. Este marco dio forma a los diseños de los tres aviones.

Unos años más tarde, Boyd se había jubilado y estaba empezando a centrar su atención en los conflictos en general, en otras palabras, en la guerra. Le fascinaba el fenómeno de que, con más frecuencia que no, el más pequeño o el menos avanzado técnicamente ganaba. Boyd pasó la siguiente década estudiando por qué sucedía esto, desde el texto de Sun Tzu (alrededor del año 400 a.C.) hasta el presente. Recopiló sus hallazgos en una presentación de 185 diapositivas que dio cientos de veces a miembros del Congreso, altos cargos militares y oficiales de defensa, y a líderes de la industria.

Entonces, ¿qué es lo que cuenta?

Boyd concluyó que cuando una fuerza más pequeña ganaba, había utilizado una variedad de medios para inducir al error y confundir a los oponentes y luego se aprovechaba de sus imágenes mentales confusas antes de que se dieran cuenta de lo que estaba pasando. El resultado era sorpresa, conmoción, respuestas tardías, caídas en trampas y emboscadas, y destrucción de la cohesión interna. La fuerza más grande, en otras palabras, no podía beneficiarse de su número superior y potencia de fuego.

¿Qué tipos de organizaciones podrían hacer esto? La clave del éxito era un clima organizacional que produjera unidades que pudieran crear y detectar oportunidades y luego explotarlas mientras aún existían. Crear y luego prosperar en el caos, muy similar a la noción de antifragilidad de Taleb. Boyd codificó este ambiente como:

- Confianza mutua y cohesión, en particular orientaciones similares compartidas entre los miembros
- Mantener una orientación más precisa que el adversario
- La capacidad, basada en la experiencia, de tomar la mayoría de las decisiones de forma intuitiva y comunicarlas implícitamente
- «*Mission command*», donde los líderes superiores especifican lo que se debe hacer (su propósito general) pero dejan a sus subordinados la mayor parte del cómo hacerlo.

Era fácil encontrar los mismos principios en los textos de Sun Tzu, en *Thriving on Chaos*, en los sistemas de producción y desarrollo de Toyota y, como descubrí, en Kanban. También son fundamentales para la doctrina de la guerra de maniobra del US Marine Corps, que se basa en el trabajo de Boyd y que se publicó poco después del libro de Peters.

Ya que la antifragilidad es el hilo común, no es de sorprender que las creencias de Boyd estén tras todos ellos.

Lo que encontrará en este libro es una nueva manifestación de estas antiguas ideas. Sin embargo, debido a su amplia capacidad de aplicación, Kanban cambiará el mundo más profundamente que cualquiera de sus predecesores.

Chet Richards
9 de marzo de 2023
Hilton Head, Carolina del Sur
Autor de *Certain to Win*

Nota del Editor

A lo largo de este texto, hemos utilizado una sencilla convención al referirnos a kanban y al Método Kanban: los nombres propios van en mayúsculas. Por ejemplo, consideremos por un momento que estuviéramos dirigiendo un negocio diferente, la Asociación de Fútbol y que nuestro producto estuviera definido por las Reglas de la Asociación de Fútbol. En estos casos, la palabra «Fútbol» se utiliza como parte de un nombre propio. Sería extraño que la Asociación de Fútbol pusiera en mayúsculas todos los usos de la palabra «fútbol» en sus publicaciones. Por tanto, la Asociación de Fútbol es un nombre propio y se escribe con mayúscula, mientras que un balón de fútbol, un campo de fútbol, un estadio de fútbol, etc. no son nombres propios y no se escriben con mayúscula.

Igualmente, el Método Kanban es un nombre propio y se escribe con «K» mayúscula. El Método Kanban utiliza kanban y tableros kanban, como la Asociación de Fútbol utiliza balones de fútbol. Todos los elementos de primera clase del Método Kanban son también nombres propios: Cadencias Kanban, Valores Kanban, Agendas Kanban, Lente Kanban, Kanban Litmus Test. Cada uno de ellos es propio del Método Kanban. La Lente Kanban define «la forma en que nos gustaría que viera su organización cuando use el Método Kanban». Cada vez que vea «Kanban» solo, en mayúsculas, es la abreviatura de «el Método Kanban», con una excepción: Cuando se refiere al libro de 2010, *Kanban: Successful Evolutionary Change for Your Technology Business* (2010; también llamado el libro azul), es simplemente *Kanban* (en cursiva).

1

El dilema del directivo diligente

Mi motivación para adoptar sistemas kanban virtuales

A principios de abril de 2005, tuve la buena suerte, junto a mi esposa y mis hijas pequeñas, de pasar unas vacaciones en Tokio, Japón, durante la temporada de floración de los cerezos. Para disfrutar de este espectáculo, hice por segunda vez una visita a los Jardines del Este en el Palacio Imperial, en el centro de Tokio. Fue aquí donde tuve una revelación: ¡kanban no era solo para la fabricación!

La epifanía de los jardines del Palacio Imperial

El sábado 9 de abril de 2005, entré en el parque por la entrada norte, cruzando el puente sobre el foso cerca de la estación de metro Takebashi. Mi segunda hija, de solo tres meses, estaba atada a mi pecho, su hermana mayor en un cochecito empujada alternativamente por su madre o su tía, ambas nativas de Tokio.

Los Jardines del Este del Palacio Imperial se hallan dentro de las antiguas murallas del histórico castillo de Edo, tradicionalmente el hogar del señor de la guerra gobernante de Japón, conocido como el Shogun. Tras la restauración de Meiji en 1868, y el final del Shogunato Tokugawa con la capitulación del Shogun, Tokugawa Yoshinobu, el emperador de Japón trasladó su residencia de Kioto a Tokio y ocupó el castillo. En ese momento, pasó a conocerse como el Palacio Imperial. El lugar donde ahora se encuentran los jardines había sido el interior del patio del castillo, lleno de casas y dependencias de trabajo perteneciente a miembros de la corte real. De naturaleza fundamentalmente medieval e innecesarios después de la Restauración Meiji, los patios del castillo fueron demolidos y acondicionados como jardines durante el siglo XIX. Hoy en día, están abiertos al público y son algunos de los parques más singulares y hermosos del área metropolitana de Tokio.

Aquel día, muchos habitantes de Tokio ya estaban aprovechando la soleada mañana de sábado para disfrutar de la tranquilidad del parque y de la belleza de la *sakura* (floración del cerezo). La costumbre de hacer un picnic bajo los cerezos mientras las flores caen a tu alrededor se conoce como *hanami* (fiesta de las flores). Es una antigua tradición en Japón, una oportunidad para reflexionar sobre la belleza, la fragilidad y la brevedad de la vida. La breve vida de la flor del cerezo es una metáfora de nuestra propia vida y nuestra corta, hermosa y frágil existencia en medio de la inmensidad del universo.

Los cerezos en flor proporcionaron un bienvenido contraste frente a los grises edificios del centro de Tokio, su ajetreo y bullicio, las multitudes palpitantes de gente atareada y el ruido del tráfico. Los jardines son un oasis en medio de la jungla de cemento. Mientras cruzaba el puente con mi familia, se nos acercó un caballeroso anciano japonés con una mochila en el hombro. Metió la mano en su bolso y sacó un puñado de tarjetas de plástico.

Nos ofreció una a cada uno de nosotros, deteniéndose brevemente para decidir si mi hija de tres meses, que llevaba atada a mi pecho, necesitaba una. Decidió que sí y me dio dos tarjetas. No dijo nada y, como mi japonés es limitado, no le ofrecí conversación. Nos adentramos en los jardines en busca de un lugar donde disfrutar de nuestro picnic familiar.

Dos horas más tarde, después de una agradable mañana bajo el sol, recogimos nuestras cosas de picnic y nos dirigimos hacia la salida en la Puerta Este, en Otemachi. Al acercarnos a la salida, nos unimos a una fila de personas frente a un pequeño quiosco. Conforme la fila avanzaba, vi a la gente devolviendo sus tarjetas de entrada de plástico. Busqué en mi bolsillo y saqué las tarjetas que me habían dado. Al acercarme al quiosco, vi dentro una señora japonesa pulcramente uniformada. Entre nosotros había una mampara de cristal con un agujero semicircular a la altura del mostrador, muy parecida a una taquilla de un cine o de un parque de atracciones. Deslicé mis tarjetas de plástico por el mostrador a través del agujero en el cristal. La señora las cogió con sus manos con guantes blancos y las apiló en un estante con otras. Hizo una ligera reverencia con la cabeza y me agradeció con una sonrisa. No hubo intercambio de dinero. No me dio ninguna explicación

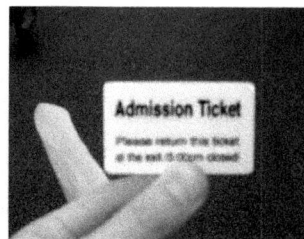

Fotos de la página 2 utilizadas con permiso, Thomas Blomseth

de por qué había estado llevando dos tarjetas de entrada de plástico blanco desde que entré en el parque dos horas antes.

¿Qué estaba pasando con estos tiques de entrada? ¿Por qué molestarse en emitir tiques si no se cobraba nada? Lo primero que pensé es que se trataba de un sistema de seguridad. Contando los tiques devueltos, las autoridades podían asegurarse de que no quedaba en el recinto ningún visitante extraviado cuando cerraban el parque a última hora de la tarde. Tras una rápida reflexión, me di cuenta de que sería un sistema de seguridad muy deficiente. ¿Quién podía asegurar que me habían dado dos tiques en lugar de solo uno? ¿Mi hija de tres meses contaba como equipaje o como visitante? Parecía haber demasiada variabilidad en el sistema: ¡demasiadas posibilidades de error! Si fuera un sistema de seguridad, seguramente fallaba y daba falsos positivos todos los días. (Una breve aclaración: un sistema de este tipo no produce fácilmente falsos negativos, ya que eso requeriría la fabricación de tarjetas de admisión adicionales. Este es un atributo común útil de los sistemas kanban físicos). Además, los soldados se pasarían las noches corriendo por los arbustos en busca de turistas perdidos. No, tenía que ser otra cosa. ¡Entonces me di cuenta de que los Jardines del Palacio Imperial estaban usando un sistema kanban! La entrega limitada de tiques (o tarjetas kanban) garantizaba que el parque no se llenara: una vez agotadas las entradas, nadie podía acceder en el parque hasta que alguien se fuera y devolviera su tique(s).

Esta revelación tan clarificativa me permitió pensar más allá de la fabricación con respecto a los sistemas kanban. La utilidad de las fichas kanban en todo tipo de situaciones de gestión parecía probable. Como he aprendido desde entonces, los sistemas kanban resultan ser aplicables en cualquier servicio profesional, bienes intangibles o industria del trabajo del conocimiento. He visto su adopción en ventas, marketing, finanzas, recursos humanos y selección de personal, agencias de diseño web, agencias de publicidad, firmas de ingeniería civil y arquitectura, firmas de abogados, postproducción y edición de televisión y películas, y muchos servicios compartidos en negocios tan diversos como la producción y distribución de petróleo, la industria farmacéutica y la banca.

Mi gestión en Motorola

Tres años antes, en 2002, yo era un gerente de desarrollo en apuros en un puesto remoto de la división PCS (telefonía móvil) de Motorola. Unos meses antes, Motorola, con sede en Chicago, había adquirido nuestra *startup* llamada 4thpass con sede en Seattle. Desarrollábamos software para servidor de red para servicios de datos inalámbricos, tales como descarga y gestión de dispositivos inalámbricos. Estas aplicaciones de servidor formaban parte de sistemas integrados que trabajaban mano a mano con el código cliente en los teléfonos móviles, así como con otros elementos de las redes de los operadores de telecomunicaciones y la infraestructura de *back-office*, como la facturación. Los plazos los fijaban la dirección sin tener en cuenta la complejidad en la ingeniería, el riesgo o el tamaño del proyecto. ¿Suena familiar? Nuestra base de código había evolucionado a partir del producto inicial de la *startup*, donde se habían hecho muchos recortes debido a las prisas por llegar al mercado. Un desarrollador senior insistía en referirse a nuestra plataforma como «un prototipo». Era muy difícil de mantener y actualizar. Necesitábamos desesperadamente una mayor productividad y calidad para satisfacer las crecientes demandas del negocio.

En mi trabajo diario, en 2002, y gracias a mi investigación mientras escribía mi anterior libro[2], tenía en mente dos desafíos principales: Primero, ¿cómo podría proteger a mi departamento de treinta personas de las incesantes demandas del negocio y lograr lo que la comunidad del desarrollo de software Agile denomina un «ritmo sostenible»? Y segundo, ¿cómo podría escalar con éxito la adopción de un enfoque de desarrollo de software Agile en una unidad de negocio de aproximadamente 250 personas y superar la inevitable resistencia al cambio? Necesitaba hacer las dos cosas. Necesitaba personas en un departamento efectivo y productivo que no estuvieran agotadas por la sobrecarga constante y por unos plazos asfixiantes, y necesitaba los incrementos en la productividad que sabía que eran posibles con una adopción exitosa del desarrollo de software Agile.

Mi búsqueda de un ritmo sostenible

Los Principios detrás del Manifiesto Agile[3] decían que «Los procesos ágiles promueven el desarrollo sostenible. Los promotores, desarrolladores y usuarios deben ser capaces de mantener un ritmo constante de forma indefinida». Este mensaje convenció a un directivo diligente que lideraba un departamento formado por seis gerentes de proyecto y veinticuatro desarrolladores de adoptar métodos Agile de desarrollo de software. Dos años antes, mi equipo en Sprint PCS se había acostumbrado a que les dijera que «el desarrollo de software a gran escala es una maratón, no un *sprint*». El juego de palabras era una mnemotécnica deliberada. No estábamos «esprintando» en un *Sprint*, estábamos corriendo una maratón. Si los miembros del equipo debían mantener el ritmo a largo plazo en un proyecto de dieciocho meses, no podíamos permitirnos quemarlos después de un mes o dos. El proyecto tenía que ser planeado, presupuestado, programado y estimado para que los miembros del equipo pudieran trabajar un número de horas razonables cada día y evitaran agotarse. El desafío para mí como gerente era lograr este objetivo y satisfacer todas las demandas de negocio.

En mi primer trabajo de gestión, en 1991, en una *startup* de cinco años que fabricaba tarjetas de captura de video para PC y otros ordenadores más pequeños, como el Commodore Amiga, los comentarios del *Chief Executive Officer* (CEO) fueron que el equipo directivo me veía como «muy negativo». Siempre respondía «No» cuando pedían más productos o características cuando nuestra capacidad de desarrollo ya estaba al máximo. Para 2002, estaba claro que había un patrón: me había pasado más de diez años

---

2. Anderson, David J. *Agile Management for Software Engineering: Applying the Theory of Constraints for Business Results*. Englewood Cliffs, NJ: Prentice Hall, 2003.

3. Beck, Kent, et al., «*The Principles Behind the Agile Manifesto*». http://agilemanifesto.org/principles.html

diciendo «No», rechazando las demandas constantes y volátiles de los *stakeholders* (partes interesadas) del negocio.

En general, me parecía que los equipos de ingeniería de software y los departamentos de TI parecían estar a merced de otros grupos que negociaban, persuadían, intimidaban y anulaban hasta los planes más defendibles y objetivos. Incluso los planes basados en un análisis exhaustivo y respaldados por años de datos históricos eran vulnerables a modificaciones sin razón. La mayoría de los equipos de proyectos, sin un método de análisis exhaustivo ni datos históricos, se veían impotentes en manos de otros que los empujaban a comprometerse con plazos completamente irrazonables.

Mis sentimientos eran que la industria del desarrollo de software había aceptado en gran medida horarios excesivos y compromisos de trabajo ridículos como norma. Al parecer, los ingenieros de software no debían tener una vida social ni familiar. Las directrices de la dirección sobre cómo incentivar a los trabajadores para quedarse en el trabajo y dedicar toda su vida a la causa del último proyecto era legendaria. El dudoso liderazgo aquí vino de Silicon Valley, el área de la Bahía de San Francisco en California. Ideas como hacer que los chefs de los hoteles de cinco estrellas cocinaran comidas gourmet y proporcionar servicios de lavandería e incluso de *spa* dentro del lugar de trabajo se diseñaron para mantener a los trabajadores en la oficina, ocupados cada vez más horas. La estrategia contundente en la gestión del desarrollo tecnológico había sido trabajar más duro y durante más tiempo en lugar de más inteligentemente. Más intensidad era aparentemente nuestra única respuesta a las demandas insaciables de más características y funcionalidades.

Conocí a demasiadas personas cuyo compromiso con el trabajo había dañado innegablemente su vida social y su salud mental. Era común que las relaciones con los niños y otros miembros de la familia se deterioraran, muchas de forma irreparable. Un director de programa que conocí en Microsoft mantenía y, en broma, informaba sobre la «tasa de divorcio por *release*» como una métrica de lo caóticas que se estaban poniendo las cosas. Al parecer, un departamento de SQL Server 2005 tenía una tasa de divorcio del 30 por ciento. Como siempre en el buen humor, había una verdad subyacente que lo hacía muy divertido.

Sin embargo, es difícil para el público en general simpatizar con el típico friki desarrollador de software. En el estado de Washington, en los Estados Unidos, donde viví durante casi veinte años, tan solo los dentistas superan a los ingenieros de software en ingresos medios anuales. Podríamos compararlos con los trabajadores de las cadenas de montaje de Ford hace cien años. También era difícil simpatizar con ellos a causa de la monotonía de sus tareas estrictamente definidas, o con su bienestar mental por realizar un trabajo tan repetitivo, ya que cobraban cinco veces el salario promedio estadounidense. Resulta difícil imaginar a alguien tratando las causas fundamentales de los males físicos y psicológicos que los desarrolladores padecen habitualmente. Los empleadores más ricos han sido capaces de tratar los síntomas ofreciendo beneficios médicos adicionales, como masajes y psicoterapia, y permitiendo ocasionalmente días de baja por «salud mental». Muchos otros simplemente hacen la vista gorda a los empleados que se toman días de baja por salud mental y el pacto se entiende por ambos lados: tu empleador te explotará y tú tienes derecho a protestar cogiendo días por enfermedad. El enfoque siempre ha sido calmar los síntomas en lugar de perseguir las causas fundamentales de los problemas. Un redactor técnico que trabajó conmigo en Microsoft alrededor de 2005 me comentó una vez: «No hay estigma sobre tomar antidepresivos, ¡todo el mundo los toma!» En respuesta a esta explotación, los ingenieros de software tendían a aceptar las demandas, cobrar sus salarios de lujo y disfrutar de una vida próspera llena de posesiones materiales mientras sufrían unas consecuencias que eran difíciles de atribuir directamente al estrés laboral.

Algunos años más tarde, me encontré una vez más con algunos de mis antiguos colegas en una reunión en Microsoft. Antes de que comenzara la reunión nos estábamos poniendo al día personalmente. Un colega me explicó cómo se estaba tomando más tiempo para sí mismo, cómo había empezado a practicar *snowboard* para poder salvar su relación con el menor de sus cuatro hijos. Continuó explicando que «los otros tres ya me han dado por perdido». Había pasado su infancia en el trabajo, y estaban resentidos con él por ello. Me paré a preguntarme: ¿Cuántas otras vidas de familias están destrozadas por estos problemas de sobrecarga y la expectativa del «presentismo» y de una ética de trabajo heroica? ¿De qué forma la presión social por ser uno del equipo, independientemente de las consecuencias, está destrozando vidas?

Quería romper ese molde como directivo. Quería encontrar un enfoque «*win-win*» («ganar- ganar») que me permitiera decir «Sí» a las nuevas demandas de trabajo mientras protegía a mi personal facilitando un ritmo de trabajo sostenible. En 2002 quise devolver algo a mi departamento (que recuperaran su vida social y familiar) y mejorar las condiciones que les estaban causando problemas de salud relacionados con el estrés, como ataques de pánico, a desarrolladores veinteañeros. Así que decidí plantarme y tratar de hacer algo en relación con estos problemas.

Kanban me ha permitido resolver este enigma y, por lo tanto, se me ocurrió subtitular este libro «¡Cómo Ser un Hombre del Sí!» ¡Suena casi demasiado bien para ser cierto!

Mi búsqueda de una gestión del cambio exitosa

Otra cosa que rondaba en mi cabeza era el reto de liderar el cambio en las grandes organizaciones. Había sido director de desarrollo en Sprint PCS y más tarde en Motorola. En ambas compañías, había una necesidad empresarial real de desarrollar una mayor agilidad - para ser más rápidos y más receptivos en nuestra forma de trabajar. Pero en ambos casos había tenido problemas para escalar las metodologías Agile de desarrollo de software más allá de uno o dos departamentos o de un pequeño *portfolio* de proyectos. La implementación del escalado Agile había sido un tema controvertido durante la última década, escribiendo en 2022, ya había fallado dos veces en 2002, ¡veinte años antes! Mientras en ese momento gran parte de la comunidad Agile estaba enfrentándose a cómo motivar a equipos de seis personas, yo ya había aprendido lo difícil que era la implementación del escalado a cientos de personas.

Supuse que necesitaba una posición de mayor poder para forzar a la gente a seguir mi ejemplo. Creía que había fracasado en todo caso por no tener ese poder. Era simplemente incapaz de imponer el cambio a un gran grupo de personas. En ambos trabajos, intentaba promover el cambio a petición de los altos cargos, pero sin ninguna posición de poder sobre ese grupo más amplio. Claro, yo era director de departamento, pero me habían pedido que influyera en el cambio en una unidad de negocio. Necesitaba influir en mis compañeros para que hicieran cambios en sus departamentos similares a los que yo había implementado en el mío. Conseguir que esas personas en cargos directivos participaran no fue difícil; todos querían ser vistos como colaboradores, para quedar bien con nuestro jefe. Sin embargo, su personal era un asunto diferente. Estos otros departamentos se resistieron a adoptar técnicas que claramente estaban dando mejores resultados con mi propio grupo. Probablemente esta resistencia obedecía a muchos factores, pero el motivo más común era que la situación de cada departamento era diferente. Las técnicas de mi departamento tendrían que modificarse y adaptarse a las necesidades específicas de los demás. A mediados de 2002, llegué a la conclusión de que hacer cumplir una metodología de desarrollo de software prescriptiva o un proceso definido a gran escala, una escala de una unidad de negocio de 250 a 450 personas simplemente no funcionaba. No importaba lo buena que fuera la metodología prescrita; se encontraría con la resistencia de una parte significativa de la plantilla cuando se escalara.

Mientras investigaba y escribía mi libro de 2003, *Agile Management for Software Engineering*, me di cuenta de que, de alguna manera, cada situación es única. La tesis del libro pretendía demostrar, a través del marco de la *Theory of Constraints* de Eli Goldratt, que las metodologías Agile de desarrollo de software producían mejores resultados económicos. En aquel momento, yo creía, siendo ciertamente demasiado optimista, que tal argumento económico persuadiría a la alta dirección apoyara una adopción más amplia de los enfoques ágiles. La *Theory of Constraints* nos pide que busquemos cuellos de botella y que los gestionemos y optimicemos para mejorar el rendimiento económico del negocio. Pensando continuamente en este concepto mientras desarrollaba el manuscrito en 2002, me di cuenta de que cada situación debía tratarse como única. La idea de que una única descripción definida del proceso podría ajustarse a cualquier situación era claramente errónea. ¿Por qué el factor restrictivo o cuello de botella debía estar siempre en el mismo lugar para todos los equipos y en todos los proyectos? Cada organización es diferente: diferentes tipos de habilidades, capacidades y experiencias. Cada proyecto es diferente: diferente presupuesto, calendario, alcance y perfil de riesgo. Y cada organización es diferente: un flujo de actividades de trabajo diferentes que operan en un nicho de mercado diferente o que suministran a un tipo diferente de clientes. Se me ocurrió que esto podría proporcionar una pista sobre la resistencia al cambio. Si no percibían un beneficio en los cambios propuestos en las prácticas y comportamientos de trabajo, la gente se resistiría a ellos. Si esos cambios no afectaban a lo que esas personas consideraban su restricción, o factor limitante, se resistirían. En pocas palabras, los cambios sugeridos fuera de contexto serían rechazados por las personas trabajadoras que vivían y entendían su propio contexto de trabajo, el flujo de trabajo del servicio que prestaban y lo efectivo o no que era.

Parecía mejor dejar que un flujo de trabajo mejorado evolucionara eliminando un cuello de botella tras otro. Esta es la tesis central de la *Theory of Constraints* de Goldratt. Estaba completamente convencido de que era la respuesta a mi búsqueda.

El enfoque de Goldratt, explicado en el Volumen 2, *Implementando Kanban* busca identificar un cuello de botella y luego encontrar formas de mitigarlo hasta que deje de limitar el rendimiento. Una vez que esto sucede, surge un nuevo cuello de botella y el ciclo se repite. Es un enfoque iterativo y evolutivo para mejorar el rendimiento sistemáticamente identificando y eliminando los cuellos de botella.

Me di cuenta de que podía sintetizar esta técnica con algunas ideas de *Lean Product Development*. Al modelar el flujo de trabajo de un ciclo de vida de desarrollo de software y luego rastrear el trabajo que fluye a través de una serie de estados y visualizar ese flujo de trabajo y el trabajo dentro de él, podía detectar los cuellos de botella. La capacidad de identificar un cuello de botella es el primer paso en el modelo subyacente de la *Theory of Constraints*. Goldratt ya había desarrollado una aplicación de la teoría para los problemas de flujo, llamada de forma desafortunada, «*Drum-Buffer-Rope*» («Tambor-Amortiguador-Cuerda»).

Independientemente del nombre, me di cuenta de que se podría implementar una solución simplificada del *Drum-Buffer-Rope* en el desarrollo de software.

Esta síntesis de conceptos me daría un mecanismo para impulsar el cambio evolutivo. Envuelto dentro de un ciclo de *feedback* como los Cinco Pasos del Enfoque de la *Theory of Constraints*, un sistema como el *Drum-Buffer-Rope* se convierte en un facilitador de un enfoque evolutivo de la mejora. Goldratt llamó a esto «*process of on-going improvement*», POOGI («Proceso de mejora continua»). Prometía una mejora del proceso impulsada desde una posición del proceso actual tal como se aplica en la actualidad: un enfoque en el cambio basado en «empezar con lo que se hace ahora y evolucionar a partir de ahí». Tenía la esperanza de que esta fuera la respuesta a mi búsqueda del éxito en la gestión del cambio. Tenía la esperanza de que el enfoque de la *Theory of Constraints* ofreciera una solución para un cambio exitoso, institucionalizado, ¡un cambio que arraigara!

Los tres retos de escalar agile

Dirigir una adaptación única del proceso para cada situación específica requeriría un liderazgo activo en cada equipo. Esto a menudo faltaba. Incluso con el liderazgo adecuado, dudaba de que pudiera ocurrir un cambio significativo sin un marco de gestión establecido ni una orientación sobre cómo adaptar la definición de un proceso a las distintas situaciones. Si a un líder, *coach* o ingeniero de procesos, les faltaba esta guía, era probable que cualquier adaptación se impusiera subjetivamente. Era también muy posible que esto levantara ampollas y objeciones a como imponer un modelo de proceso inadecuado. Sigo creyendo que la falta de líderes eficientes con las habilidades, la formación y la experiencia adecuadas es uno de los tres principales obstáculos para escalar las implementaciones de desarrollo de software Agile.

En segundo lugar, estaba la falta de madurez organizacional, la falta de un sistema de valores organizacional apropiado, un credo. Sin eso, hay una incapacidad para gestionar el riesgo y tomar decisiones difíciles que aporten beneficios a largo plazo, pues el foco está puesto solo a corto plazo, tomando decisiones tácticas y sin tener en cuenta las consecuencias a la larga plazo, así como una inhabilidad para gestionar el cambio con eficacia.

La tercera cuestión era simplemente que las personas se resisten a los cambios impuestos incluso cuando se intenta adaptar los procesos a situaciones específicas. He llegado a creer que una enfoque centrado en el proceso de mejora de la agilidad empresarial va mal encaminada: escalar los métodos Agile está condenado al fracaso. Más de veinte años de experiencia práctica y evidencias en el mundo real parecen indicar que así es. En los casos en que las implementaciones a gran escala de métodos Agile parecen haber funcionado, y hay muy pocas, sospecho que se cumplieron mis tres criterios: tenían un liderazgo fuerte, una organización madura y abordaron la implementación de manera incremental, con un enfoque de «hazlo tú mismo» en lugar de seguir una metodología o un marco definido específicos.

Del *Drum-Buffer-Rope* a los sistemas kanban

Volviendo a mi inspiración anterior en Goldratt, con su teoría de las restricciones y su enfoque POOGI basado en los cuellos de botella, me llegaban consejos contradictorios (de fuentes respetadas como Donald G. Reinertsen) y parecía era que los flujos de trabajo de los trabajadores del conocimiento estaban sujetos a una variabilidad excesiva. Eso significaba que era difícil identificar los cuellos de botella, y que el cuello de botella rara vez permanecería en un lugar y que, por tanto, los sistemas de flujo no se estabilizarían. No fui testigo directo de esto hasta 2007, cuando observé cómo dos directivos de mi equipo argumentaban durante una reunión de personal que cada uno de sus departamentos era «el cuello de botella». La variabilidad en la naturaleza de nuestro trabajo hacía que el cuello de botella oscilara de una función a otra en el flujo de trabajo. La intuición y el consejo de Reinertsen resultaron ser acertados. Sin embargo, hasta dos años después de que Don planteara sus preocupaciones no tuve esta prueba empírica para poder reafirmarlo.

Si el siguiente párrafo le parece un poco confuso y técnico, tenga paciencia, los detalles y las diferencias esotéricas, como hemos aprendido esta última década, en realidad no son tan importantes.

Tenía otra preocupación: en términos generales, «*Drum-Buffer-Rope*» es un ejemplo de una clase de soluciones conocidas como sistemas *pull*. Los sistemas *pull* limitan el WIP, o el inventario en un proceso de flujo de trabajo, lo que da como resultado un compromiso diferido sobre las solicitudes *upstream*. Utilizan un mecanismo de señalización para indicar cuándo hay capacidad disponible para introducir nuevo trabajo en el sistema. Un sistema kanban es otro ejemplo de sistema *pull*. Los sistemas kanban son más resistentes a la variabilidad de los tiempos de ciclo locales o a la irregularidad del flujo porque limitan el trabajo en curso en cada uno de las etapas del flujo de trabajo, mientras que el sistema «*Drum-Buffer-Rope*» trata de limitar el trabajo en curso frente a un cuello de botella añadiendo un búfer con un único límite del trabajo en curso, descrito metafóricamente como «*the rope*», que limita el trabajo en curso desde la entrada al sistema hasta ese *buffer* frente al cuello de botella. En una implementación básica del sistema, el WIP más allá del cuello de botella no está limitado. Para completar las metáforas del nombre, «*the drum*» es el ritmo al que se completa el trabajo en el cuello de botella. El ritmo de «*the drum*» cada vez que se termina un elemento en la estación del cuello de botella, proporciona la señal para introducir nuevo trabajo en el sistema a la cabeza de «*the rope*».

Drum-Buffer-Rope crea «*pull*» al ritmo del cuello de botella y evita que todo el sistema se sobrecargue: genera estabilidad. Sin embargo, en su forma más simple no es robusto frente a la variabilidad de los tiempos de ciclo o la irregularidad del flujo *upstream* del cuello de botella. Si el cuello de botella se atasca, el trabajo ya iniciado seguiría fluyendo hacia él. Reiniciar el proceso del cuello de botella resulta problemático, ya que puede verse desbordado por el trabajo que sobrepasa su búfer de protección. Aunque este argumento es técnico y esotérico, Donald Reinertsen[4] me convenció de que la irregularidad del flujo a lo largo del proceso es una preocupación legítima en las actividades de los trabajadores del conocimiento, como puede ser el desarrollo de software. De ahí que los sistemas kanban sean una forma más apropiada de sistema *pull* en este ámbito. Kanban también resulta bastante más fácil de explicar: aunque su nombre provenga del japonés generaba muchas menos preguntas que el metafórico *Drum-Buffer-Rope*. Explicar la metáfora detrás de *Drum-Buffer-Rope*, una alegoría sobre una tropa de *Boy Scouts* de excursión por un estrecho sendero de montaña, era engorroso y me costaba ganar credibilidad utilizándola «Kanban» parecía ser más pegadizo mientras que, según mi experiencia, *Drum-Buffer-Rope* solía desanimar a la gente.

Sin embargo, teniendo en cuenta todo esto en 2004, aún existía una gran preocupación por el hecho de que el trabajo de los servicios profesionales era muy diferente al de las industrias de bienes tangibles como la fabricación o la gestión de la cadena de suministro. No había precedentes del uso de sistemas kanban en campos como el desarrollo de software. Era fácil criticar el uso de sistemas kanban como una opción inadecuada para las actividades de los servicios profesionales.

---

4. Consulte la sección *Introducción a Kanban*, página ix.

Pasarían bastantes años antes de que hubiera suficientes pruebas y evidencias sociales de que el uso de sistemas kanban virtuales para los servicios profesionales, las industrias de bienes intangibles y las actividades de los trabajadores del conocimiento gozara de una aceptación general. Esta es la historia de cómo Kanban se reconvirtió de la fabricación del siglo veinte a las operaciones empresariales modernas del siglo veintiuno. Esta es la historia del origen de lo que llegó a conocerse como el Método Kanban.

Puntos clave

◆ Los sistemas kanban pertenecen a una familia de enfoques conocidos como sistemas *pull*.

◆ La aplicación que Eliyahu Goldratt hace de la *Theory of Constraints* es una implementación alternativa de un sistema *pull*.

◆ Los Cinco Pasos de la *Theory of Constraints* son un ejemplo de enfoque evolutivo de la mejora basado en la identificación de cuellos de botella.

◆ Eliyahu Goldratt denominó a este enfoque evolutivo POOGI «*process of on-going improvement*» (proceso de mejora continua). La motivación para seguir un enfoque de sistema *pull* era doble: hallar una forma sistemática de lograr un ritmo de trabajo sostenible y hallar una estrategia para introducir cambios en el flujo de trabajo que encontraran una resistencia mínima.

◆ Los Jardines del Palacio Imperial de Tokio utilizan un sistema kanban para controlar la cantidad de visitantes en el interior del parque.

◆ La cantidad de tarjetas de señalización kanban en circulación limita el WIP.

◆ Los sistemas kanban se pueden utilizar para mejorar el flujo a través de un sistema en cualquier situación en la que se quiere limitar la cantidad de elementos dentro de un sistema.

◆ El trabajo nuevo se introduce en el proceso cuando una orden de trabajo o tarea se completa y devuelve su tarjeta de señalización.

◆ Kanban resolvió el dilema de encontrar un enfoque que permitiera a la vez mantener un ritmo sostenible e introducir cambios para mejorar el rendimiento económico sin resistencia ni inercia significativas.

2

El nuevo reto de un ex atleta

La motivación de kanban en Microsoft en 2005

«¡Kanban solo funciona con equipos pequeños y ubicados en el mismo lugar!» Esta era una creencia generalizada en la época en que publiqué *Kanban* (el libro azul) en 2010, una creencia que persiste hasta nuestros días. ¡Es un mito, por supuesto! Era una suposición basada en la presunción de que ponerse de pie «mirando al tablero» era el elemento central y esencial del enfoque. En consecuencia, había muchos de los llamados expertos deseando afirmar pública y categóricamente que Kanban no funcionaba en organizaciones distribuidas geográficamente. Si la gente no podía ponerse junta frente al tablero, se daba por sentado que claramente Kanban no tenía nada que ofrecer. La gran ironía de este mito se revela en los siguientes dos capítulos, que cuentan la historia de cómo comenzamos con Kanban.

Dragos Dumitriu es amable, bromista, un rumano-estadounidense con una sonrisa cautivadora y con un entusiasmo por la vida que parece obligar a que a la gente le guste y atraerla a seguir su ejemplo. Es alto, calvo, de constitución atlética y, traspasando ligeramente la mediana edad, luce una figura elegante con sus trajes europeos hechos a mano y a medida, y sus caras gafas de sol. Aunque más de veinte años viviendo en los Estados Unidos lo han suavizado, todavía tiene un marcado acento de Europa del Este. En su conjunto, hay algo un poco intimidante en Dragos: algo que dice «Estoy al mando, ¡no admito tonterías!» Es fácil imaginarse gánsteres de poca monta que huyen al verlo salir de un BMW grande y oscuro en el centro de Bucarest.

Su físico es herencia de un pasado como joven atleta en el equipo olímpico rumano. Cuando era joven, Dragos era dueño y director de un gimnasio en su Rumania natal, trabajó como doble en películas y como guardaespaldas personal. Es la personificación de un «personaje fuera de lo común». Al mudarse a Nueva York con su entonces esposa, una exitosa doctora, aceptó un trabajo mal pagado en un hospital psiquiátrico y dos años más tarde había logrado hacerse cargo de la gestión. Siguiendo a su esposa a Fargo, Dakota del Norte (una ciudad remota en el centro-norte de los Estados Unidos, quizás mejor conocida por la película y el *spin-off* de televisión del mismo nombre, y conocida por sus inviernos extremadamente fríos), se unió a Great Plains Software como gerente de proyectos. Ya en sus treinta años, fue su primera experiencia en la industria de las TI.

Tras la adquisición de Great Plains por Microsoft para crear lo que ahora se conoce como Dynamics, Dragos se trasladó a Seattle en 2003 y se encontró a sí mismo en la división de TI como gerente de programas. Al año siguiente, en búsqueda de nuevos retos, se ofreció como voluntario para hacerse cargo del pequeño equipo de Ingeniería de Mantenimiento de la unidad de negocios XIT, un equipo que era conocido por tener el peor historial de satisfacción del cliente en toda la organización de TI de Microsoft.

Ingeniería de mantenimiento del XIT

En ese momento, Microsoft estaba dividido en siete unidades de negocios diferentes, cada una con su propia cuenta de pérdidas y ganancias: Windows, Office, Developer Tools, MSN, Hardware, Xbox y Dynamics. Todas tratadas como negocios separados. Además, había una unidad de sede corporativa que prestaba servicios compartidos como recursos humanos, finanzas, gestión de instalaciones y seguridad a cada una de las siete unidades de negocio. Al departamento de TI de esta función de servicios corporativos compartidos se lo conocía como XIT (o «*cross* IT», que indica la naturaleza de los servicios compartidos orientados al cliente que prestaban a las empresas).

Dale Christian, que más tarde sería el *Chief Information Officer* (CIO) de Avanade y, más adelante, CIO de la Fundación Bill y Melinda Gates, era el director general de XIT. Su equipo de Ingeniería de Mantenimiento era un pequeño equipo encargado de las actualizaciones de funcionalidades menores y correcciones de errores «*off-cycle*» al margen de las *releases* importantes y de las actualizaciones de aplicaciones. Desde una perspectiva contable, los costes atribuidos a ese equipo se consideraban un gasto operativo, mientras que los costes asociados a los equipos de proyecto que trabajan en *portfolios* de proyectos importantes se consideraron un gasto de capital. Se trata de dos presupuestos diferentes; mientras que el gasto de capital es un activo, el gasto operativo es puramente un coste. Esto tenía impacto tanto en un comportamiento sujeto a políticas restrictivas como en la toma de decisiones.

El equipo que Dragos se ofreció a dirigir se encontraba en Hyderabad (India), en uno de los denominados centros o campus cautivos, construido por la empresa TCS deslocalizada específicamente para Microsoft. Pocos años antes, Microsoft había tomado la decisión estratégica de externalizar sus funciones informáticas. Las TI no eran el núcleo de la misión o de la identidad de Microsoft, sino una función de apoyo. Por lo tanto, era razonable que las TI pudieran prestarse como un servicio a distancia. Se esperaba que los desarrolladores y *testers* que trabajaban en TI en el campus de Microsoft cerca de Seattle pudieran ser reconvertidos para trabajar en productos de una de las otras siete unidades de negocio. La mayor parte de este cambio se produjo en 2003, por lo que lo que quedaba de TI era en gran medida una organización de gestión de proveedores formada principalmente por colaboradores individuales con el título de «director de programa». El trabajo de Dragos consistía en dirigir y gestionar el pequeño equipo de Ingeniería de Mantenimiento de seis personas que trabajaba en Hyderabad.

Para contextualizar, Seattle se encuentra, dependiendo de la época del año, doce horas y media o trece horas y media por detrás de Hyderabad. Esta diferencia horaria crea tanto retos como oportunidades a la hora de gestionar a distancia proveedores en la India desde la costa oeste de Estados Unidos. La ventaja es que las cosas pueden suceder durante la noche. La desventaja es que las comunicaciones sincrónicas, como las conferencias telefónicas, son difíciles de programar, y que cuando es viernes en Seattle, ya es sábado y fin de semana en la India. En realidad, solo hay cuatro días a la semana disponibles para gestionar esta diferencia horaria.

Como ya se ha mencionado, el equipo de Ingeniería de Mantenimiento tenía el peor historial de atención al cliente de todos los departamentos de TI de Microsoft. Esta organización se había negado obstinadamente a mejorar. Tras el cambio a un nuevo equipo deslocalizado, las cosas no habían mejorado en las instalaciones de TCS en Hyderabad. Todo el personal había cambiado, la dirección, también y el servicio lo prestaba ahora un proveedor con un contrato marco de servicios, pero seguía sin haber mejoras. El rendimiento de Ingeniería de Mantenimiento del XIT era tan terrible que el puesto de director de programa estaba vacante desde hacía meses: nadie lo quería.

A este escenario llegó Dragos, ambicioso, siempre dispuesto a afrontar retos, líder nato y deseoso de dejar huella. Esperando ser reconocido y recompensado con mayores responsabilidades en el futuro, se ofreció voluntario para el puesto. Algunos de sus colegas pensaron que estaba loco.

Llegados a este punto, merece la pena reflexionar sobre por qué he dedicado tantas palabras a familiarizarles con Dragos. Estoy sentando las bases para disipar otro mito: que Kanban solo funciona cuando está liderado por personajes extraordinarios, fuera de lo común, como Dragos. Los resultados que obtuvo Dragos, descritos en el Capítulo 3, son sobresalientes. ¡Caramba, he escrito dos capítulos de un libro sobre ello! Para la gente ha sido fácil desestimar los resultados, atribuyéndolos únicamente a su carácter y no al método que seguía. Como verán en las conclusiones de los Capítulos 3 y 4, eso no es cierto. Dragos no tiene que estar en la sala para obtener la misma escala de resultados. Pero es necesario seguir su método, su forma de pensar. Hay que seguir el Método Kanban. Sí, el liderazgo es definitivamente necesario, pero no tiene que ser un exatleta olímpico para que el Método Kanban le funcione.

Figura 2.1   Dragos con el equipo de Ingeniería de Mantenimiento del XIT en Hyderabad, hacia febrero de 2005

> **Por qué los Deportistas son Buenos Empleados**
>
> Una amiga mía solía ser atleta olímpica de invierno del equipo austriaco. Compitió en trineo en los Juegos Olímpicos de Salt Lake City en 2002. Hoy es *coach* del equipo nacional austriaco en Innsbruck. Charlando conmigo en 2009, me aconsejó que cuando buscara contratar nuevo personal para mi empresa, «buscara siempre atletas».
>
> «Tienen disciplina. Saben fijarse objetivos. Están motivados. Saben cómo medir el rendimiento y adoptan un enfoque organizado en la formación y en la mejora del rendimiento.»
>
> Pensé en Dragos, en lo bien que encajaba en esta descripción y en lo valiosas que eran estas características para su rol en Microsoft.

Dragos era el director de programa del servicio de mantenimiento de software del XIT conocido como Ingeniería de Mantenimiento. Se encargaban del mantenimiento del software de la unidad de negocio XIT. Su equipo prestaba dos servicios básicos: actualizaciones menores (conocidas como solicitudes de cambio) y corrección de defectos. El equipo (que se muestra en la Figura 2.1), formado por tres desarrolladores de software, tres *testers* y un director local (el segundo por la izquierda en la fotografía), desarrollaba actualizaciones menores y corregía defectos de producción para unas ochenta aplicaciones informáticas multifuncionales utilizadas por el personal de Microsoft en todo el mundo.

Yo me había incorporado a la división de Herramientas para Desarrolladores de Microsoft en septiembre de 2004, por lo que Dragos y yo éramos colegas en unidades de negocio diferentes. Aún no nos conocíamos.

El problema

En el verano de 2004, a la alta dirección y a los clientes se les había acabado la paciencia. ¡Había que hacer algo! Dragos se ofreció voluntario para hacerse cargo. Le encantaban este tipo de retos. Pasó las primeras semanas observando, aprendiendo, entendiendo y examinando los datos de su sistema de seguimiento. No se le había encomendado la tarea de seguir los pasos de su predecesor. Se esperaba de él algo más que ocupar el puesto y darle cuerda al proceso existente, que no funcionaba. A Dragos se le pidió que introdujera cambios, que arreglara lo que no funcionaba.

Pronto comprendió que la insatisfacción de los clientes radicaba en los largos plazos y en la falta de fiabilidad en la entrega, así como en las promesas incumplidas de lo que parecían cambios pequeños y asequibles y, a menudo, de importantes cambios y correcciones de defectos. Su equipo mantenía aplicaciones como el sistema de registros de empleados de los recursos humanos y el sistema de nóminas. Finanzas los utilizaban para pagar los salarios a la mayoría de los empleados de Microsoft en todo el mundo.

Para entender la naturaleza de su trabajo, consideremos una iniciativa empresarial ficticia y cómo podría afectar a las aplicaciones del XIT. Imaginemos que Microsoft planea abrir una nueva oficina en San Juan de Puerto Rico. Puerto Rico es un protectorado de Estados Unidos; su moneda es el dólar estadounidense. En muchos aspectos, Puerto Rico es similar a uno de los estados de Estados Unidos. Hawái tuvo un estatus similar hasta 1959, cuando se convirtió en el quincuagésimo estado de Estados Unidos.

Una iniciativa empresarial como la apertura de una nueva oficina en San Juan tendría repercusiones para todos los clientes de servicios compartidos corporativos del XIT: Finanzas tendría que hacer las nóminas de los empleados puertorriqueños; Recursos Humanos tendría que guardar los expedientes de esos empleados y facilitar la contratación en la isla; Gestión de Instalaciones tendría que proveer un edificio de oficinas y asignar espacio a los departamentos y oficinas a las personas. Mientras que Seguridad tendría que asegurar las instalaciones y tener capacidad para imprimir las tarjetas de identificación de los empleados y habilitar escáneres de seguridad en las entradas y salidas.

En este escenario, las solicitudes podrían ser «dar soporte al formato de dirección de Puerto Rico en el sistema de registros de empleados» o «dar soporte a la retención de impuestos de Puerto Rico en la nómina de los empleados de Puerto Rico». Estas se desglosarían en detalles como «añadir Puerto Rico al menú desplegable de estados de los Estados Unidos en el formulario de dirección del empleado.» Cualquier profano familiarizado con el uso de ordenadores personales entiende que, desde la perspectiva del responsable del negocio estos parecen cambios pequeños y sencillos. ¿Por qué, entonces, llevaban meses? ¿Y por qué el grupo del XIT incumplía constantemente sus promesas de entrega? Es fácil comprender la frustración de los clientes de finanzas, recursos humanos y otros servicios corporativos compartidos.

Una de las disfunciones organizativas era que, a menudo, el objetivo o la iniciativa empresarial de alto nivel que había detrás de una solicitud resultaba opaca para los trabajadores del XIT. Una iniciativa empresarial, por ejemplo, «Apertura de una oficina en Puerto Rico», se manifestaba como varias solicitudes de soporte de alguien de cualquiera de los servicios de TI compartidos, como Gestión de Instalaciones, Finanzas, Recursos Humanos, etc., que a su vez trabajaba con su jefe de producto para hacer llegar las solicitudes de cambios en los sistemas de TI al equipo de Ingeniería de Mantenimiento. Por tanto, las solicitudes aparecían aisladas, aparentemente independientes, cuando en realidad podría haber sido útil entenderlas como un conjunto dependiente. Los trabajadores de Ingeniería de Mantenimiento actuaban como receptores de pedidos, y los pedidos se referían a pequeños cambios que se realizaban en poco tiempo. Sin embargo, faltaba contexto.

Arreglar esta disfunción mayor, más estratégica, no formaba parte de las atribuciones de Dragos, ni era obvio que fuera una causa raíz, más profunda, de la disfunción. El trabajo de Dragos consistía en hacer que en la Ingeniería de Mantenimiento fueran mejores ejecutores de órdenes, que estuvieran lo suficientemente preparados para cumplir lo que se les pedía.

Capacidad actual

El equipo de Ingeniería de Mantenimiento tardaba de media cinco meses en procesar las solicitudes de cambio, y tanto este tiempo como la acumulación de solicitudes, aumentaban de forma incontrolable. No solo el plazo medio de entrega era ya inaceptable, sino que solía ocurrir que, para cualquier elemento, el plazo desde el compromiso hasta la entrega fuera de seis semanas a más de un año. Como servicio, eran lentos e imprevisibles. Tenían la costumbre de prometer fechas de entrega y luego incumplirlas.

Restricciones

Los programadores y *testers* de Ingeniería de Mantenimiento que trabajaban para TCS seguían la metodología *Personal Software Process/Team Software Process* (PSP/TSP) del Software Engineering Institute. Microsoft se lo impuso contractualmente a TCS. Esta decisión había sido tomada por Jon De Vaan, vicepresidente del grupo de Excelencia en Ingeniería de Microsoft. Jon dependía directamente de Bill Gates en su calidad de arquitecto jefe y presidente de Microsoft. Jon De Vaan era un gran admirador de Watts Humphrey[5], del Software Engineering Institute de la Universidad Carnegie Mellon. Humphrey había sido reconocido con la Medalla Nacional de Tecnología, concedida por el presidente de Estados Unidos, por su contribución a la profesión de la ingeniería de software. Humphrey fue el creador del PSP/TSP, y De Vaan había estado buscando una oportunidad para experimentar con él en Microsoft. Incapaz de conseguir aceptación en los equipos de producto, se le había concedido la oportunidad de llevar a cabo su experimento con la división de TI. En consecuencia, TCS estaba obligada por contrato a seguirlo. Jon De Vaan fue uno de los primeros desarrolladores de Microsoft y amigo de confianza de Bill Gates. Tiempo después, cuando el proyecto Windows Vista se descarriló y tuvo que ser reiniciado como Windows 7, a quien Bill recurrió como persona para dirigir la recuperación fue a Jon. En 2004, como responsable de Excelencia en Ingeniería, nadie iba a desafiar las preferencias de Jon De Vaan. Esto significaba que cambiar el proceso utilizado por el equipo de Ingeniería de Mantenimiento, cambiar su método del ciclo de vida de desarrollo de software, no era una opción disponible. Esta limitación resultó ser un golpe de suerte. Dragos se vio obligado a seguir un enfoque de «empezar con lo que se hace ahora». Insistir en implementar una metodología Agile nunca fue una opción.

---

5. https://en.wikipedia.org/wiki/Watts_Humphrey

La percepción era la de un equipo mal organizado y mal gestionado. En consecuencia, los altos directivos no estaban dispuestos a aportar dinero adicional para solucionar el problema.

Ingeniería de Mantenimiento se encargaba de atender pequeñas solicitudes aisladas, pedidos rápidos; era un centro de coste; tenían las manos atadas en cuanto a la elección de los procesos de trabajo, y la dirección no estaba dispuesta a aportar fondos adicionales para introducir mejoras, ya que no había ganas de dedicar más personal (ni dinero) al problema.

Por pura coincidencia, Dragos había descubierto mi primer libro, *Agile Management for Software Engineering*. Impresionado por lo que había leído, me pidió consejo. Quedé en visitarle en su despacho del edificio 115 del campus de Microsoft en Redmond, Washington, en los frondosos y verdes suburbios del este de Seattle. La interacción, la entrevista y el análisis que se describen a continuación se han formalizado en los primeros pasos del método STATIK «*systems thinking approach to implementing Kanban*» (enfoque de pensamiento sistémico para implementar Kanban).

Este método se describe en más detalle en el Volumen 2, *Implementando Kanban.*

Visualizar

Para empezar a entender los problemas, le pedí a Dragos que esbozara el flujo de trabajo. Dibujó un simple diagrama que describía el ciclo de vida de una solicitud de cambio y, mientras lo hacía, discutimos los problemas. La Figura 2.2 es una reproducción de lo que dibujó. La figura del Director del Proyecto (DP) representa a Dragos.

Las solicitudes llegaban sin control. Cuatro directores de producto representaban y controlaban los presupuestos de las funciones del cliente mencionadas anteriormente: Finanzas, Recursos Humanos, Gestión de Instalaciones y Seguridad. Las solicitudes se referían a pequeñas actualizaciones, pero también incluían defectos de producción (problemas descubiertos sobre el terreno por los usuarios finales). Estos defectos no habían sido creados por el equipo de mantenimiento, sino por los equipos de proyecto de desarrollo de aplicaciones. Estos equipos de proyecto trabajaban en el *portfolio* de grandes proyectos y su trabajo se consideraba un gasto de capital, o un activo. Estos equipos de desarrollo de aplicaciones solían disolverse un mes después del lanzamiento de un nuevo sistema, una vez finalizado el llamado «periodo de garantía», y el código fuente se entregaba al equipo de Ingeniería de Mantenimiento para un posterior mantenimiento. Aunque muchos lectores reconocerán este patrón disfuncional, no estábamos en condiciones de hacer nada al respecto. Nuestro trabajo consistía en hacer que el equipo de Ingeniería de Mantenimiento solucionara mejor y más rápido los errores, no en ayudar al XIT en su conjunto reduciendo la cantidad de defectos creados. Esta era, por tanto, otra limitación. No podíamos modelar la demanda ni introducir cambios que la redujeran. En Ingeniería de Mantenimiento eran receptores de órdenes.

Es importante ser pragmático y evitar los pensamientos ilusorios: «Si pudiéramos influir en toda la unidad de negocio, tener poder desde nuestra posición para hacer cambios más amplios e influir en la alta dirección, entonces…». En los puestos de dirección, hay que generar confianza y ganarse el respeto con logros dentro de la propia esfera de influencia, dentro de los propios límites. Si lo consigues, puede que te recompensen con más responsabilidad y mayor alcance. Se requiere paciencia. Simplemente no es factible lanzarse directamente a solucionar los grandes problemas y hacer grandes cambios en toda una unidad de negocio.

Algunas de estas ideas se recogen ahora como valores fundamentales y orientaciones de *coaching* en el Método Kanban: El pragmatismo y la paciencia están contenidos en el eslogan: «No hay pensamiento ilusorio en Kanban».

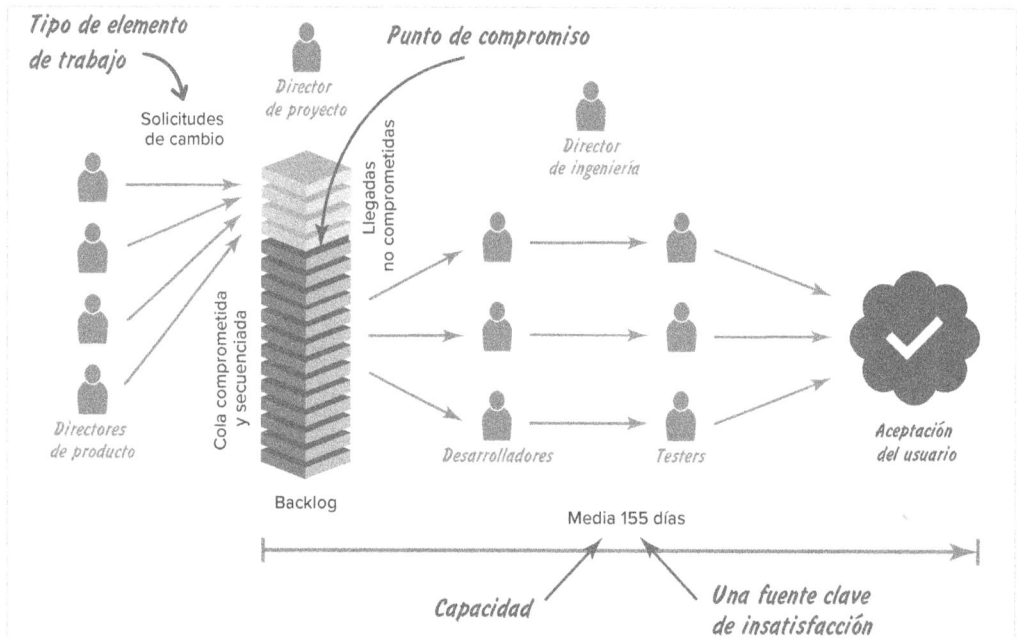

Figura 2.2 Flujo de trabajo de Ingeniería de Mantenimiento del XIT

Análisis de la demanda y de las capacidades

Cuando llegaba una solicitud de cambio o corrección de un defecto por parte de un director de producto, Dragos la enviaba a la India para que le hicieran un presupuesto, como se ilustra en la Figura 2.3. La política era que las estimaciones debían realizarse y devolverse a negocio en un plazo de 48 horas. Esto facilitaría hacer un mínimo cálculo del retorno de la inversión (ROI) y tomar la decisión de seguir o no adelante con la solicitud. Una vez al mes, Dragos se reunía con los directores de producto y otros *stakeholders*, que volvían a priorizar el *backlog* y creaban un plan de proyecto a partir de las solicitudes.

Debido al acuerdo de nivel de servicio de devolver las estimaciones en un plazo de cuarenta y ocho horas, estas adelantaban a los trabajos planificados ya en curso. De hecho, la recopilación de información para futuros trabajos especulativos se trataba con mayor urgencia e importancia que la finalización de los trabajos planificados y comprometidos.

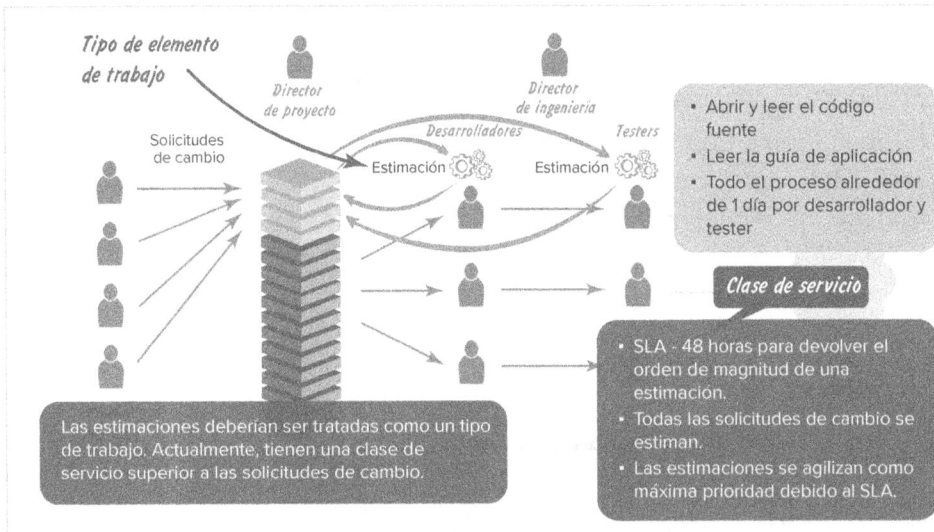

Figura 2.3 Cómo las solicitudes de presupuesto perturbaron el trabajo planificado

El esfuerzo de realizar estimaciones para nuevos trabajos entrantes consumía mucho tiempo. A pesar de que se denominaban estimaciones «*rough order of magnitude*», ROM (orden de magnitud aproximando), lo que el cliente esperaba en realidad era una estimación muy precisa, y los miembros del equipo habían aprendido a tener mucho cuidado al prepararlas. La causa era que las estimaciones se utilizaban tanto para calcular el retorno de la inversión (ROI) y, por tanto, para decidir las prioridades, como para calcular el coste de una solicitud a efectos de transferencias presupuestarias entre departamentos.

Extrañamente, el pago por el trabajo realizado por Ingeniería de Mantenimiento del XIT se basaba en la estimación y no en el tiempo real dedicado a realizar el trabajo. De nuestro análisis se desprendía que los departamentos corporativos de Microsoft estaban «pagando» al XIT por adelantado por cada solicitud. Aunque esto parecía realmente extraño, decidimos dejarlo pasar sin cuestionarlo. El pragmatismo debe prevalecer: Hay que elegir las batallas, y a ninguno de los dos nos entusiasmaba una discusión sincera con un vicepresidente de Finanzas que había tomado las decisiones políticas sobre cómo debía contabilizarse el trabajo de Ingeniería de Mantenimiento (es decir, como un gasto operativo), y que tendría que pagarse con cargo a los presupuestos de las unidades de negocio solicitantes. No teníamos el nivel salarial ni el respeto dentro de la empresa para sugerir siquiera una reunión así. Al igual que el requisito contractual de utilizar la metodología PSP/TSP del Software Engineering Institute, las políticas financieras eran, al menos para nosotros, un asunto inamovible, una limitación en torno a la cual teníamos que trabajar. Teníamos que tener éxito a pesar de estas normas. No era aceptable echarles la culpa y lavarnos las manos de cualquier responsabilidad adicional.

Un desarrollador y un *tester* tardaban aproximadamente un día en realizar cada una de estas estimaciones de alta precisión. El miedo a equivocarse los llevaba a realizar análisis y diseños solo para desarrollar una estimación. Por supuesto, este trabajo de análisis y diseño se tiraba a la basura y no se conservaba para poder reutilizarlo más adelante.

En aquel momento, la demanda de estimaciones oscilaba entre dieciocho y veinticinco al mes. Rápidamente calculamos que el esfuerzo de estimación por sí solo consumía siete u ocho días laborables por persona al mes. En consecuencia, entre el 33 % y el 40 % de la capacidad se consumía evaluando la viabilidad de trabajos no comprometidos. Al menos un tercio de la capacidad se utilizaba para especular sobre el trabajo futuro en lugar de programar y probar el trabajo empezado y comprometido. No se controlaba el número de solicitudes de estimaciones, por lo que el impacto era potencialmente ilimitado. La estimación de estas nuevas solicitudes se anteponía al trabajo existente y causaba retrasos. Al no estar controlada, podía llegar a paralizar por completo el trabajo en curso, aunque aparentemente nunca había ocurrido. En consecuencia, la estimación aleatorizaba los planes hechos para cualquier mes y daba lugar a que el trabajo se completara con retraso. De hecho, la demanda de estimaciones era lo suficientemente alta, y su impacto sobre el trabajo comprometido tan grande, que el equipo de Ingeniería de Mantenimiento del XIT era incapaz de entregar algo según lo planeado. Su capacidad de entrega efectiva era del 0 %.

Mientras que la demanda de estimaciones era de dieciocho a veinticinco al mes, el número de elementos que se entregaban era de unos seis al mes[6], como muestra la Figura 2.4. El *backlog*, que en octubre de 2004 era de ochenta o más elementos, crecía, aunque no tan rápido como debería en comparación con la demanda de estimaciones. ¿Qué estaba pasando?

---

6. En dos de los tres trimestres que aparecen en la Figura 2.4, el índice de entregas es aproximadamente el doble, en torno a doce al mes. Esto da una falsa impresión de capacidad. Durante este periodo de seis meses, la dirección de Microsoft había duplicado la plantilla en un intento de reducir el *backlog* y permitir a TCS, que asumía el papel de proveedor, iniciar su contrato con un *backlog* relativamente pequeño. A partir de julio de 2004, la plantilla volvió a sus niveles históricos y la tasa de entrega volvió a niveles históricos similares de aproximadamente seis artículos al mes. Lamentablemente, no disponemos de un gráfico de este periodo anterior.

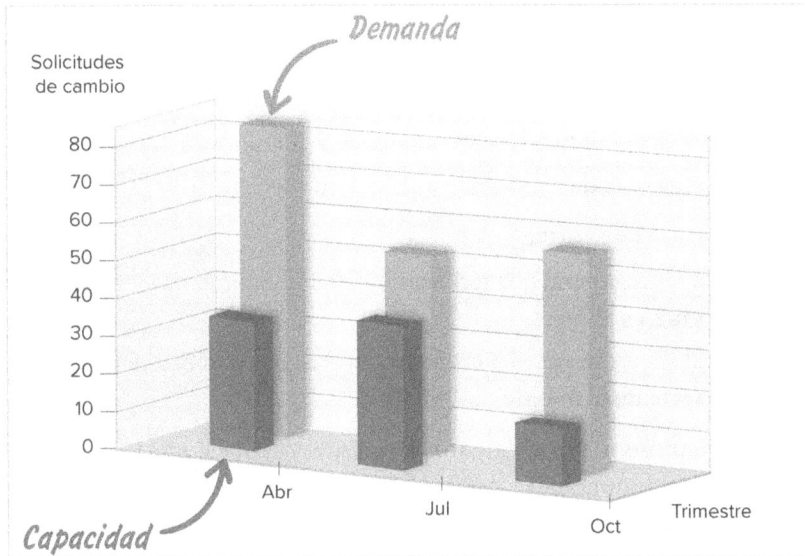

Figura 2.4 Demanda de solicitudes de cambio frente a la capacidad de suministro en los nueve meses anteriores

Análisis de trabajos previos

Un estudio de todos los elementos cerrados, ya fueran terminados, descartados o abandonados a mitad de camino, mostró que el 48 % de las solicitudes presentadas nunca llegaron a entregarse. Esto explicaba por qué el *backlog* no crecía tan rápidamente como cabía esperar. No obstante, el crecimiento era normalmente superior a seis al mes. De los elementos nunca entregados, el 26 % representaban elementos descartados durante la planificación porque tenían un ROI pobre o eran «demasiado grandes». Los elementos que, según las estimaciones, necesitaban más de quince días de desarrollo tenían que redirigirse a un proyecto del *portfolio* para que pudieran contabilizarse como gasto de capital. Esta norma de gobernanza pretendía imponer la noción de que el trabajo de mantenimiento, contabilizado como gasto de explotación, solo se refería a elementos pequeños. Históricamente, los «demasiado grandes» solo representaban el 2 % de la demanda. Por tanto, los de bajo ROI representaban el 24 % de la demanda. El 22 % restante se abandonaba y se cerraba con el motivo «superado por los acontecimientos». La causa, a menudo, era la desactivación de una aplicación o de un sitio de la intranet. Por ejemplo, en 2003 se produjo un gran terremoto y posterior tsunami en la costa de Sumatra (Indonesia). La ola del tsunami se cobró la vida de más de 250 000 personas en Indonesia, Tailandia, Sri Lanka y el sureste de la India. En aquel momento, Microsoft había creado un sitio web para que los empleados pudieran hacer donaciones, que se distribuían a organizaciones benéficas como la Cruz Roja. Dieciocho meses más tarde, el sitio dejó de ser necesario y fue retirado del servicio. Otros ejemplos de este tipo eran a menudo de carácter estacional o para eventos puntuales.

Podemos resumir nuestro análisis de la demanda y la capacidad del siguiente modo:

- Trabajo especulativo que requiere una estimación y un estudio de viabilidad: 18-25 al mes
- Trabajo real comprometido, planificado y secuenciado: 9-13 al mes
- Trabajo realmente entregado cada mes: aproximadamente 6 elementos

Podemos resumir la capacidad de entrega como:

- El *lead time* (tiempo de entrega) era, por término medio, de 5,5 meses y crecía a un ritmo de, al menos, 0,5 meses al mes.
- Los elementos entregados con respecto a las fechas previstas y comprometidas originalmente fueron de aproximadamente el 0 %.

Aunque solo se entregaban unos seis elementos al mes, el *backlog* entero se volvía a priorizar y planificar cada mes. Y aunque se descartaban o abandonaban unos doce elementos, un número similar se comprometía, secuenciaba y añadía al plan implementado en forma de diagrama de Gantt en Microsoft Project. En el lenguaje Kanban, el trabajo se comprometía pronto, en la reunión mensual de planificación posterior a la presentación de la solicitud. En el momento del compromiso, cada elemento tenía una fecha de entrega propuesta. Alrededor de seis elementos se entregarían a lo largo del mes siguiente. Sin embargo, el *backlog* comprometido sería de, al menos, ochenta elementos. En este tiempo habrían llegado nuevas solicitudes, y en la siguiente sesión mensual de planificación se volvería a priorizar todo el trabajo pendiente y se comunicaría a los *stakeholders* el nuevo plan con las nuevas fechas para cada elemento. Era probable que una solicitud se volviera a planificar cuatro o cinco veces antes de la entrega. Este era un factor clave de la insatisfacción de los clientes y de la falta de confianza en el servicio de Ingeniería de Mantenimiento. Sencillamente, no eran capaces de cumplir sus promesas.

El problema era doble: se comprometían demasiado pronto con demasiadas cosas, e incluso para el mes siguiente se comprometían en exceso porque no tenían en cuenta el efecto trastornador de las solicitudes de estimaciones.

Eficiencia del flujo

Las solicitudes se seguían con una herramienta llamada Product Studio. Más tarde, se lanzaría públicamente una versión actualizada de esta herramienta como Team Foundation Server Work Item Tracking, que después se transformaría en el servicio web Azure Devops. El equipo de Ingeniería de Mantenimiento del XIT era similar a muchas organizaciones que veo en mi trabajo en la docencia y en la consultoría: tenían muchos datos, pero no los utilizaban. Dragos empezó a analizar los datos y descubrió que una solicitud media requería once días de trabajo (una combinación de tiempo de desarrollo y pruebas), como se muestra en el histograma de la Figura 2.5. Sin embargo, los plazos de entrega de 125 a 155 días eran habituales. Más del 90 % de los tiempos de entrega eran por colas u otras formas de desperdicio. La eficiencia del flujo era solo del 8 %. Aunque esta cifra suene muy mal, nos hemos dado cuenta de que a menudo la situación de partida para la mejora está muy por debajo de esto. Hakan Forss[7] y Zsolt Fabok[8] han informado de cifras iniciales de eficiencia de flujo de entre el 1 % y el 2 %. Estas cifras son ampliamente aceptadas como normales entre la comunidad de *coaches* de Kanban. La buena noticia es que tanto si tenemos un 8 % como en 2004, como si tenemos una cifra mucho más baja, es que existe un enorme potencial de subida. Mejorar la eficiencia del flujo y reducir los plazos de entrega debería ser cuestión de identificar y eliminar las fuentes de retraso.

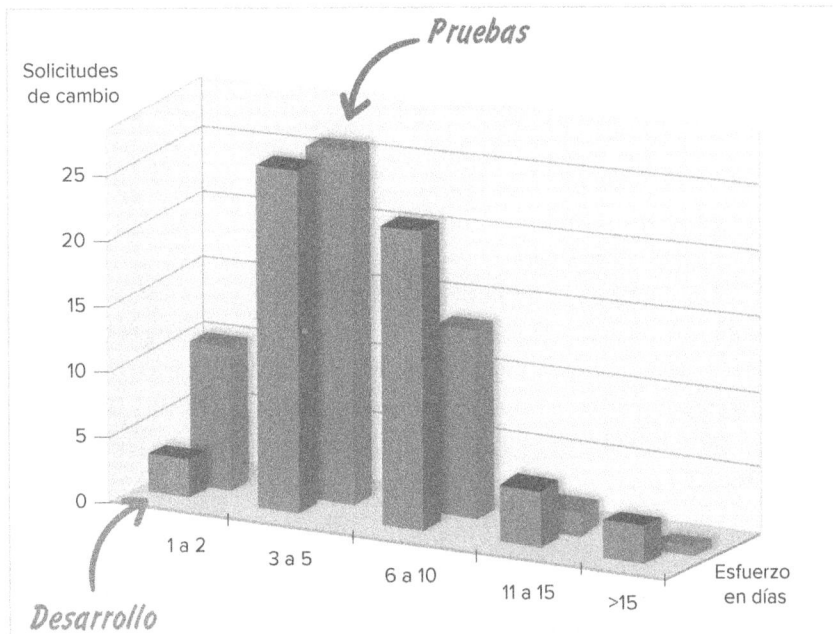

Figura 2.5 Histograma del tiempo real de desarrollo y pruebas por solicitud de cambio

Un tipo de elemento de trabajo adicional

Además de las solicitudes de cambio y las correcciones de defectos, había otro tipo de trabajo, conocido como *Production Text Changes* o PTC (cambios de texto de producción). Se trataba de cambios de texto en cuadros de diálogo en pantalla o en páginas web. Esto había crecido hasta incluir cambios gráficos o de diseño de páginas web y, con el tiempo, se amplió hasta comprende la modificación de valores en tablas utilizadas para impulsar la lógica de negocio en aplicaciones, o en archivos XML utilizados para la configuración o referencia mientras una aplicación estaba funcionando. Más tarde descubrimos que, por

7. Hakan Forss, Lean Kanban France, Oct. 2013

8. Zsolt Fabok, Lean Agile Scotland, Sep 2012; Lean Kanban France, Oct. 2012

ejemplo, las tablas de impuestos del sistema de nóminas, que calculan las deducciones del impuesto sobre la renta que debe retener el empresario, entraban en esta categoría de trabajo. ¡El acrónimo PTC no tenía sentido! El elemento común era que estos cambios no requerían un desarrollador y a menudo los realizaban los responsables del negocio, los directores de producto o el director del programa, pero sí requerían pasar una prueba formal, por lo que afectaban a los *testers*. Todos los PTC sin excepción tenían un flujo de trabajo común. Sin embargo, su naturaleza y los riesgos empresariales asociados a un elemento en comparación con otro variaban enormemente: cambiar el logotipo de un departamento en una página web de la intranet no conlleva los mismos riesgos que implementar las nuevas tablas de retención de impuestos en el sistema de nóminas. Y este era otro problema: los PTC tenían su propia clase de servicio. Todos eran de máxima prioridad, es decir, solicitudes urgentes. En aquel momento, no entendíamos por qué. No sabíamos lo suficiente sobre la verdadera naturaleza de los PTC. Esencialmente, nos parecía incorrecto. ¿Por qué se aceleraban los llamados cambios de texto? Era una señal roja, pero en aquel momento decidimos ignorarla. Todo lo que sabíamos era que los PTC generaban interrupciones, se adelantaban al trabajo planificado y comprometido, y afectaban a nuestra capacidad de entregar a tiempo dicho trabajo.

Pregunté a Dragos por la naturaleza de la llegada de los PTCs y el volumen de la demanda. Su respuesta fue que eran inusuales: pasaban semanas sin que llegara una sola solicitud y luego, sin previo aviso, llegaba un lote entero. Su naturaleza esporádica y la clase de servicio que exigían convertían a los PTC en un problema, un problema que hoy enseñamos a los profesionales de Kanban las habilidades para entenderlo y diseñarlo adecuadamente. En 2004, no las poseíamos. Como se describe en el capítulo siguiente, nos salimos con la nuestra por dos razones: en primer lugar, como la mejora del rendimiento general era tan grande, había capacidad para hacer frente a los PTCs en segundo lugar, su impacto de llegada trastornaba mucho menos (una simple ola) debido a las ventajas en el control del WIP y del compromiso diferido derivados del uso de un sistema Kanban.

De entender un problema al diseño de una solución

Una vez entendimos los problemas y las limitaciones con las que teníamos que trabajar, nos centramos en lo que podíamos hacer al respecto. En el Capítulo 3 se explora lo que Dragos decidió hacer y cómo lo hizo posible.

Puntos clave

- El primer paso para mejorar el flujo de trabajo de un servicio es esbozarlo y visualizarlo.
- Llevar a cabo un análisis de la demanda y de la capacidad para comprender la naturaleza del flujo de trabajo.
- Identificar y comprender las fuentes de insatisfacción de los clientes.
- Analizar la eficiencia del flujo nos ayuda a comprender el potencial de mejora posible.
- Normalmente, la eficiencia del flujo es muy baja (por ejemplo, un 5 % o menos) antes de realizar cualquier intervención.

3

«¿Crees que lo aceptarán?»

Diseño e implementación de kanban en Microsoft XIT

«Entonces, ¿nuestra propuesta es que vamos a dejar de hacer estimaciones y de planificar, y pedirles que confíen en que esto hará que mágicamente todo se entregue en treinta días?».

«¡Sí! ¿Crees que lo aceptarán?»

Dragos y yo nos miramos en su despacho, en el edificio 115 del campus de Microsoft en Redmond, Washington. Era un día oscuro, triste, nublado y lluvioso del otoño de 2004.

«No. ¡Probablemente no!»

Esta es la historia de lo que Dragos hizo y de cómo lo consiguió. Los resultados son ya legendarios. El índice de entrega de las peticiones de cambio aumentó un 230 %, los tiempos de entrega cayeron de una media de 5,5 meses a tan solo 12 días y la puntualidad alcanzó el 98 % para un acuerdo de nivel de servicio de 25 días.

Dragos fue ascendido, y posteriormente fichado, cuando Dale Christian pasó de su puesto de director general del XIT a CIO en Avanade. En dos ascensos, en dos años, Dragos pasó de director de programa de un equipo de seis personas (solo dos grados salariales por encima de un licenciado universitario en Microsoft) a director senior de operaciones de TI globales de la *joint venture* Accenture/Microsoft. El equipo de servicio de Ingeniería de Mantenimiento del XIT pasó de tener el peor historial de servicio al cliente dentro del grupo de TI de Microsoft a tener el mejor, y Dragos fue recompensado con el premio a la mejora de procesos de la división del segundo semestre de 2005.

Cómo afectaron las políticas al rendimiento

El equipo estaba siguiendo el proceso establecido, que incorporaba muchas malas decisiones sobre políticas que habían sido tomadas por directores a varios niveles, sin tener en cuenta el amplio impacto sobre el servicio en su conjunto. Es importante resaltar que un servicio y su flujo de trabajo están definidos por un conjunto de políticas que rigen su comportamiento. Cada uno, a su nivel tiene autoridad para anular o cambiar las políticas; están bajo el control de la dirección. Por ejemplo, la política de uso de PSP/TSP se estableció a nivel de vicepresidente ejecutivo, un escalón por debajo de Bill Gates, y esta política sería difícil o imposible de cambiar. Las políticas sobre contabilidad y transferencias presupuestarias las establecía un ejecutivo de rango medio del departamento financiero, y estas políticas también serían difíciles de alterar. La oficina de gestión de programas (*Project Management Office* o PMO) establecía las políticas de priorización y el uso del cálculo del retorno de la inversión (ROI) en los planes de negocio, y a los directores de producto se les exigían estas políticas. Aunque no era imposible cambiarlas, ni Dragos ni yo teníamos el nivel salarial ni la influencia para hacerlo. Sin embargo, otras muchas políticas, como la de dar prioridad a las estimaciones sobre la programación y las pruebas, se desarrollaban localmente y estaban bajo la autoridad colaborativa de los directores inmediatos. Es posible que estas políticas tuvieran sentido en el momento en que se implementaron, pero las circunstancias habían cambiado y no se había hecho el esfuerzo de revisar y actualizar las políticas que regían el funcionamiento del equipo. Había margen para cambiar algunas políticas y mejorar el rendimiento a pesar de las demás limitaciones.

Sin estimaciones

Tras debatirlo con sus colegas y su director, Dragos decidió introducir dos cambios iniciales en la gestión. En primer lugar, el equipo dejaría de hacer estimaciones. Quería recuperar la capacidad desperdiciada por la actividad de estimación y utilizarla para desarrollar y probar software. Creía que la predictibilidad mejoraría al eliminar la aleatoriedad que las estimaciones introducían en la calendarización de los trabajos, y esperaba así que la combinación tuviese un gran impacto en la satisfacción del cliente.

Sin embargo, eliminar las estimaciones era problemático. Afectaría a los cálculos del retorno de la inversión (ROI), y podría hacer temer a los clientes que se estuvieran tomando malas decisiones de priorización. Además, las estimaciones se utilizaban para facilitar la contabilidad de costes entre departamentos y las transferencias presupuestarias. Las estimaciones también se utilizaban para implementar una política de gobernanza. Solo se permitían pequeñas solicitudes a través del sistema de mantenimiento. Las solicitudes mayores, las que superaban los quince días de desarrollo o prueba, debían someterse a una iniciativa de proyecto mayor y pasar por el proceso de gobernanza formal de la gestión del *portfolio* de la PMO. Volveremos sobre estas cuestiones en breve.

Las estimaciones generaban interrupciones y afectaban a la capacidad de cumplir con los plazos comprometidos. La falta de predictibilidad afectaba a la satisfacción del cliente. Si Dragos hubiera optado por solucionar este problema de predictibilidad, quizá habría tomado una decisión diferente. Eliminar las estimaciones fue una decisión tomada para recuperar al menos un tercio de la capacidad que se destinaba a ellas y mejorar la predictibilidad. En realidad, teníamos cuatro opciones a nuestra disposición: dejar de hacer estimaciones; separar las actividades de estimación, por intervalos de tiempo, de la entrega de trabajos de valor añadido comprometidos; aislar la estimación mediante una función especializada de «estimador», o desarrollar un sistema híbrido pasando la función de estimador especializado de un miembro del equipo a otro con una cadencia fija, por ejemplo, semanal. Considere cada uno de estos enfoques a su por separado...

- Dejar de hacer estimaciones es la opción más radical. Requiere que introduzcamos un acuerdo de nivel de servicio. Esto recupera la capacidad desaprovechada, pero exige un nuevo acuerdo, un nuevo contrato, con los clientes. Es la opción más valiente.

- El enfoque de división en intervalos de tiempo asignando estimación, priorización y planificación en un periodo de tiempo fijo y luego alternando las tareas entre el trabajo valorado por el cliente y dicha planificación es el enfoque utilizado en la metodología del ciclo de vida de desarrollo de software Agile Scrum. Para que este enfoque hubiera funcionado en el XIT, Dragos habría tenido que asignar ocho días al mes a la estimación y al planificación y luego dedicar el resto del mes a la programación y a las pruebas. Este planteamiento habría mejorado la predictibilidad y habría contribuido notablemente a la satisfacción del cliente, pero no habría solucionado el problema de que un tercio de la capacidad se lo llevara el esfuerzo de estimación.

- La opción de asignar a un especialista también podría haber funcionado muy bien en este caso. Dragos podría haber informado al responsable local de TCS en Hyderabad de que uno de los desarrolladores y uno de los *testers* iban a ser asignados permanentemente al análisis y al diseño para proporcionar estimaciones. ¡Un simple cambio de política! Esto habría evitado que los otros dos desarrolladores y los dos *testers* se vieran interrumpidos y habría supuesto una mejora significativa en la puntualidad de las entregas. Sin embargo, también habría dejado claramente en evidencia que un tercio de la capacidad se utilizaba para hacer estimaciones.

- La opción de pasar la responsabilidad de la estimación de un miembro del equipo a otro semanalmente podría haber sido más aceptable para el equipo que asignar a un especialista, pero seguía sin recuperar la capacidad desperdiciada en la estimación.

Solo la decisión de dejar de hacer estimaciones por completo liberó capacidad. Si los clientes estaban descontentos con las entregas impredecibles y poco fiables y las promesas incumplidas, también lo estaban con los plazos de entrega. Los plazos de entrega crecían porque la demanda superaba la capacidad de suministro. En consecuencia, necesitaban producir más. Recuperar un tercio de la capacidad era una forma de producir más y abordar directamente el crecimiento del *backlog* y el alargamiento de los tiempos de entrega. Se presentó un interesante equilibrio: a cambio de sustituir las estimaciones individuales y las promesas de fechas de entrega por un acuerdo de nivel de servicio (SLA por sus siglas en inglés) se realizaría un 50 % más de trabajo y habría alguna posibilidad de controlar el creciente *backlog*. Con los largos plazos de entrega bajo control, los directores de producto y los departamentos de clientes *sponsors*, como Recursos Humanos, probablemente lo encontrarían *fit-for-purpose* (apto para su propósito).

La decisión de no realizar una estimación en el marco de los cambios efectuados en Ingeniería de Mantenimiento del XIT fue una decisión tomada debido a circunstancias específicas, y al tiempo que se consideraban las otras tres opciones. Cualquiera de esas opciones era posible y viable, y habría contribuido a solucionar un importante problema de satisfacción del cliente. Independientemente de la elección que hubiéramos hecho, habríamos seguido utilizando un sistema kanban. Esta historia había representado el prototipo de aquello en que se convertiría el Método Kanban.

Al principio, Kanban era citado a menudo como el método «sin estimaciones». Esto creó un poco de desconcierto y temor entre el público tradicional de la gestión de proyectos, generando una indignación tribal en la comunidad Scrum[9], que había ritualizado su Planning Poker y otras técnicas de estimación. La elección de estimar o no debe ser siempre una consideración para las políticas que definan una clase de servicio. Los riesgos asociados con el trabajo siempre deben determinar si es mejor proceder con lo que sabes o retrasarlo para reunir información adicional antes de adquirir un compromiso. Una solicitud de estimación es una petición de información que especula sobre el coste o el tiempo necesarios para realizar un trabajo. Esta información puede ser útil para la gestión de riesgos en algunas situaciones, mientras que en otras apenas aporta nada a la buena gestión de la entidad y, por tanto, puede evitarse. En el caso del XIT, sus clientes estaban acostumbrados a consumir servicios TI definidos por acuerdos de nivel de servicio (SLA). Como consecuencia, Dragos estaba en condiciones de hacer a sus clientes una oferta directa para negociar: «Si cambiamos a un SLA con una expectativa de *lead time* definida, a cambio, les entregaremos alrededor de un 50 por ciento más de solicitudes completadas cada año».

---

9. Scrum es un ejemplo de una clase genérica de procesos prescriptivos conocidos como metodologías Agile de desarrollo de software. En ingeniería de software, una metodología se define como una descripción de un flujo de trabajo de proceso, junto con un conjunto definido de roles a desempeñar y las responsabilidades que dichos roles conllevan en la ejecución del trabajo. Las metodologías de ingeniería de software describen qué papel desempeña cada función, con quién colaboran, quién tiene la responsabilidad y la *accountability*, y cómo se realiza el trabajo y cómo se transfiere el trabajo de una persona, equipo o grupo de colaboradores a otro. A menudo, las metodologías cuentan con orientaciones específicas y detalladas sobre las técnicas que deben utilizarse para actividades concretas. Scrum se describe a menudo como un marco de proceso porque su definición y actividades prescriptivas no son exhaustivas. Scrum necesita ser ampliado con otras prácticas para convertirse en una metodología completa. Por lo tanto, lo que se define se denomina un esqueleto o marco del que se puede colgar una definición completa del proceso.

Limitar el *work-in-progress*

Dragos decidió también limitar el *work-in-progress* y hacer *pull* del trabajo de un búfer de entrada a medida que se terminaba el trabajo en curso. El búfer de entrada se dimensionó para adaptarlo al ritmo máximo de entrega en el periodo de una semana entre reuniones de reposición, es decir, era lo suficientemente grande como para garantizar que los desarrolladores nunca se sintieran faltos de trabajo y, en consecuencia, nunca estuvieran ociosos. Eligió limitar el WIP a una solicitud por desarrollador y aplicar una regla similar para los *testers*. El PSP ya recomendaba esta práctica, de hecho, era la política que ya se aplicaba. Introdujo un pequeño búfer entre desarrollo y pruebas para recibir los PTC y suavizar el flujo de trabajo entre ambos, como se muestra en la Figura 3.1. Este enfoque, que que utiliza un búfer para suavizar la variabilidad en tamaño y esfuerzo, se analiza en el Volumen 2, *Implementando Kanban*. El tamaño del búfer se fijó arbitrariamente en 5. No sabíamos qué tamaño darle, así que hicimos conjeturas y decidimos ajustar empíricamente su tamaño a medida que observábamos cómo funcionaba. Si llegaba un lote grande de PTC, probablemente el búfer se desbordaría, lo que paralizaría el trabajo de desarrollo previo. Los desarrolladores tendrían que esperar hasta que los *testers* eliminaran el lote de PTC y los kanbans quedaran libres en el búfer para permitir que el trabajo de desarrollo finalizado siguiera adelante.

> **Nota:** Se trata de una elección de política. Una solicitud de cambio por desarrollador en un momento dado es una política. Puede modificarse posteriormente. Pensar en un servicio como un conjunto de políticas es un elemento clave del Método Kanban.

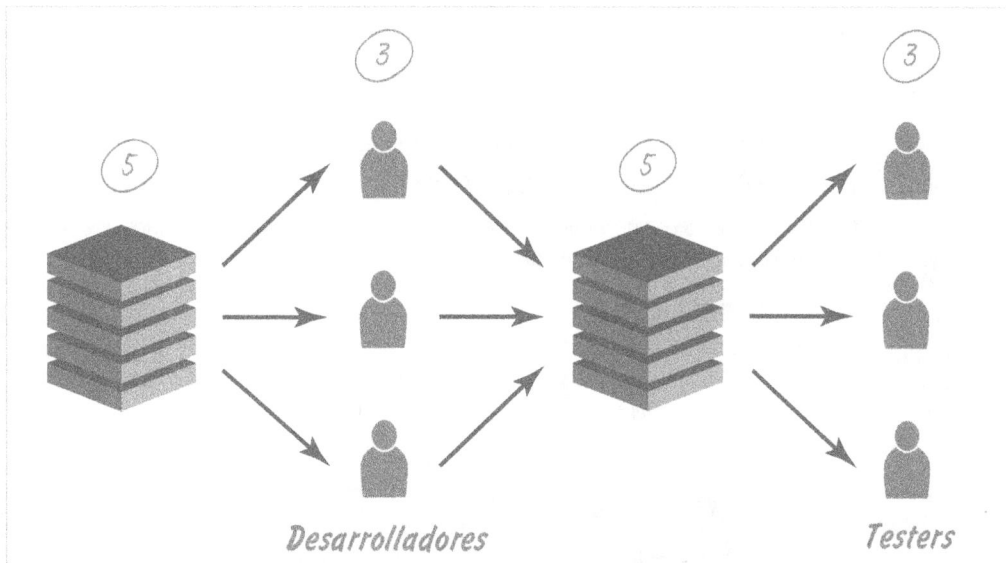

Figura 3.1 Un sistema Kanban para el flujo de trabajo de Ingeniería de Mantenimiento

Sin planificación

Dragos quería abandonar la reunión mensual de planificación y sustituirla por una reunión más frecuente para reponer el sistema kanban. Se acabaron los gráficos de Gantt y el compromiso anticipado con todo lo previsto en el plan. El *backlog* de solicitudes seguiría sin comprometerse hasta que se introdujera un elemento en el sistema kanban durante la reunión de reposición por consenso entre los cuatro directores de producto y Dragos como director del programa.

Dragos tuvo que pensar en la cadencia para interactuar con los directores de producto. Una reunión semanal para reponer el sistema kanban parecía factible. Se planificó como una conferencia telefónica; el tema de la reunión sería la simple reposición desde el *backlog* hasta los espacios vacíos (kanban libres) en el búfer de entrada. En una semana normal podía haber tres espacios libres en ese búfer. Así pues, el debate giraría en torno a la pregunta: «¿Qué tres elementos del *backlog* le gustaría más que se iniciaran a continuación para su entrega en un plazo de veinticinco días?». Era una pregunta sencilla, y debía facilitar una reunión breve.

Dragos quería ofrecer un *lead time* garantizado de veinticinco días desde el compromiso, es decir, desde el momento en que se aceptaba una solicitud en el sistema kanban y se colocaba en su búfer de entrada. Esta garantía de servicio de veinticinco días era considerablemente superior a los once días de tiempo medio de ingeniería necesarios para completar un trabajo. Los valores estadísticos atípicos requerían unos treinta días, pero él preveía muy pocos; veinticinco días sonaba atractivo, sobre todo comparado con el *lead time* existente, de unos 140 días. Esperaba alcanzar ese objetivo con regularidad, generando confianza en los directores de producto y sus clientes a medida que iba avanzando.

Así que la planificación tradicional con un diagrama de Gantt, con fechas de inicio y fin previstas para cada solicitud y, por tanto, fechas de entrega prometidas específicas para cada elemento, debía descartarse y ser sustituido por un simple acuerdo de nivel de servicio con una garantía de nivel de servicio de veinticinco días o menos sobre el plazo desde el compromiso hasta la entrega.

Sentados en el despacho de Dragos, habíamos comprendido el problema y habíamos diseñado una solución. Nos miramos y Dragos se rio.

> «Entonces, ¿nuestra propuesta es que vamos a dejar de estimar y de planificar, y pedirles que confíen en que esto hará que mágicamente todo se entregue en treinta días?».

> «¡Sí! ¿Crees que lo aceptarán?»

> «No. ¡Probablemente no!»

Se iba a necesitar algo más que un argumento lógico para conseguir que las personas se sumaran a ello.

¿Quién podría oponerse y por qué?

Consideremos cada uno de los cambios por separado y pensemos en cómo podría recibirse la propuesta de forma aislada.

En primer lugar, proponemos dejar de hacer estimaciones. Para los desarrolladores y *testers*, hacer estimaciones genera interrupciones y afecta a su capacidad de hacer un buen trabajo de calidad. Además, están cualificados profesionalmente en desarrollo y pruebas de software, tienen títulos y certificaciones en esta materia. Nadie les ha pedido que estudien, se examinen o se certifiquen en hacer estimaciones. La capacidad de estimar no es el núcleo de su identidad ni la forma en que generan su orgullo profesional o su autoestima. Si decimos al equipo de Hyderabad que ya no les pedimos que hagan estimaciones, lo celebrarán.

Luego está el director del programa, que facilita la elaboración de los planes y es el propietario del plan construido en un diagrama de Gantt de Microsoft Project. Si le decimos al director del programa que ya no se elaborarán estimaciones y que los diagramas de Gantt ya no son necesarios, es probable que haya cierta resistencia. Es muy probable que el director del programa tenga una imagen de sí mismo como director de proyectos, y muchas de las personas en ese puesto son miembros de organizaciones profesionales como el PMI[10] y poseen credenciales y cualificaciones como el PMP[11] para las que han estudiado y aprobado un examen. Sugerir que elimináramos la práctica de planificar y elaborar un diagrama de Gantt a estas personas probablemente se interpretaría como un ataque a su identidad, una muestra de falta de respeto y una indicación de que ya no se apreciaban sus habilidades y, en consecuencia, su valía personal. Sin embargo, en este caso, el director del programa era Dragos, antiguo atleta olímpico, doble en escenas de acción, guardaespaldas y director de hospital psiquiátrico. No se sentía identificado con ninguna de estas identidades de director de proyectos profesional. Así que tuvimos suerte: Dragos fue el agente del cambio, el provocador, no alguien que se opusiera y pusiera trabas. Si no hubiera sido así, todo podría haber muerto allí mismo. ¿Quizás no tendríamos Kanban como método de gestión adoptado globalmente? ¿Quizás nunca habría habido una primera edición de este libro, o de cualquier otro libro sobre el tema?

Por último, teníamos a los directores de producto. Su función tenía tres facetas principales: gestionar el presupuesto en nombre de su cliente y de los responsables de negocio; ayudar a los clientes a elaborar los requerimientos y a realizar los análisis de negocio, y realizar una buena gestión sobre el presupuesto elaborando planes de negocio y priorizando el trabajo en base a la optimización del rendimiento de la inversión[12]. La ecuación utilizada era la siguiente:

$$ROI = \frac{Valor\ de\ negocio}{Coste}$$

Coste = tarifa horaria x horas de ingeniería estimadas

---

10. Project Management Institute

11. Project Management Professional

12. Este método de priorización destinado a maximizar el retorno de la inversión se describe en el *Project Management Body of Knowledge*, publicado por el Project Management Institute, y está ampliamente adoptado en todo el mundo como la forma estándar de priorizar los servicios profesionales y las actividades del trabajo del conocimiento.

Sin una estimación, no habría valor para el denominador en la ecuación del ROI y, en consecuencia, sería imposible calcularlo. Detener la estimación privó a los directores de producto de la capacidad de completar sus planes de negocio y de realizar su función de priorización clasificando las solicitudes por ROI[13]. Y esta es la razón clave por la que creíamos que «ellos» no lo aceptarían.

¿Aceptarían un sistema kanban?

Nuestra segunda propuesta era implementar un sistema kanban para hacer *pull* del trabajo de un *backlog* no comprometido. En lugar de comprometernos pronto, pretendíamos aplazar el compromiso.

En este caso, los desarrolladores y *testers* no se verían afectados por el cambio. Así que no cabía esperar ninguna resistencia. Y una vez más, Dragos era el director del programa y el agente del cambio. Sin embargo, esto supondría un cambio para los directores de producto y sus clientes en cada una de sus respectivas unidades de negocio. Estaban acostumbrados a recibir planes concretos un par de semanas después de presentar una solicitud. Sin embargo, también estaban acostumbrados a que el plan no sirviera para nada y a que el equipo de Ingeniería de Mantenimiento nunca entregara nada de lo prometido.

En primer lugar, les mostramos los datos sobre solicitudes abandonadas y descartadas. Solo el 52 % de las peticiones llegaban a entregarse. ¿Por qué comprometerse con todas ellas si el 48 % nunca llegaban a producción? Desde entonces, esta técnica ha demostrado ser poderosa y persuasiva en muchas implementaciones. Resulta especialmente convincente cuando se pide a los afectados que realicen la extracción de datos y descubran por sí mismos cuántas de sus peticiones nunca se implementan. A veces es necesario poner una definición, una política explícita de «abandono». ¿Qué significa el abandono? Si una solicitud tiene más de seis meses, o doce meses, o trece meses, o dos años, ¿se considera abandonada? ¿Cuál es la tolerancia y el umbral de la organización para decir: «Si aún no lo hemos hecho, probablemente nunca lo haremos»? Cuando estos datos se hacen explícitos, adquieren una enorme fuerza.

El cambio a un sistema *pull* iría acompañado de la adopción de un acuerdo de nivel de servicio, lo que permitiría agregar el riesgo de entrega a todas las solicitudes en lugar de asumir compromisos individuales frágiles basados en la especulación. Las unidades de negocio estaban acostumbradas a consumir otros servicios TI definidos por un contrato, un acuerdo de nivel de servicio, que incluía garantías sobre los plazos de entrega. Así que, en este caso, les pedíamos que cambiaran de perspectiva y vieran este trabajo de otra manera. En lugar de una serie de miniproyectos, debían verlo como un servicio continuo. Este

---

13. Nota: Esto se realizaba normalmente en una hoja de cálculo de Excel utilizando la función de ordenación por columnas. El ROI era simplemente un ratio que se obtenía dividiendo dos cifras. Se suponía que el valor de negocio podía reducirse a una simple cantidad en dólares. En realidad, se trata de una práctica habitual en la gestión de productos y proyectos.

argumento pareció funcionar y suscitó pocas objeciones. Las cosas llevaban mucho tiempo sin funcionar, ¿por qué no probar este enfoque alternativo, aunque familiar?

Por último, propusimos dejar de planificar. Una vez más, los desarrolladores y *testers* no notaron ninguna diferencia. Estaban acostumbrados a coger su trabajo de una secuencia definida en un plan de proyecto. En lugar de eso, empezarían a trabajar a partir de un búfer, definido en su herramienta de seguimiento, Product Studio. Y una vez más, el director del programa era Dragos, así que no opuso resistencia. ¿Y los directores de producto? Se les pedía que asistieran a una reunión semanal de reposición en lugar de a una reunión mensual de planificación. Otros aspectos de la planificación que les incumbían, como la preparación de planes de negocio y la elaboración de un *backlog* priorizado, no se verían afectados, suponiendo que pudiéramos resolver el conflicto del cálculo del ROI.

En realidad, las reuniones de planificación eran largas y laboriosas, con un gran diagrama de Gantt sobre la mesa marcado a lápiz. Estas reuniones no eran en absoluto divertidas y tomaban muchas horas. Una breve llamada de quince a veinte minutos una vez por semana era un alivio importante, suponiendo que todo lo demás funcionara con eficacia y que siguieran pareciendo profesionales, competentes y eficaces en sus funciones.

Por último, había que tener en cuenta a las personas en cargos directivos por encima de Dragos. ¿Qué pensaban?

Según cuentan, el director inmediato de Dragos tenía dudas y temía las consecuencias. Los de dos niveles siguientes se morían de risa: «¿Vas a dejar de planificar y de efectuar estimaciones y todo irá bien?». Una vez que se les pasó un poco la borrachera, pudieron razonar: «Este servicio lleva mucho tiempo sin funcionar. Ninguno de los antiguos directores ha sido capaz de arreglarlo. Trasladarlo al extranjero tampoco lo arregló. Esto parece una locura, pero te hemos puesto en este puesto para que hagas cambios. Si estos son los cambios descabellados que quieres hacer, al menos deberíamos dejar que lo intentes». Así que la dirección se dispuso a contener la respiración y esperar a ver qué pasaba.

Sin embargo, seguía existiendo el problema de cómo permitir a los directores de producto seguir tomando sus decisiones sobre planes de negocio y priorización sin una estimación. La solución a esto fue la chispa de genialidad que, junto con las dotes diplomáticas y la personalidad de Dragos, permitirían la implementación del primer sistema kanban en Microsoft.

Diplomacia de ida y vuelta

Dragos organizó una visita individual a cada uno de los directores de producto en sus oficinas, y luego a su director inmediato. Quería que cada uno de ellos aceptara nuestra propuesta sin que la influencia del grupo o la presión social les hiciera cerrar filas y atenerse conservadoramente a su *modus operandi* actual. Si conseguía que se adhirieran individualmente, celebraría una reunión de grupo para dar el pistoletazo de salida oficial a la iniciativa de cambio y poner en marcha el sistema kanban.

Dragos aportó los elementos básicos: un esquema del flujo de trabajo y el sistema kanban propuesto, Figura 3.2, junto con una descripción de la reunión de reposición y el gráfico que muestra la distribución del esfuerzo de ingeniería para las solicitudes durante el último año (anteriormente mostrado en la Figura 2.5 y repetido aquí para su comodidad como Figura 3.3).

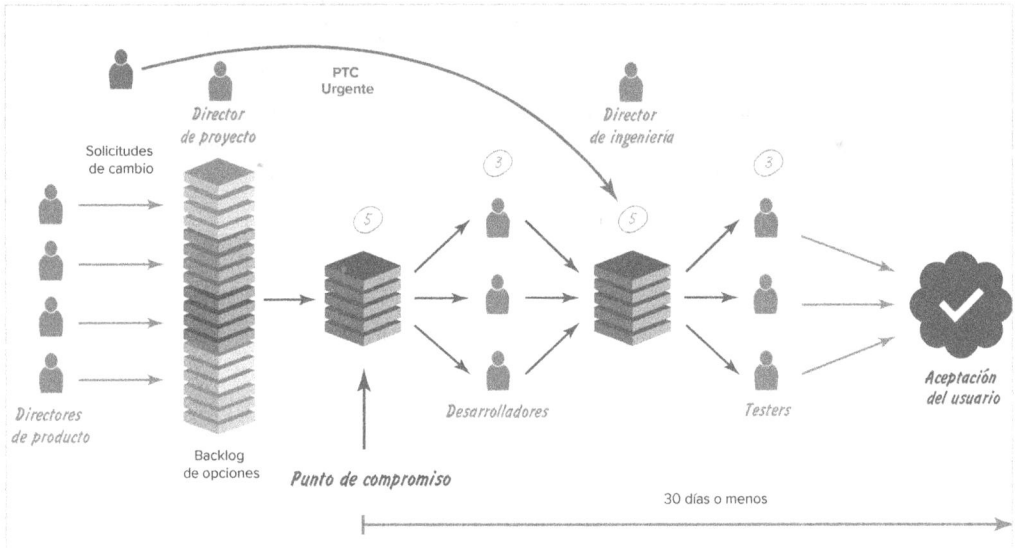

Figura 3.2 Solución completa propuesta para el flujo de trabajo de Ingeniería de Mantenimiento del XIT

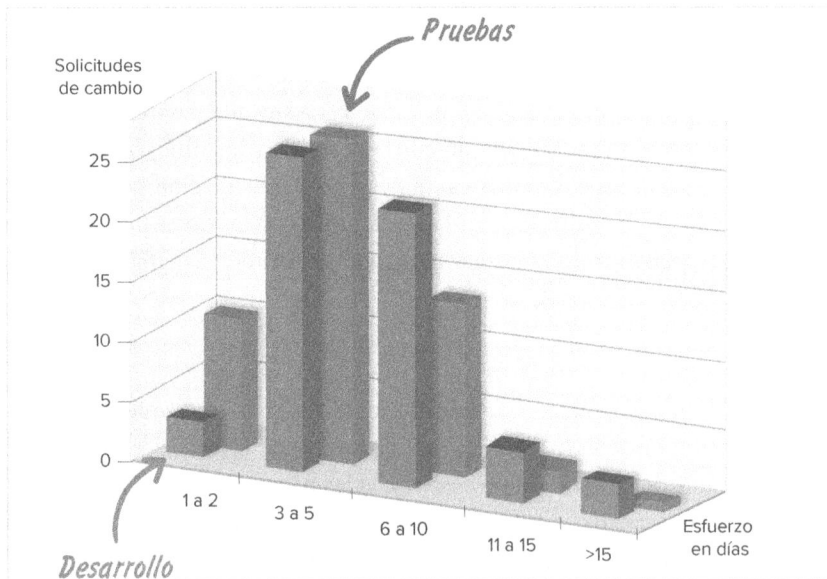

Figura 3.3 Histograma del tiempo real de desarrollo y pruebas por solicitud de cambio

Dragos mostró a cada director de producto que la distribución del esfuerzo estaba dentro de un rango relativamente estrecho: la mayoría de las solicitudes se situaban entre tres y diez días de desarrollo y pruebas, con una media de algo menos de seis. Dado el volumen de solicitudes y que esperábamos que este aumentara drásticamente, Dragos sugirió que era razonable sustituir una estimación específica y determinista —aunque todavía especulativa— por una media extraída de datos históricos recientes basada en las horas reales invertidas. Una media de horas reales es un hecho, mientras que una estimación para cualquier elemento individual es mera especulación.

$$ROI = \frac{\text{Valor de negocio}}{\text{Coste medio}}$$

Esencialmente, si los directores de producto estaban dispuestos a aceptar que los costes variaban dentro de un margen estrecho y a ignorar efectivamente esta variación, se podían obtener todos los demás beneficios de la mejora de la productividad y la predictibilidad. No les pedíamos que cambiaran nada de su trabajo ni de su forma de trabajar. Su identidad, autoestima, estatus social, respeto dentro de la organización y profesionalidad no se veían cuestionados ni amenazados en modo alguno. Lo que les pedíamos era que aceptaran el coste medio como un hecho y su valor como suficiente para tomar decisiones de priorización eficaces.

En realidad, esta técnica funciona bien cuando existe una asimetría significativa en el problema. Cuando todos los valores de negocio superan con creces cualquier coste en el que se incurra, el resultado de una clasificación agrupada de los ratios no es muy sensible a la variación del coste. De hecho, el coste puede ignorarse. Donde las estimaciones de costes tienen verdadero valor es cuando esta asimetría no existe, y los costes están en realidad relativamente cerca del resultado llamado «valor de negocio». Irónicamente, esta condición de resultado y coste relativamente simétricos es bastante común en los sistemas de TI para servicios compartidos y funciones administrativas como finanzas y recursos humanos. Así pues, las estimaciones de los costes de los proyectos son importantes a la hora de gestionar un *portfolio* de TI para sistemas de *back-office*. Sin embargo, en el caso de los equipos de mantenimiento de sistemas y de ingeniería de mantenimiento, las pequeñas solicitudes suelen tener un gran impacto —como la implementación de las tablas de impuestos para el nuevo ejercicio fiscal—, por lo que el requisito de resultado asimétrico se cumple con toda seguridad en este caso. En 2004, sin embargo, no éramos tan sofisticados, ni tampoco los directores de producto. Nuestros argumentos convencieron a todos y estuvieron de acuerdo.

¡El juego estaba en marcha! Se dio luz verde al despliegue de Kanban en el departamento de Ingeniería de Mantenimiento del XIT de Microsoft. Era octubre de 2004.

Implementando cambios

Así pues, se introdujeron los cambios. Dragos tenía su versión de Product Studio instrumentada utilizando procesos almacenados en su base de datos para reforzar los límites del WIP del sistema kanban. Se señalaría la posibilidad de hacer *pull* del trabajo cuando hubiera espacios libres, y los disparadores de la base de datos enviarían correos electrónicos automáticos. Canceló las reuniones mensuales de planificación y programó conferencias telefónicas semanales para reponer el sistema kanban. Las nuevas solicitudes de trabajo ya no se enviaban a Hyderabad para su estimación.

Empezó a funcionar. Las solicitudes se tramitaban y pasaban a producción. Los tiempos de entrega de los nuevos compromisos se cumplían dentro de los veinticinco días prometidos. Las reuniones semanales se desarrollaban sin contratiempos y cada semana se reponía el búfer de entradas. Poco a poco, Ingeniería de Mantenimiento del XIT empezó a generar confianza a los directores de producto. En el primer trimestre de 2005, los clientes empezaron a ver cómo sus solicitudes entraban en producción rápidamente y dentro del SLA comprometido.

Reliquias evolutivas

Una reliquia evolutiva es algo que la evolución ha dejado atrás y que ya no sirve para nada, pero no existe un mecanismo que permita eliminarlo: los biólogos los llaman órganos vestigiales. Los humanos tenemos varios órganos vestigiales: el coxis, situado al final de la columna vertebral, es el conector obsoleto de la cola, y el apéndice es un vestigio de una especie herbívora a partir de la cual evolucionamos hasta convertirnos en humanos modernos. Hay quien sostiene que nuestra vesícula biliar puede ser una reliquia similar. Parece que no sabemos muy bien para qué sirve, pero al igual que nuestro apéndice, si funciona mal puede ser bastante grave y poner en peligro la vida. Los procesos evolutivos dejan tras de sí artefactos y comportamientos difíciles de explicar y que no sirven para nada.

Paul Klipp, un estadounidense de Chicago que vive en Cracovia (Polonia) y fundador de Kanbanery, una herramienta de software kanban, explicó el concepto en su blog[14] el 6 de marzo de 2013, tras asistir a la Masterclass Kanban Coaching Professional (KCP).

Si los procesos evolutivos son reales, con el tiempo las soluciones extrañas evolucionan. Uno no diseñaría intencionadamente un nervio para que bajara por el cuello de una jirafa y volviera a subir. No es lógico ni eficaz, pero es robusto. El concepto de «supervivencia del más apto» en biología evolutiva indica que una solución era apta para su entorno. En nuestro caso, tratamos de desarrollar servicios de empresa *fit-for-purpose*. Es probable que la adecuación a un propósito indique la capacidad de sobrevivir y continuar. La capacidad de responder al estrés en el entorno y de evolucionar continuamente para seguir siendo apto para un entorno en constante cambio es lo que Nassim Nicholas Taleb denominó antifragilidad. Kanban, como medio para conectar una empresa con un ADN evolutivo, proporciona un medio para la antifragilidad.

Al mismo tiempo, si entramos en una empresa, y todo está muy limpio y ordenado, y todos los procesos son eficientes, *lean* y carecen de artefactos o actividades que parezcan servir de poco, que tengan poco o ningún valor y que puedan haber sido obviados por las

---

14. http://paulklipp.com/blog/evolutionary-change-better-than-a-kick-in-the-nuts/ utilizado con amable permiso

Lo contaré con la ayuda de una jirafa. Se llama Fred.

Como todos los mamíferos, Fred tiene una laringe controlada por su cerebro, y Fred es el producto del cambio evolutivo. La laringe de Fred está a pocos centímetros de su cerebro porque está en la parte superior de su cuello, y también lo está su cabeza, como era de esperar. Fred se impacienta, así que brama para que vaya al grano. Su cerebro se impacientó primero y envió el impulso de bramar por ese nervio hasta su laringe. ¿Un viaje corto? La verdad es que no. La tonta evolución decidió que la mejor manera de dirigir un nervio entre una cosa en la parte superior de su cuello y otra cosa en la parte superior de su cuello era envolverlo alrededor de su aorta primero.

El cerebro de Fred

Laringe de Fred

El corazon de Fred

Aquí está el nervio laríngeo de Fred; mide unos 15 metros de largo.

Ahora, ¿quién decidió que AQUELLO era una buena idea?

Ahí es donde te lleva la evolución. Es muchísimo mejor que ser un pez, al menos desde el punto de vista de la jirafa, pero el camino evolutivo del pez a la jirafa tiene algunas limitaciones. El nervio correspondiente en un pez tiene sentido. Una línea recta entre el cerebro de un pez y sus branquias pasa por el corazón, por lo que el nervio que cruza por detrás del corazón es bastante sensible. Pero aquí está la cuestión. La evolución parte de los procesos y sistemas existentes y los modifica gradualmente. Redirigir un nervio no es un cambio incremental; es un cambio revolucionario.

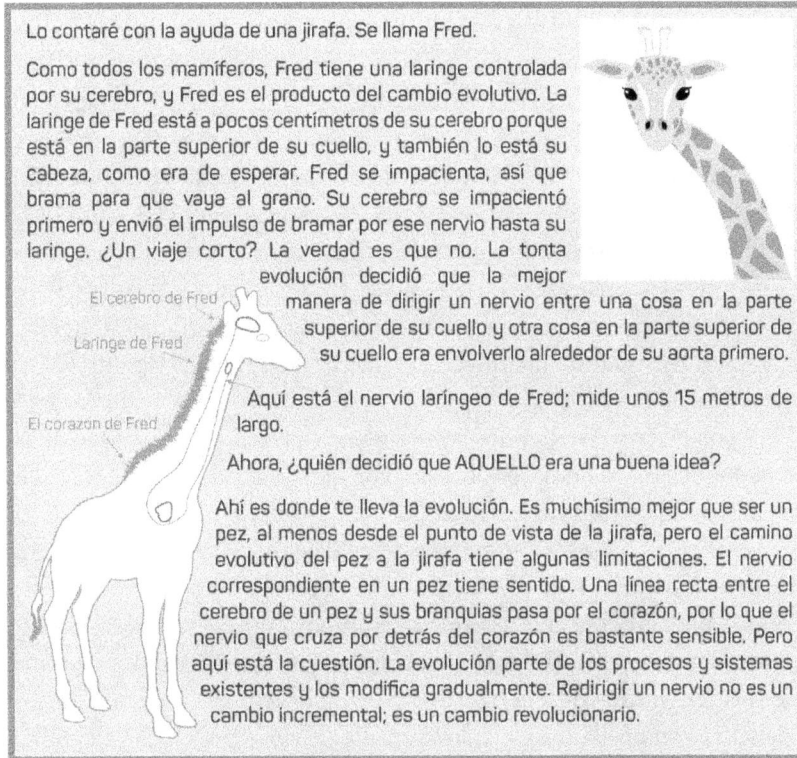

circunstancias de las nuevas técnicas, estamos ante un entorno diseñado: los consultores de procesos han estado allí, han diseñado un nuevo proceso, lo han instalado (quizás gracias al poder de su posición) y luego se han marchado. Estas soluciones diseñadas son frágiles y es probable que las empresas que las utilizan también lo sean. ¿Por qué?

Cuando se vence la resistencia utilizando el poder posicional, es muy probable que los empleados estén consintiéndolo, pero que su comportamiento sea en realidad pasivo-agresivo. Cuando la atención de la dirección se centre en otra cosa, volverán tranquilamente a sus antiguos hábitos. No han hecho suyos los cambios y no los han interiorizado. No se ha convertido en «la forma en que hacemos aquí las cosas». No forma parte de su identidad individual ni colectiva.

El cambio evolutivo es robusto, mientras que el cambio diseñado y gestionado es frágil. El Método Kanban se basa fundamentalmente en la creencia de que introducir en una empresa moderna los medios y mecanismos para el cambio evolutivo —para tener un ADN evolutivo que sea capaz de responder a un entorno y a unas expectativas cambiantes, evolucionar y seguir siendo apto para su propósito— proporciona la resistencia y robustez que las organizaciones necesitan para sobrevivir y prosperar. El Método Kanban proporciona los medios operativos para mantener una organización *fit-for-purpose* construida para la supervivencia.

Priorización: La reliquia evolutiva en ingeniería de mantenimiento del XIT

Volviendo a la historia de Dragos, recordemos que no estaba pidiendo a los directores de producto que cambiaran su forma de trabajar: seguirían elaborando casos de negocio y calculando el ROI utilizando su propia estimación del valor de negocio y la estimación de costes de los ingenieros informáticos. Seguirían organizando en columnas su hoja de cálculo para ofrecer una clasificación ordenada de las solicitudes de cambio de mayor a menor ROI. Habían aceptado la viabilidad de utilizar un valor medio para el coste, lo que significaba que todas las solicitudes de cambio se clasificaban por su valor de negocio.

Mientras tanto, habían adoptado el compromiso diferido; no tenían inconveniente en pasar de la reunión mensual de planificación, que llevaba mucho tiempo, a las reuniones semanales de reposición.

Sin embargo, en cuanto empezamos con Kanban, su trabajo de priorización se convirtió instantáneamente en una reliquia evolutiva. ¿Por qué? En una conferencia telefónica de reposición, se les podía pedir que «eligieran el elemento que más les gustaría entregar en los próximos veinticinco días». No se trataba de pedirles el elemento con el mayor retorno de la inversión, sino de una petición basada en la urgencia o la puntualidad. Es probable que se seleccione un elemento que se considere importante, pero que quizá no tuviere el mayor retorno de la inversión. Por ejemplo, «Dar apoyo al formato de dirección de la información de los empleados de Puerto Rico en la aplicación de registros de empleados». No es una petición con un ROI especialmente alto. ¿Cómo podemos calcular el «valor de negocio» de una solicitud de este tipo y ponerle un valor en dólares? Incluso si ideáramos algún método para calcular una cifra, es poco probable que produjera el mayor ROI. Y, sin embargo, ¡se elige! ¿Por qué? Porque está previsto que la oficina de Puerto Rico abra a finales del mes que viene y necesitaremos poder registrar los datos de los nuevos empleados contratados para esa oficina.

Las preguntas sobre la reposición Kanban tienen que ver con la urgencia y la puntualidad, no con el retorno de la inversión. Los directores de producto pueden tener una hoja de cálculo repleta de datos clasificados por grupos y ordenada por columnas según el cálculo del ROI, pero a la hora de la verdad y de tomar una decisión durante la conferencia telefónica de reposición, descubrirán que el elemento que prefieren para entregar en veinticinco días o menos no es probablemente el elemento de la fila dos de la hoja de cálculo. Constantemente, se darán cuenta de que los más escogidos son los de parte baja de su lista.

Sus esfuerzos para priorizar son innecesarios. Ahora seleccionan los elementos del conjunto de opciones disponibles en función del coste de su retraso. ¿Cuál es el coste de retrasar la nueva oficina de Puerto Rico porque no podemos incorporar a los empleados? El coste del retraso no es lo mismo que el retorno de la inversión. De hecho, ahora se utilizan los dos métodos: coste del retraso y retorno de la inversión. A efectos de selección, uno ha hecho innecesario al otro. La práctica de calcular el retorno de la inversión continúa, pero se ha convertido en una reliquia evolutiva.

Este planteamiento de dejar (algunas) prácticas existentes en su lugar mientras se introducen nuevas prácticas que las sustituyen es una técnica estándar en la aplicación del cambio evolutivo. En efecto, el retorno de la inversión y el coste del retraso son dos maneras de priorización o para utilizar un lenguaje menos ambiguo y más preciso, de secuenciación del trabajo. Estos dos métodos, el actual y el emergente, competirán, igual que dos especies biológicas compiten por ser las más aptas para el entorno.

En el entorno laboral se utiliza el enfoque del cambio evolutivo para reducir la resistencia. No pedimos a individuos o grupos que abandonen una práctica concreta, como la priorización basada en el retorno de la inversión, porque «¡no creemos que vayan a aceptarla!». En lugar de eso, dejamos que la antigua práctica continúe mientras introducimos en el entorno la práctica que prevemos que se convertirá en su sucesora. Si la nueva práctica, como seleccionar y secuenciar el trabajo en función de la urgencia o la puntualidad mediante la comprensión del coste del retraso, tiene éxito, entonces esperamos que la antigua práctica de secuenciar en función del retorno de la inversión desaparezca. Sin embargo, en entornos reticentes, a menudo donde existe un grupo social muy unido y cohesionado, con una cultura conservadora y reacia al riesgo, o donde una práctica está especialmente asociada a la identidad, la autoestima, el ego o el estatus de un grupo social de los individuos, la vieja práctica tiende a mantenerse. Aunque esta se haya obviado y ya no desempeñe ningún papel en los resultados exitosos, sobrevive. El tiempo invertido en ella se pierde, y sin embargo sigue existiendo. Es una reliquia evolutiva, algo difícil de explicar, que el cambio evolutivo ha abandonado.

La guillotina del abandono

¿Qué ocurre con aquellos elementos que nunca son lo suficientemente importantes o urgentes, elementos que simplemente nunca se seleccionan en una reunión de reposición? Unos meses después de la implementación inicial, Dragos reconoció que era necesaria una nueva política: cualquier elemento con más de seis meses de antigüedad se eliminaba de la lista de pendientes y se consideraba «abandonado». Ahora existía una política explícita de guillotina del abandono. Si no era lo suficientemente importante como para ser seleccionado en los seis meses siguientes a su llegada, se podía asumir que no era importante en absoluto. Estas políticas parten del supuesto de que toda solicitud de trabajo tiene una madre: la persona que la inició. Si la madre se preocupa de verdad y el elemento es realmente importante, se volverá a plantear.

Abandonar la estimación: otro obstáculo para la adopción

Recordemos que en el capítulo anterior existía una norma de gestión relativa a los gastos operativos frente a los gastos de capital: los trabajos que requirieran más de quince días de ingeniería debían reconducirse a un proyecto del *portfolio* de grandes proyectos y contabilizarse como gasto de capital. Si no hacemos estimaciones, ¿cómo sabremos si algo es demasiado grande o no?

Esto se resolvió aceptando que algunos de estos elementos podrían colarse. Es lo que llamamos la solución de la «seguridad de la tarjeta de crédito». Las empresas de tarjetas de crédito no intentan evitar por completo las transacciones fraudulentas con tarjetas de crédito, ya que si lo hicieran sería tan difícil utilizar una tarjeta de crédito que muchos de nosotros volveríamos al dinero en efectivo o buscaríamos otros medios modernos de realizar pagos. En lugar de eso, las empresas de tarjetas de crédito crean una asignación para el fraude en sus modelos de negocio y lo pagan con el margen que cobran al comerciante por aceptar pagos con tarjeta de crédito. Cuando cualquiera de nosotros utiliza su tarjeta de crédito, la empresa se queda con un porcentaje, a menudo entre el 3 y el 4,5 %, que no recibe el comerciante. Parte de este dinero es un seguro contra transacciones fraudulentas. Las empresas de tarjetas de crédito se dieron cuenta de que era mejor arriesgarse a que ocurrieran algunas cosas malas en vez de eliminar por completo la posibilidad, lo que reduciría considerablemente su negocio.

Los datos históricos nos indicaban que estos elementos «demasiado grandes» representaban menos del 2 % del total de solicitudes. Por lo tanto, mantener el esfuerzo de estimación para eliminar un riesgo del 2 % no era rentable. Gastábamos entre el 30 % y el 40 % de nuestra capacidad en estimaciones. Si las normas de gestión de contabilidad eran la única razón que quedaba para mantener la estimación, era un mal negocio: ¿quién pagaría 40 dólares para asegurarse contra una pérdida potencial de 2 dólares? En lugar de eso, decidimos dejar que los «demasiado grandes» entraran en el sistema y atraparlos más tarde.

Los desarrolladores tenían instrucciones de estar alerta y, si una nueva solicitud en la que empezaban a trabajar parecía ser tan grande que estimaban que requeriría más de quince días de esfuerzo, notificarlo a su responsable local. Si se confirmaba con un alto grado de seguridad que el trabajo era demasiado voluminoso, se desviaría al *portfolio* de grandes proyectos. El riesgo y el coste de esta medida eran inferiores a la mitad del 1 % de la capacidad disponible. Fue un gran intercambio. Al suprimir las estimaciones, el equipo recuperó más del 30 % de la capacidad con el riesgo de que menos del 1 % de esa capacidad se «desperdiciara» iniciando un elemento «demasiado grande». Esta nueva política permitió a los desarrolladores gestionar el riesgo y hablar claro cuando era necesario.

> **Nota:** Este es un tema recurrente en el Método Kanban. La combinación de políticas explícitas, transparencia y visualización permite a cada miembro del equipo tomar sus propias decisiones y gestionar los riesgos por sí mismo. La dirección llega a confiar en el sistema porque entiende que el proceso está hecho de políticas. Las políticas están diseñadas para gestionar el riesgo y cumplir las expectativas del cliente. Las políticas son explícitas, el trabajo se controla de forma transparente y todos los miembros del equipo las comprenden y saben cómo utilizarlas.

¿Qué pasó después?

Se dejó que los dos primeros cambios se asentaran durante seis meses. Durante este periodo se introdujeron algunos cambios menores. Como ya se ha mencionado, se añadió una política de purga de *backlogs*; también desapareció la reunión semanal con los responsables de productos. El proceso funcionaba tan bien que Dragos modificó la herramienta Product Studio para que le enviara un correo electrónico cuando quedara un espacio libre en el búfer de entrada. Entonces avisaba también por correo electrónico a los responsables de los productos, que decidían entre ellos quién era el siguiente en elegir. Una vez hecha la elección, se reponía una solicitud del *backlog* en el sistema Kanban en las dos horas siguientes a la disponibilidad de un espacio.

En busca de nuevas mejoras

Dragos empezó a buscar nuevas oportunidades de mejora. Había estado estudiando los datos históricos de productividad de los *testers* de su equipo y comparándolos con los de otros equipos de los servicios de XIT de TCS en Hyderabad. Sospechaba que sus *testers* no estaban sobrecargados y tenían capacidad de sobra. Por consiguiente, los desarrolladores eran un cuello de botella importante. Decidió visitar al equipo en la India. Se sentó en su oficina durante dos semanas, observando. A su regreso, dio instrucciones a TCS para que cambiara la asignación de personal. Redujo el equipo de pruebas de tres a dos y añadió otro desarrollador (Figura 4.6). El resultado fue un aumento casi lineal de la productividad: el rendimiento de ese trimestre pasó de cuarenta y cinco a cincuenta y seis solicitudes de cambio completadas y enviadas a producción. Había calculado correctamente que había capacidad de sobra en las pruebas. Dos *testers* eran suficientes para gestionar el trabajo de cuatro desarrolladores.

El año fiscal de Microsoft terminaba en junio de 2005. Dale Christian, el director general, y su equipo directivo se estaban dando cuenta de la notable mejora de la productividad y la regularidad de las entregas del equipo de Ingeniería de Mantenimiento del XIT. Por fin, la dirección confiaba en Dragos y en las técnicas que estaba empleando. Sonó mi teléfono:

> «David, soy Dragos. A Dale le encanta lo que estamos haciendo. Ve los resultados. Han revisado los presupuestos anuales y me han dicho que puedo contratar a dos personas más. Así que estoy a punto de enviar un correo a TCS y pedirles dos desarrolladores más».

> «Yo no lo haría», contesté.

> «¿No?»

> «Creo que existe el peligro de que dos *testers* no puedan gestionar la carga de trabajo que les llegaría de seis desarrolladores. Basándome en mi conocimiento superficial de tus datos, creo que dos desarrolladores más convertirán las pruebas en un cuello de botella y no obtendrás todos los beneficios que esperas. Mi intuición me dice que deberíais optar por uno de cada, es decir, una nueva proporción de 5 desarrolladores por cada 3 *testers*. Creo que funcionará».

Para dar este consejo me serví de mis conocimientos sobre la *Theory of Constraints* y los cuellos de botella. Como ya se ha dicho, este enfoque se explica con más detalle en el Volumen 2, *Implementando Kanban*.

Dragos añadió un desarrollador y un *tester* más en julio de 2005. En el invierno de 2006, los resultados eran significativos, como muestran las Figuras 3.6 y 3.7.

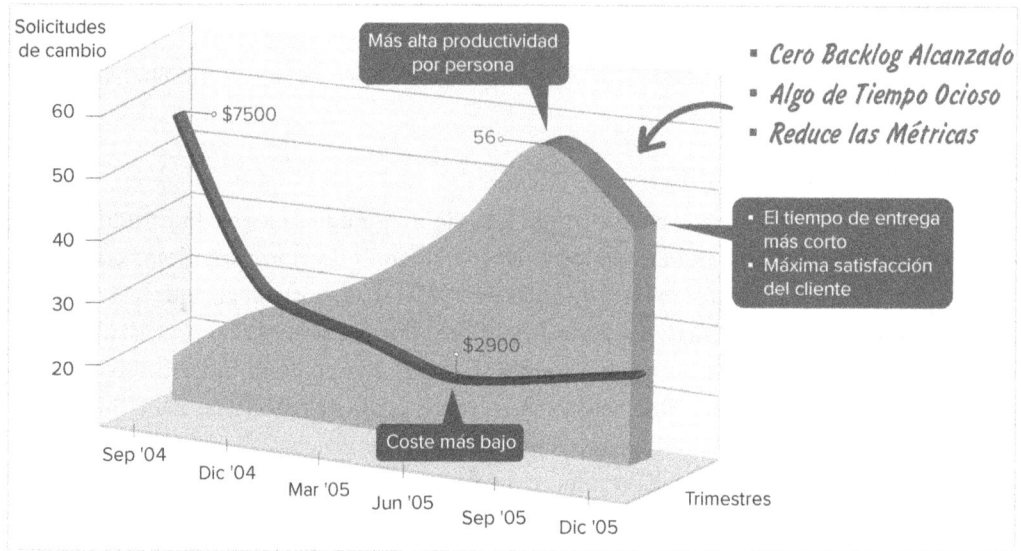

Figura 3.6 Tasa de entrega de solicitudes de cambio por parte de Ingeniería de Mantenimiento del XIT frente al coste por solicitud de cambio

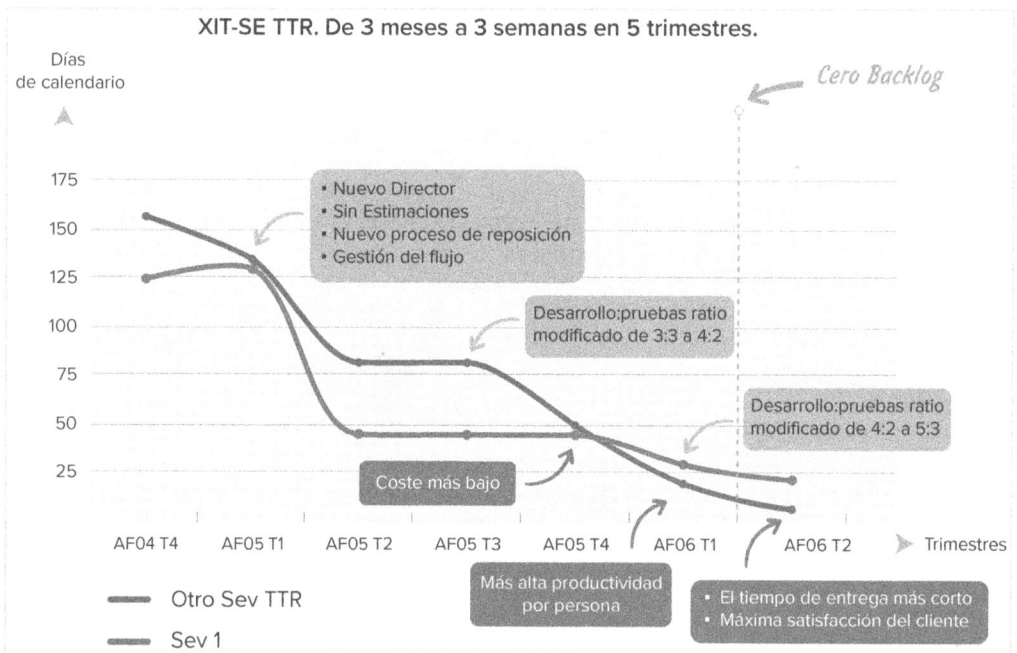

Figura 3.7 Tiempo de Resolución (TTR) de la Ingeniería de Mantenimiento del XIT, o *lead time* medio por solicitud de cambio desde el compromiso hasta el despliegue

Resultados

La capacidad adicional fue suficiente para aumentar el rendimiento por encima de la demanda. ¿El resultado? El *backlog* se eliminó por completo el 22 de noviembre de 2005. Para entonces, el equipo había reducido el *lead time* a una media de catorce días frente a un tiempo de ingeniería de once días. El cumplimiento del *lead time* de veinticinco días era del 98 %. El rendimiento de las solicitudes se había multiplicado por más de tres, los tiempos de entrega se habían reducido en más del 90 % y la fiabilidad había mejorado casi en la misma proporción. No se introdujo ningún cambio en el proceso de desarrollo o de prueba del software. Las personas que trabajaban en Hyderabad no eran conscientes de ningún cambio significativo. El método PSP/TSP no se modificó y se cumplieron todos los requisitos de gestión corporativa, procesos y contratos con proveedores. El equipo ganó el Premio a la Excelencia en Ingeniería de Microsoft en el segundo semestre de 2005. Dragos fue recompensado con responsabilidades adicionales, y la gestión diaria del equipo pasó a manos del responsable local en India, que se trasladó al estado de Washington para trabajar en el campus de Microsoft.

Estas mejoras se produjeron en parte gracias a la increíble personalidad y capacidad de gestión de Dragos Dumitriu, pero los elementos básicos de Kanban fueron impulsores clave: el mapeo del flujo de trabajo y su análisis, el establecimiento de límites al trabajo en curso y la implementación de un sistema *pull*. Sin el paradigma del flujo y el planteamiento kanban de limitar el trabajo en curso, no habría sido posible mejorar el rendimiento. Kanban permitió introducir cambios graduales con bajo riesgo político y escasa resistencia al cambio.

En otoño de 2005, empecé a informar de los resultados, primero en mi blog, luego en una conferencia sobre la *Theory of Constraints* en Barcelona y, de nuevo, en invierno de 2006, en una conferencia sobre *Lean Product Development* en Chicago. Ese mismo año, otros empezaron a acoger el concepto y a reproducirlo. Especialmente Eric Landes, en el fabricante de componentes de automoción Robert Bosch, en South Bend, Indiana, donde reprodujo nuestros resultados con un equipo que realizaba el mantenimiento del software de las aplicaciones de la intranct. Por aquel entonces, lo que llamábamos «un sistema kanban virtual para la ingeniería de software» estaba ganando adeptos. Todavía no era el Método Kanban completo tal y como lo conocemos hoy. Eso no surgiría hasta 2007, como se describe en el Capítulo 4. Sin embargo, los resultados en Robert Bosch validaron que el enfoque era replicable y que no requería el liderazgo de un ex olímpico y guardaespaldas entrenado como Dragos para que funcionara. Lo que sí se necesitaba era alguien, como el dibujo animado de la portada, dispuesto a decir ‹hagamos algo al respecto» y a pasar a la acción.

La historia del XIT muestra cómo se implantó un sistema *pull* con límites de WIP en un servicio de TI distribuido geográficamente utilizando recursos deslocalizados y un proveedor externo. La implementación se acompañó con una herramienta de seguimiento de software. No había tablero visual, y muchas de las características más sofisticadas del método Kanban que se describen más adelante en este libro todavía no habían surgido. Sin embargo, ¿qué directivo podía ignorar la posibilidad de obtener resultados similares? ¡Adoptar un enfoque evolutivo del cambio basado en «empezar por lo que se hace ahora» utilizando sistemas kanban era claramente un enfoque digno de ser divulgado públicamente para que otros lo reprodujeran, y algo que ambos queríamos volver a intentar!

Puntos clave

- El primer sistema kanban virtual conocido y documentado para bienes intangibles y trabajos de servicios profesionales se implantó con el equipo de Ingeniería de Mantenimiento de software del XIT en Microsoft, a partir de 2004.

- Se implantó con un equipo deslocalizado de TCS en Hyderabad (India).

- Se utilizó una herramienta de seguimiento electrónico llamada Product Studio.

- Los límites WIP se imponían mediante políticas y los denominados disparadores en la base de datos. A veces se denomina sistema kanban virtual, ya que no se utilizaban tarjetas físicas de señalización (kanbans). No había tablero visual.

- El proceso se describió como un conjunto explícito de políticas.

- La primera implementación de Kanban en Microsoft multiplicó por más de tres la productividad, redujo los tiempos de entrega en un 92 % y mejoró las entregas a tiempo en un 98 %.

- Las políticas afectan al rendimiento. Algunas políticas establecidas por los altos ejecutivos deben tratarse como limitaciones y no pueden cambiarse fácilmente.

- Dejar de estimar era una opción, pero había otras: aislar la interrupción de la estimación en intervalos de tiempo; aislar la interrupción de la estimación utilizando un rol de estimador especialista; combinar las otras dos opciones con un rol de especialista que rotara entre los miembros del equipo. Estas otras opciones se rechazaron porque mejoraban la predictibilidad, pero no recuperaban la capacidad desperdiciada.

- El tamaño del búfer de entrada debe ajustarse a la tasa de entrega máxima prevista en el periodo de tiempo entre reuniones de reposición. El objetivo es garantizar que la primera actividad del flujo de trabajo nunca se quede sin trabajo nuevo que iniciar y que, en consecuencia, sus trabajadores nunca estén inactivos.

- Un búfer entre dos actividades puede ser conveniente para suavizar el flujo debido a la variabilidad de los tiempos de ciclo locales en cada actividad.

- A veces, el tamaño inicial del búfer puede ser arbitrario. A partir de la observación empírica durante diez años, un WIP de cinco suele ser un buen punto de partida. A partir de ahí, el tamaño puede ajustarse al alza o a la baja según se observe el grado de utilización.

- Abandonar la planificación tradicional y pasar al compromiso diferido y a un acuerdo de nivel de servicio para las expectativas de entrega es un concepto central en Kanban. La planificación tradicional a menudo fomenta el compromiso temprano, lo que lleva a replanificar y reprogramar el trabajo. Esto puede ser una fuente de insatisfacción para los clientes.

- Una vez diseñada una propuesta de sistema Kanban para un flujo de trabajo de prestación de servicios, es importante prever quién podría oponerse a realizar el cambio.

- Por lo general, las personas que plantearán objeciones son aquellas cuya identidad, autoestima o estatus social están vinculados a la ejecución hábil de una práctica específica. Una sugerencia que cambie o elimine una práctica de este tipo probablemente encontrará resistencia.

- Es altamente recomendable la diplomacia de ida y vuelta y las reuniones individuales con los *stakeholders* para explicarles los cambios propuestos. Consiga que cada individuo esté de acuerdo y se comprometa con los cambios antes de celebrar una reunión de inicio grupal.

- Los procesos de cambio evolutivo pueden dejar tras de sí extraños artefactos históricos o prácticas innecesarias. Genéricamente, nos referimos a ellos como reliquias evolutivas. En biología, se denominan órganos vestigiales.

- Un enfoque para cambiar una práctica que provocará la resistencia y la actitud defensiva de algunas personas consiste en introducir la nueva práctica, con suerte sustitutiva, junto con la existente, y dejar que las dos técnicas «compitan» por su idoneidad. La alternativa más adecuada sobrevivirá y prosperará, mientras que la otra se debilitará y su uso desaparecerá.

- El uso de un límite de tiempo para las solicitudes presentadas es útil para evitar que los *backlogs* crezcan hasta un tamaño grande e inmanejable. Los plazos se conocen como «Guillotinas de Abandono».

- A veces puede ser ventajoso dejar que ocurra algo malo, siempre que se pueda detectar rápidamente y minimizar su impacto. Esto puede ser más deseable que gastar mucho esfuerzo por adelantado para evitar que ocurra. Evitar el riesgo puede ser más caro y despilfarrador que mitigarlo. Este concepto se conoce en la orientación Kanban como la Solución al Fraude de Tarjeta de Crédito.

- Cuando se añaden personas o equipos de automatización a un flujo de trabajo de prestación de servicios y a un sistema kanban, es importante tener en cuenta dónde efectuar las adiciones, evitando crear accidentalmente un cuello de botella que limite el valor y la mejora producidos.

4

¡Abajo con la democracia!

La magia de Kanban: cambio emergente, evolutivo, social, cultural y de procesos

«¡Todavía no he encontrado lo que busco!». Estaba explicando por qué dejaba Microsoft para ocupar el puesto de director senior de Ingeniería de Software en Corbis, en el centro de Seattle, una empresa totalmente propiedad de Bill Gates. Aunque el uso de un sistema kanban en Microsoft había resultado muy prometedor, en el verano de 2006 yo seguía buscando un modo que permitiera un cambio evolutivo. Seguía buscando ese «proceso de mejora continua» que había visionado en 2002, mientras escribía *Agile Management for Software Engineering*. El puesto en Corbis me proporcionaría una organización de unas 150 personas en TI en la que podría poner a prueba mis últimas ideas. Como expliqué en una entrevista en el Canal 9 de MSDN de Microsoft, no iba a implementar un método Agile en Corbis, sino que iba a empezar por donde ellos estaban y dejar que las mejoras evolucionaran.

Mientras que la comunidad de la *Theory of Constraints* habla de POOGI, los japoneses tienen una palabra en su idioma que capta el concepto: *kaizen*, que literalmente significa «mejora continua». Una cultura de trabajo en la que toda la plantilla se centra en la mejora continua de la calidad, la productividad y la satisfacción del cliente se conoce como «cultura *kaizen*». *Kaizen* se asocia principalmente con Toyota. Muy pocas empresas han logrado realmente una verdadera cultura *kaizen*. Para entender el concepto y dónde podríamos haberlo observado, podríamos señalar como ejemplo los equipos de Fórmula 1 de automovilismo.

Uno de mis clientes más recientes, una empresa china de equipos de telecomunicaciones y electrónica de consumo, tiene un vicepresidente ejecutivo que aspira a que la empresa sea vista como «la Toyota del siglo XXI», el arquetipo de empresa *kaizen* en las industrias de los servicios profesionales y del trabajo del conocimiento. En empresas como Toyota, casi el 100 % de los empleados participa en sus programas de mejora. Por término medio, cada empleado consigue que se implemente una sugerencia de mejora cada año como parte de la mejora continua. Hay muy pocas empresas que puedan emular o superar este logro.

En el mundo del desarrollo de software, el Software Engineering Institute (SEI) de la Carnegie Mellon University definió el nivel más alto de su *Capability Maturity Model Integration* (CMMI)[15] como Optimización. El modelo CMMI se inspiró originalmente en Toyota en la década de 1980. El Nivel de Madurez 5, el más alto, pretendía describir una organización que pudiera emular la cultura de Toyota en las empresas de ingeniería de sistemas y de software, enfocándose principalmente en el sistema de adquisiciones gubernamentales y en los contratistas de la industria espacial y de defensa. Hacia 1990, no existía ninguna empresa de este tipo. El Nivel 5 de Madurez CMM[16] era una aspiración. El modelo se construyó con niveles 1 a 5 para describir el comportamiento de las organizaciones que ya existían y proporcionar una hoja de ruta para avanzar hacia una cultura más del estilo Toyota. La ejecución de este objetivo en los últimos veinticinco años se ha quedado corta. La literatura CMMI apenas se refería a la cultura de la empresa o como influir en ella y, en cambio, se centraba en las prácticas, en base a la suposición de que, si se prescriben, la gente y las empresas las adoptarán. Recientemente, la comunidad Kanban ha desarrollado su propio modelo de madurez, descrito en nuestro reciente libro, *Kanban Maturity Model - A Map to Organizational Agility, Resilience, and Reinvention*, escrito por Teodora Bozheva y por mí. Este nuevo modelo de madurez surgió de la observación de la gran variedad de implementaciones de Kanban en todo el mundo durante la última década y de la recopilación de muchos casos de estudio. Empezamos a observar patrones en las implementaciones de Kanban y en los estilos de tableros Kanban. Fuimos capaces de correlacionar esos patrones con niveles observables de madurez organizativa. Como consecuencia, el nuevo Modelo de Madurez Kanban (*Kanban Maturity Model* o KMM) ha surgido para proporcionar una hoja de ruta hacia una implementación más profunda y mayores niveles de madurez organizativa. A diferencia del CMMI, Kanban tiene mucho que decir sobre la cultura, la gestión del cambio y las razones psicológicas y sociológicas por las cuales las personas y las organizaciones se resisten al cambio. En los cinco años transcurridos desde su lanzamiento, el Modelo de Madurez Kanban ha demostrado un éxito

---

15. Desde la publicación de la 1ª edición, Carnegie Mellon se ha desprendido de la parte del negocio de CMMI de su SEI. Ahora es una empresa independiente, el CMMI Institute, que fue adquirida por la empresa de formación sin ánimo de lucro ISACA. Sin embargo, el modelo de madurez se definió durante el periodo anterior, cuando el CMMI formaba parte de la Carnegie Mellon Univesity, en Pittsburgh, Pensilvania.

16. (Como era conocido en aquel entonces).

considerable al ayudar a más organizaciones a lograr una cultura *kaizen*, mejorar su agilidad empresarial y permitirles ofrecer continuamente productos y servicios *fit-for-purpose* para los mercados a los que se dirigen.

Cultura *kaizen*

Para entender por qué es tan difícil lograr una cultura *kaizen*, primero debemos comprender cómo sería una cultura de este tipo. Solo entonces podremos hablar de por qué querríamos conseguirla en nuestra organización y cuáles podrían ser sus beneficios.

En la cultura *kaizen*, los trabajadores están empoderados. Los individuos se sienten libres para actuar, libres para hacer lo correcto. Se vuelcan espontáneamente en los problemas, discuten las opciones y ponen en práctica soluciones y mejoras. En una cultura *kaizen*, los trabajadores no tienen miedo. Para hacer posible una cultura *kaizen*, la dirección debe ser tolerante con el fracaso. Si la experimentación y la innovación se realizan en consonancia con los valores de la organización y con el objetivo de mejorar los procesos o el rendimiento, deben fomentarse: no todos los cambios producirán una mejora; no todos los experimentos serán un éxito. Sin embargo, si existe miedo al castigo por realizar cambios o experimentos fallidos, no habrá iniciativas espontáneas para realizar mejoras. *Kaizen* no puede existir donde hay una cultura del miedo. En una cultura *kaizen*, los individuos son libres (dentro de ciertos límites, normalmente restricciones definidas explícitamente en las políticas) de autoorganizarse en torno al trabajo que hacen y cómo lo hacen. Los controles visuales y las señales son evidentes, y las tareas suelen ser asumidas voluntariamente («*pulled*») en lugar de asignadas por un supervisor. Una cultura *kaizen* implica un alto nivel de colaboración y un ambiente colegiado en el que todos velan por el rendimiento de la organización y del negocio y lo hacen de forma altruista, anteponiendo el bien común a su propio beneficio personal. Una cultura *kaizen* se centra en el pensamiento a nivel de sistemas a la vez que realiza mejoras locales que repercuten en el rendimiento general.

Una cultura *kaizen* tiene un alto nivel de capital social. Es una cultura con un alto grado de confianza en la que los individuos, independientemente de su posición en la jerarquía de toma de decisiones de la empresa, se respetan mutuamente y respetan la contribución de cada persona. Las culturas de alta confianza tienden a tener estructuras más planas que las culturas de baja confianza. Es el grado de empoderamiento lo que permite que una estructura más plana funcione eficazmente. Por lo tanto, la consecución de una cultura *kaizen* puede permitir la eliminación de capas de gestión inútiles y, como resultado, reducir los costes de coordinación.

Muchos aspectos de la cultura *kaizen* se oponen a las normas culturales y sociales establecidas en la cultura occidental moderna. En Occidente se nos educa para ser competitivos. Nuestros sistemas escolares fomentan la competición académica y deportiva. Incluso nuestros deportes de equipo tienden a fomentar el desarrollo de héroes y equipos construidos en torno a uno o dos jugadores de excepcional talento. La norma social es centrarse primero en el individuo y confiar en que las personas sobresalientes nos den la victoria o nos salven del peligro. No es de extrañar que nos cueste fomentar en el entorno laboral el comportamiento colegiado, el pensamiento sistémico y la cooperación.

Kanban acelera la madurez y la capacidad organizativa

El Método Kanban está diseñado para minimizar el impacto inicial de los cambios y reducir la resistencia a adoptarlos. La adopción de Kanban debería cambiar la cultura de su organización y ayudarla a madurar. Si la adopción se hace correctamente, la organización se transformará en una que adopta el cambio fácilmente y a la que se le da bien la implementación de cambios y mejoras de procesos.

Cuando se implementa Kanban por primera vez, se busca optimizar los procesos existentes y cambiar la cultura organizativa en lugar de sustituir los procesos presentes por otros que pudieran proporcionar mejoras económicas espectaculares. Esto ha llevado a la crítica[17] de que Kanban simplemente optimiza algo que necesita ser cambiado. Sin embargo, ahora ya existen considerables pruebas empíricas[18] de que Kanban acelera la consecución de altos niveles de madurez y capacidad organizativa.

Cuando se decide utilizar Kanban como método para impulsar el cambio en una organización, se está suscribiendo la opinión de que es mejor optimizar lo que ya existe, porque eso es más fácil y rápido, y encontrará menos resistencia que ejecutar una iniciativa de cambio formal gestionada y establecida con un proceso futuro definido y diseñado, a menudo etiquetado y nombrado como un objetivo de negocio. Es habitual que estas audaces iniciativas de cambio reciban nombres que suenen dramáticos y heroicos, aunque uno de mis clientes más recientes, más por accidente que por diseño, había bautizado la suya como «Proyecto Mariposa» porque una forma de conseguir financiación para una idea de mejora era etiquetarla como «parte de la mariposa». Las culturas *kaizen* no tienen programas de mejora ni proyectos definidos con nombre propio, presupuestos y objetivos. ¡Una cultura *kaizen* simplemente existe! Las culturas *kaizen* siguen adelante con la mejora como una actividad diaria. Impulsar la mejora es cosa de todos, todos los días.

Aunque la alta dirección y las empresas de consultoría son adictas a las iniciativas de cambio definidas y gestionadas —un concepto introducido y perfeccionado por McKinsey & Company—, un cambio tan radical es en realidad más difícil, más costoso y tiene menos probabilidades de mantenerse que mejorar incrementalmente lo que ya existe. Además, se debe entender que los aspectos de juego colaborativo de Kanban contribuirán a un giro significativo en su cultura corporativa y su madurez. Este giro más tarde permitirá cambios mucho más significativos, de nuevo con menos resistencia, que si tratara de hacer esos

---

17. Larman, Craig and Bas Vodde. *Scaling Lean & Agile Development: Thinking and Organizational Tools for Large-Scale Scrum*. Boston: Addison Wesley, 2008.

18. Willeke, Eric, with David J Anderson and Eric Landes (editors). *Proceedings of the Lean & Kanban 2009 Conference*. Bloomington, IN: Wordclay, 2009.

cambios de inmediato. La adopción de Kanban es una inversión en la capacidad a largo plazo, la madurez y la cultura de su organización. No pretende ser una solución rápida.

Juntos podremos entender mejor las ventajas y los obstáculos de una cultura *kaizen* a través de nuestra segunda historia Kanban, que abarca desde 2006 hasta 2008 en la empresa de fotografías de *stock* y derechos de propiedad intelectual Corbis, con sede en el centro de Seattle. La implementación abarcó la mayor parte del departamento de TI, compuesto por unas 150 personas, en una empresa internacional con oficinas en Nueva York, Londres, París, Hong Kong y Tokio, y con unos 1 300 empleados en total. Yo había asumido el cargo de director principal de Ingeniería de Software, bajo las órdenes del CIO.

Corbis: el equipo no tan rápido y sin capacidad de respuesta que no existía

Cuando introduje un sistema kanban en Corbis, en 2006, lo hice por muchas de las ventajas de tipo mecánico que se demostraron en Microsoft XIT en 2004 y 2006 (como se describe en los Capítulos 2 y 3). La aplicación inicial fue la misma: el mantenimiento del software de aplicaciones informáticas. No preveía un cambio cultural significativo ni un cambio importante en la madurez organizacional. No esperaba que lo que ahora conocemos como Método Kanban evolucionara a partir de este trabajo.

En el año 2006, aún no estaba claro que los sistemas kanban encajaran de forma natural en el trabajo de los servicios TI, pero la forma de un sistema kanban parecía adaptarse bien a los problemas funcionales del trabajo de mantenimiento. No fui a Corbis con la intención de «hacer Kanban». Sí que fui con la intención de mejorar la satisfacción del cliente con el departamento de desarrollo de aplicaciones dentro de la división de TI. Fue una afortunada coincidencia que el primer problema que solucionar fuera la falta de predictibilidad en la entrega del mantenimiento del software de TI.

Antecedentes y cultura

En 2006, Corbis era una empresa privada con unos 1300 empleados en todo el mundo. Controlaba los derechos digitales de muchas obras de arte impresionantes y representaba a unos 3000 fotógrafos profesionales, licenciando su trabajo para su uso por parte de editores y anunciantes. Era la segunda empresa de *stock* fotográfico del mundo. También tenía otras líneas de negocio, de las que la más destacada era el negocio de licencias de derechos que, en nombre de familias, estados y empresas de gestión, controlaba los derechos de las imágenes y nombres de personalidades y famosos. El departamento informático contaba con unas 150 personas, repartidas entre la ingeniería de software y el mantenimiento de redes y sistemas. La plantilla se ampliaba de vez en cuando con personal contratado temporalmente para trabajar en proyectos importantes. En su punto máximo, en 2007, el departamento de ingeniería de software empleaba a 105 personas, de las cuales 35 trabajaban en Seattle y otras 30 en un proveedor de Chennai (India). La mayor parte de las pruebas las realizaba este equipo en Chennai. Había un enfoque muy tradicional de la gestión de proyectos: todo se planificaba en un árbol de dependencias de tareas y era controlado por una oficina de gestión de programas. Era una empresa con una cultura conservadora, en lo que había sido un sector relativamente conservador y de lenta evolución antes de la llegada de los llamados vendedores de *penny stocks* que ofrecían imágenes con licencia a precios tan bajos como 1 dólar, y más tarde la llegada de servicios web como Flickr que animaban a cualquier fotógrafo digital aficionado a compartir sus fotografías con una audiencia mundial. Aunque estratégicamente había cierta urgencia en cambiar para competir con estas influencias disruptivas, Corbis se movía con una destacada lentitud, y su grupo de TI mostraba una madurez organizativa muy baja, ofreciendo una calidad y una predictibilidad deficientes. Era una fuente de gran frustración para muchas personas en cargos directivos de toda la empresa. Cuando llegué en septiembre de 2006, el enfoque de la gestión de proyectos y el ciclo de vida de la ingeniería de software eran conservadores y tradicionales.

El departamento de TI mantenía un conjunto variado de aproximadamente una treintena de sistemas. Algunos eran sistemas típicos de contabilidad y de recursos humanos; otros eran aplicaciones exóticas, y a veces esotéricas, para la industria de la gestión de derechos digitales. Había una amplia gama de tecnologías, plataformas de software y lenguajes compatibles. La empresa había crecido mediante adquisiciones, por lo que había un conjunto heterogéneo de tecnologías y algunas duplicaciones, como dos sistemas de contabilidad. La plantilla era increíblemente leal; muchas personas del departamento de informática llevaban en la empresa más de ocho años, algunas hasta quince. Nada mal para una empresa que tenía unos diecisiete años. El proceso de desarrollo de software existente era el tradicional *software development lifecycle* o SDLC (ciclo de vida de desarrollo de software), tipo *waterfall* (en cascada), que se había institucionalizado a lo largo de los años con la creación de un departamento de análisis de negocio, un departamento de análisis de sistemas, un departamento de desarrollo y un departamento de pruebas deslocalizado, todos ellos gestionados por un director de departamento perteneciente a mi personal en Seattle. Dentro de estos departamentos había muchos especialistas, como analistas cuya trayectoria profesional era como contables y cuya especialidad eran las aplicaciones financieras. Algunos desarrolladores también eran especialistas, por ejemplo, los programadores de J.D. Edwards, que mantenían el software de contabilidad de J.D. Edwards.

Nada de esto era ideal, pero era lo que había. Las cosas eran como eran. Cuando me incorporé a la empresa, había cierta expectativa y temor de que impusiera una metodología Agile de desarrollo de software y utilizara mi posición de poder para obligar a la gente a cambiar su comportamiento. Aunque esto podría haber funcionado, habría sido brutal, y el impacto durante la transición habría sido grave. Temía empeorar las cosas; temía que los proyectos se paralizaran mientras se impartía la nueva formación y el personal se adaptaba a las nuevas formas de trabajar. También temía perder personal clave, sabiendo que la plantilla era frágil debido a los excesivos niveles de especialización. Opté por introducir un sistema kanban, volver a poner en marcha el trabajo de mantenimiento de sistemas y ver qué pasaba a partir de ahí.

Necesidad de una función de mantenimiento del software

El mantenimiento del software RRT por *Rapid Response Team* (como se conocía internamente) había sido financiado por el comité ejecutivo con un presupuesto del diez por ciento adicional al del departamento de ingeniería de software. Como puede deducirse de la lectura del Capítulo 2, se trataba de un presupuesto de gastos operativos y, por tanto, afectaba directamente a la cuenta de resultados. El diez por ciento era lo máximo que el equipo ejecutivo estaba dispuesto a cargar a los gastos operativos en un año determinado. Esto equivalía a cinco personas más: el personal de desarrollo a tiempo completo era de aproximadamente cincuenta personas. Estas personas fueron contratadas en la primavera de 2006, antes de mi llegada. Dada la diversidad de los sistemas implicados y el alto grado de especialización existente en el departamento, se decidió que, a diferencia del equipo de Ingeniería de Mantenimiento del XIT en Microsoft, un equipo dedicado de cinco personas para realizar tareas de mantenimiento no era una buena solución. Así que se añadieron cinco personas más a la plantilla general: un director de proyectos, un analista, un desarrollador y dos *testers*. Esto introdujo una complicación adicional: desde el punto de vista de la gestión, era necesario demostrar que las cinco personas adicionales realizaban realmente tareas de mantenimiento y no habían sido absorbidas simplemente por el *portfolio* de grandes proyectos. Sin embargo, en un día cualquiera, esas cinco personas podían ser cualquiera de las aproximadamente cincuenta y cinco del grupo de desarrollo de aplicaciones. La RRT era una función que se tenía que desempeñar y no una asignación permanente.

Una solución habría sido que todo el mundo rellenara complejos partes de horas para demostrar que el 10 por ciento de las horas del equipo se dedicaban a actividades de mantenimiento. Esto habría sido muy intrusivo y habría añadido una carga administrativa al departamento, pero es típico de cómo responden los mandos intermedios a un reto así. Otro enfoque consistió en introducir un sistema kanban: demostraríamos, mediante una combinación de límite de WIP y la transparencia en el flujo de trabajo, que siempre había cinco personas asignadas al mantenimiento del software.

En la justificación de la financiación se había previsto que un equipo de mantenimiento permitiría a Corbis introducir mejoras en los sistemas informáticos cada dos semanas. Los grandes proyectos solían implicar actualizaciones importantes de los sistemas y nuevas *releases* de sistemas cada tres meses. Pero a medida que la empresa maduraba y la naturaleza de estos sistemas se hacía más compleja, esta cadencia de grandes *releases* trimestrales se había vuelto intermitente. Además, algunos de los sistemas existentes habían llegado al final de su vida útil y debían sustituirse por completo. La sustitución de sistemas heredados es un gran reto, y suele implicar largos proyectos con una gran plantilla hasta que se alcanza una paridad de funcionalidad y el sistema antiguo puede apagarse a medida que el nuevo se pone en línea.

Así pues, las *releases* de mantenimiento eran el área de TI de Corbis en la que Kanban podía permitir alguna forma de agilidad empresarial.

Los pequeños proyectos de mantenimiento no funcionaban

El sistema existente para entregar *releases* de mantenimiento, sistema que no funcionaba bien, estaba previsto para programar una serie de proyectos cortos de dos semanas de duración. Esto encajaba bien en el paradigma existente para el grupo de gestión de proyectos y su enfoque tradicional de trabajo basado en el *Project Management Body of Knowledge* del Project Management Institute's (PMI). Sin embargo, conllevaba unos gastos generales considerables, tanto de coordinación como de transacción. Cuando llegué, la negociación para determinar el alcance de un ciclo de la *release* de dos semanas llevaba unas tres semanas. Los costes de transacción iniciales de una *release* eran mayores que los del trabajo de valor añadido. Se tardaba unas seis semanas en publicar una *release* de dos semanas.

Implementar el cambio

Estaba claro, antes de realizar ningún cambio, que el *statu quo* era inaceptable. El sistema vigente era incapaz de ofrecer el nivel necesario de agilidad empresarial. El sistema de mantenimiento nos brindaba una oportunidad ideal para introducir cambios. Las tareas de mantenimiento no solían ser críticas. Sin embargo, eran muy visibles. Los responsables de negocio intervenían directamente en la priorización, y sus decisiones eran muy tácticas e importantes para los objetivos empresariales a corto plazo. El mantenimiento del sistema era algo que preocupaba a todos y querían que funcionara eficazmente. Y, por último, había una razón de peso para hacer cambios: todo el mundo estaba descontento con el sistema existente. Los desarrolladores, *testers* y analistas estaban molestos por el tiempo perdido en negociar el alcance, y los de negocio estaban muy descontentos con los resultados. Los únicos relativamente contentos con el *statu quo* eran los directores de proyecto y su director de grupo, que trabajaban de acuerdo con su credencial profesional, el Project Management Professional (PMP), que se les concedía por aprobar un examen del PMI. No asumían la responsabilidad del fracaso del proyecto, ni nunca se les pedían cuentas. Su función era darle cuerda a la burocracia y señalar con el dedo acusando a los directores de departamento cuando no se cumplían las expectativas. Si iba a haber resistencia, era de esperar que viniera de los directores de proyecto. Todos los demás estaban ansiosos por el cambio.

Trabajando con Rick Garber, líder del equipo de mejora de procesos, diseñamos un sistema kanban con *releases* quincenales programadas, previstas para las 13.00 horas de cada dos miércoles, y con reuniones de reposición programadas con los responsables de negocio, fijadas a las 10.00 horas de cada lunes. De hecho, establecimos una cadencia de reposición semanal y una cadencia de entrega quincenal. La frecuencia de estos eventos se determinó mediante conversaciones colaborativas con los responsables de negocio y los directores de operaciones de TI y se basó en los costes de transacción y coordinación de las actividades. Se introdujeron algunos cambios más. Introdujimos un búfer de Ingeniería Lista (entrada) con un límite de WIP de cinco elementos y luego añadimos límites de WIP a lo largo del ciclo de vida de análisis, desarrollo, construcción y prueba del sistema. El test de aceptación, la preparación y el listo para la producción se dejaron ilimitados, ya que no se consideraban restringidos por la capacidad y quedaban, en cierta medida, fuera de nuestro control político inmediato.

Principales efectos de los cambios

Los efectos de la introducción de un sistema kanban fueron, por un lado, poco sorprendentes y, por otro, bastante notables. Empezamos a hacer *releases* cada dos semanas. Al cabo de unas tres iteraciones, estas se producían sin incidentes. La calidad era buena y apenas había necesidad de correcciones urgentes cuando el nuevo código entraba en producción. Los gastos generales de programación y planificación de las *releases* se habían reducido drásticamente, y las discusiones constantes entre los equipos de desarrollo y la oficina de gestión de proyectos habían desaparecido casi por completo. Kanban había cumplido su promesa básica. Lanzábamos *releases* de alta calidad con mucha regularidad y con unos gastos de gestión mínimos. Los costes de transacción y coordinación de una *release* se habían reducido drásticamente. RRT realizaba más trabajo y lo entregaba al cliente con mayor frecuencia.

Los efectos secundarios de un sistema kanban fueron lo más destacado.

Corbis: resultados deslucidos provocan un cambio cultural emergente

Efectos imprevistos de la introducción de kanban

Era mediados de enero de 2007 y acabábamos de realizar nuestra tercera entrega con el nuevo sistema kanban. Darren Davis, director del equipo de desarrollo y responsable del funcionamiento de RRT y de su sistema kanban, función que ahora denominamos *service delivery manager* (gestor de la prestación del servicio) estaba sentado frente a mi mesa en nuestra reunión semanal. «Está funcionando», me dijo. «Estamos logrando *releases*. A la gente le gusta. Los clientes están más contentos. Sin embargo, no estamos viendo las mejoras de productividad que conseguiste con XIT en Microsoft».

«¿Qué sugieres?»

«Me gustaría poner un tablero en la pared y visualizar el proceso. Que todo el mundo vea lo que está pasando».

Esta técnica de visualizar el trabajo de desarrollo de software mediante un tablero con tarjetas enganchadas, en el que cada ficha representaba una petición individual de funcionalidad, se había iniciado varios años antes, entre una comunidad conocida como los *Extreme Programmers*. Llamaban a estos tableros «*card walls*». Darren estaba pidiendo permiso para utilizar un tablero de tarjetas de *Extreme Programming,* pero haciendo que modelara y visualizara nuestro flujo de trabajo RRT, en el que cada tarjeta del tablero representaba una solicitud de cambio.

Estuve de acuerdo en que era una buena idea y Darren procedió a ponerla en marcha. Empezó a celebrar reuniones de pie en torno al tablero durante quince minutos a las 9:30 de la mañana todos los días. El tablero físico tuvo un enorme efecto psicológico en comparación con la herramienta de seguimiento electrónico que utilizábamos en Microsoft y que habíamos adoptado en Corbis. Al asistir cada día a la reunión, los miembros del equipo veían una especie de fotografía *time-lapse* del flujo de trabajo en el tablero. Los elementos de trabajo bloqueados se marcaron con tarjetas rosas, y el equipo se centró mucho más en la resolución de problemas y en mantener el flujo. La productividad aumentó espectacularmente.

Con el flujo de trabajo ya visible en el tablero, empecé a prestar atención al funcionamiento del proceso. Como resultado, introduje algunos cambios en el tablero. Mi equipo de directores llegó a entender los cambios que estaba haciendo y por qué los estaba haciendo, y en marzo, ellos mismos estaban haciendo cambios. A su vez, los miembros de su equipo —desarrolladores, *testers* y analistas— empezaron a ver y a entender cómo funcionaban las cosas. A principios de verano, todos los miembros del equipo se sentían capacitados para sugerir un cambio, y habíamos observado la vinculación espontánea de grupos (a menudo interfuncionales) de personas que discutían los problemas y retos del proceso y hacían los cambios que consideraban oportunos. Normalmente, informaban a la línea de dirección *a posteriori*. Se trataba más de un comportamiento de búsqueda del perdón que de retrasarse esperando el permiso. Buscar el perdón nos permite movernos más rápido, movernos con agilidad. Es un comportamiento asociado a un mayor capital social. Es prueba de una cultura de mayor confianza. Lo que había surgido a lo largo de aproximadamente seis meses en nuestro grupo de desarrollo de aplicaciones era una cultura *kaizen*. Ya que cualquiera de los cincuenta y cinco miembros del personal podía participar en la RRT una semana cualquiera, ahora teníamos un departamento entero que se sentía empoderado. El miedo había desaparecido. Mis empleados se sentían orgullosos de su profesionalidad y de sus logros, y estaban claramente motivados para hacerlo aún mejor.

Cambio sociológico

Desde la experiencia de Corbis, ha habido otras similares en todo el mundo. Rob Hathaway, entonces consultor de la empresa Indigo Blue, en Londres, fue el primero en reproducir realmente estos resultados de cambio cultural con IPC Media, una empresa editorial propietaria de varias publicaciones periódicas famosas, como New Musical Express (NME). Cuando visité IPC, vi cinco tableros kanban singularmente distintos, en los que trabajaban entre treinta y cincuenta personas. Los cambios culturales fueron tan impresionantes que fue el director de marketing quien subió al escenario en la conferencia Lean del Reino Unido, celebrada en Londres ese otoño, para presentar su caso práctico.

El hecho de que otros hubieran sido capaces de reproducir los efectos sociológicos de Kanban observados en Corbis me hizo creer que existía una causalidad y que el resultado no era ni una coincidencia ni un efecto directo de mi implicación personal. ¡Era la prueba de que ni David ni Dragos necesitaban estar en la sala para que el enfoque funcionara!

He reflexionado mucho sobre las causas de estos cambios sociológicos. Los *Extreme Programmers* y otros que utilizan metodologías Agile de desarrollo de software se beneficiaron de los tableros visuales durante casi una década y, sin embargo, en general no había surgido la cultura *kaizen*. Así lo demuestra la observación de que sus procesos rara vez se alejan de las definiciones prescritas en los manuales de texto. Si el cambio evolutivo se estuviera produciendo en organizaciones singularmente diferentes, habríamos esperado divergencias con respecto a las definiciones de los manuales de texto y mucha diversidad en los flujos de trabajo. Sin embargo, eso no había ocurrido. Por otro lado, las organizaciones que seguían el Método Kanban parecían alcanzar una cultura *kaizen*. Las organizaciones que añadían Kanban a su actual adopción del desarrollo Agile de software descubrieron una mejora significativa del capital social entre los miembros del equipo. Esto me hizo preguntarme: «¿Por qué podría ser?».

Mi conclusión fue que Kanban proporcionaba transparencia en el trabajo, pero también en el proceso (o flujo de trabajo). Más que una simple visualización del estado *To Do, Doing, Done* del trabajo, Kanban ofrecía visibilidad sobre cómo fluye el trabajo a través de una serie de actividades que añaden valor. Proporciona una visión a nivel de servicio que va más allá de las estrechas preocupaciones locales de un único equipo que realiza una única función. Kanban permite a todos los *stakeholders* ver los efectos de sus acciones o inacciones. Si un elemento estaba bloqueado y alguien era capaz de desbloquearlo, Kanban lo mostraba. Quizás había un requerimiento ambiguo. Normalmente, el experto en la materia que podía resolver la ambigüedad esperaba recibir un correo electrónico con una solicitud de reunión. Tras una llamada de seguimiento, concertarían una reunión que se ajustara a su agenda, quizá tres semanas más tarde. Con Kanban y la visibilidad que proporciona, el experto en la materia se daría cuenta del efecto de la inacción, daría prioridad a una reunión, tal vez reorganizando su agenda para hacerla realidad, y evitaría más retrasos.

Además de la visibilidad del flujo del proceso, los límites en el trabajo en curso también obligan a que las interacciones difíciles se produzcan antes y con más frecuencia. No es fácil ignorar un elemento bloqueado y limitarse a trabajar en otra cosa. Kanban fomentó el comportamiento conocido como «parar la línea» o *Andon* del sistema *Jidoka* de Toyota para el control de calidad. Fomentaba el comportamiento de enjambre en todo el flujo de trabajo. Cuando personas de diferentes áreas funcionales y con diferentes cargos se unen para resolver un problema y colaboran para encontrar una solución, manteniendo así el flujo de trabajo y mejorando el rendimiento del sistema, aumenta el nivel de capital social y la confianza del equipo. Con mayores niveles de confianza generados gracias a la mejora de la colaboración, se elimina el miedo de la organización.

Los límites de WIP junto con las clases de servicio, explicadas en el Volumen 2, *Implementando Kanban*, también facultan a los individuos para tomar decisiones de selección, programación y calendarización por sí mismos, sin supervisión ni instrucciones por parte de la dirección. El empoderamiento mejora el nivel de capital social al demostrar que los superiores confían en que los subordinados tomen decisiones de alta calidad por sí mismos. Las personas en cargos directivos se liberan de la supervisión de los colaboradores y pueden concentrar su energía mental en otras cosas, como el rendimiento de los procesos, la gestión de riesgos, el desarrollo del personal y la mejora de la satisfacción de clientes y empleados.

Kanban mejora enormemente el nivel de capital social de una organización. La mejora de los niveles de confianza y la eliminación del miedo fomentan la innovación colaborativa y la resolución de problemas. El efecto neto es la rápida aparición de una cultura *kaizen* y una organización de alta madurez capaz de satisfacer las expectativas de los clientes, gestionar el riesgo y ofrecer mejores resultados económicos.

Difusión viral de la colaboración

Kanban mejoró claramente el ambiente en el departamento de ingeniería de software de Corbis, pero fueron los resultados más allá de ese grupo lo más destacado. Merece la pena explicar y analizar cómo la propagación viral de Kanban mejoró la colaboración en toda la empresa.

Corbis: la propagación viral del cambio cultural

Todos los lunes a las 10 de la mañana, Diana Kolomiyets, la directora de proyectos responsable de coordinar los *releases* de mantenimiento de los sistemas TI, convocaba la reunión de reposición de RRT. Los asistentes de negocio solían ser vicepresidentes. Eran personas en cargos directivos de la empresa que dirigían una unidad de negocio y dependían de un vicepresidente senior del comité ejecutivo. Corbis era aún lo suficientemente pequeña, con solo 1300 personas, como para que tuviera sentido que una persona con un cargo directivo de tan alto rango asistiera a la reunión semanal. Además, las decisiones tácticas que se tomaban eran a menudo lo suficientemente importantes como para necesitar la opinión de un vicepresidente para influir en una buena elección.

Normalmente, cada asistente recibía un correo electrónico el viernes anterior a la reunión. En él se decía algo así como: «Prevemos que la semana que viene habrá dos espacios libres en la cola. Por favor, examinen los temas pendientes y seleccionen candidatos para ser debatidos en la reunión del lunes».

Regateando

En las primeras semanas del nuevo proceso, algunos asistentes venían con la expectativa de negociar. Decían, por ejemplo: «Sé que solo hay un espacio libre, pero tengo dos candidatos pequeños, ¿puedes hacer los dos?». Rara vez se toleraba este regateo. Los demás asistentes a la reunión se aseguraban de que todo el mundo cumpliera las normas. Respondían, por ejemplo: ¿Cómo sé que son pequeños? ¿He de creer en tu palabra?» o replicaban: «Yo también tengo dos pequeños. ¿Por qué no me van a seleccionar mis favoritos?». Me refiero a esto como el «Periodo de Regateo», porque no negaban el límite de WIP y las limitaciones de capacidad de nuestro flujo de trabajo. Sin embargo, creían que era elástico y que se podía flexibilizar un poco. Estaban dispuestos a probar esta elasticidad negociando.

El comportamiento que observamos en otros asistentes, los clientes de negocio, en las reuniones de reposición de la RRT, obligó a todos a rendir cuentas. No estaban dispuestos a tolerar este comportamiento regateador ni a negociar ninguna elasticidad en el concepto de unidad de trabajo, algo a lo que se asignaría un kanban. Este grupo de iguales reforzó el buen comportamiento y el grupo de TI, como proveedor de servicios, ya no tuvo que oponerse ni recurrir al acuerdo formal como defensa. El límite del WIP se mantuvo firme. Esto sucedería una y otra vez, como se verá en varias de las anécdotas de Corbis que se relatan más adelante en este libro.

Observando el comportamiento del grupo de clientes —los asistentes a las reuniones de reposición en Corbis— se obtuvieron algunas orientaciones generales. Creo que es mejor agrupar la demanda de varios clientes y ofrecerla a través de un grupo de servicios compartidos más grande que tener un equipo pequeño que preste servicio a un solo cliente. Vale la pena señalar que esto representa la antítesis de la orientación convencional en la comunidad de desarrollo de software Agile, donde se prefiere un único Product Owner por equipo de entrega (o pipeline). En cambio, con Kanban, cuando hay un servicio compartido más grande dando servicio a múltiples clientes, esos clientes tienen un interés propio y compartido para asegurar que todo el mundo juega limpio. La intimidación y el comportamiento manipulador se atenúan. En consecuencia, el flujo de trabajo de prestación de servicios se alivia de lo que históricamente ha sido una fuente de sobrecarga.

Otras pruebas que apoyan el uso de grupos de servicios compartidos más grandes surgieron más adelante en la historia del Método Kanban. Esto condujo directamente a patrones de diseño de tableros Kanban más avanzados, que permitieron mejorar la liquidez del grupo de trabajo, como se ve en el Nivel de Madurez 5 del Modelo de Madurez Kanban. Una empresa del sur de Florida describió el proceso como «volver a juntar los departamentos», tras haberlos dividido previamente en varios pequeños equipos ágiles. Resultó mucho más eficaz contar con sistemas kanban de servicio compartido apoyados por veinticuatro a treinta y seis personas en lugar de cuatro a seis pequeños equipos independientes.

Democracia

Al cabo de unas seis semanas y, casualmente, más o menos al mismo tiempo que el equipo de desarrollo introdujo el uso de la pizarra física, los asistentes a la reunión de reposición introdujeron un sistema democrático de votación. Lo propusieron espontáneamente, ya que se habían cansado de discutir entre ellos. El regateo en la reunión era una pérdida de tiempo. Hicieron falta varias iteraciones para perfeccionar el sistema de votación del nuevo sistema democrático, pero se llegó a un acuerdo por el que cada asistente tenía un voto por cada espacio libre (cada kanban libre) en la cola de esa semana. Al principio de la reunión, cada miembro proponía un pequeño número de candidatos para su selección. A medida que pasaba el tiempo, las propuestas se hacían más sofisticadas; algunos acudían con diapositivas de PowerPoint, otros con hojas de cálculo en las que se exponían sus argumentos de negocio. Más tarde nos enteramos de que algunos miembros hacían *lobby* con sus colegas invitándoles a comer. Se hacían tratos: «Si voto a favor de tu elección esta semana, ¿votarás a favor de la mía la semana que viene?». Detrás del nuevo sistema democrático de priorización, crecía el nivel de colaboración entre unidades de negocio a nivel de vicepresidentes. Aunque no nos diéramos cuenta en ese momento, el nivel de capital social en toda la empresa estaba creciendo. Cuando los líderes de las unidades de negocio empiezan a colaborar, parece que también lo hace la gente de sus organizaciones. Siguen el ejemplo de su líder. El comportamiento colaborativo, unido a la visibilidad y la transparencia, engendra más comportamiento colaborativo. Me refiero a este periodo como el «Periodo de la Democracia».

Abajo con la democracia

La democracia estaba muy bien, pero al cabo de otros cuatro meses, parecía que este sistema no siempre había elegido a los mejores candidatos. Se invirtió un esfuerzo considerable en crear una funcionalidad de comercio electrónico para el mercado de Europa del Este; al parecer, las agencias de publicidad de Kiev, la capital ucraniana, tenían un gran mercado para la fotografía de *stock* de alta calidad. El plan de negocio parecía brillante, pero su propuesta era sospechosa desde el principio y algunos habían cuestionado la calidad de los datos del estudio de mercado. Tras varios intentos, se seleccionó esta funcionalidad y se implantó debidamente. Fue una de las funcionalidades de mayor envergadura procesadas a través del sistema RRT. Se trataba de una nueva capacidad del sistema para listar un catálogo de país en una moneda extranjera. A Corbis no le interesaba gestionar el riesgo de volatilidad de las divisas en Grivnas ucranianos y, en su lugar, los precios debían indicarse en Zlotys polacos. Esto implicó un cambio subyacente en la arquitectura del sistema e involucró a muchas personas. La solicitud de cambio del catálogo ucraniano tuvo mucha repercusión. Dos meses después del lanzamiento, nuestro director de Inteligencia de negocio extrajo algunos datos sobre los ingresos generados. Era una fracción de lo que se había prometido en el plan de negocio original, y el periodo estimado de amortización del esfuerzo realizado se calculó en diecinueve años. Gracias a la transparencia que nos ofrecía Kanban, muchos de los *stakeholders* se dieron cuenta de ello, y se debatió cómo se había desperdiciado una valiosa capacidad en esta elección, cuando se podría haber elegido otra mejor. La solicitud del catálogo ucraniano puso fin, de hecho, al periodo democrático.

Colaboración

Lo que lo sustituyó fue bastante notable. Hay que tener en cuenta que el comité de selección en las reuniones de reposición estaba formado en su mayoría por empleados con nivel de vicepresidente y con personas en cargos directivos de la empresa. Tenían amplia visibilidad sobre aspectos del negocio que muchos de nosotros desconocíamos. Por lo tanto, al principio de la reunión, preguntaban: «Diana, ¿cuál es el *lead time* actual?». Ella podía responder: «Actualmente tenemos una media de cuarenta y cuatro días de producción». Y luego le hacían una pregunta sencilla: «¿Cuál es la iniciativa de negocio táctica más importante en esta empresa dentro de cuarenta y cuatro días?». Podía haber alguna discusión, pero normalmente se llegaba rápidamente a un acuerdo. «Oh, será el lanzamiento de nuestra campaña de marketing europea en la conferencia de Cannes». «¡Genial! ¿Qué tareas en el *backlog* son necesarias para el evento de Cannes?» Una búsqueda rápida puede arrojar una lista de seis elementos. «Así que esta semana hay tres espacios libres. Elijamos tres de los seis y ya nos ocuparemos de los demás la semana que viene». Había muy poco debate. No había regateo ni negociación. La reunión terminaba en unos veinte minutos. He llegado a referirme a esto como el «Periodo de Colaboración». Representa el nivel más alto de capital social y confianza entre unidades de negocio que se alcanzó durante mi etapa como Director Senior de Ingeniería de Software en Corbis.

Lo que habíamos vivido representaba una mejora de la madurez organizativa en toda la empresa. De la negociación a la democracia, pasando por la colaboración entre unidades de negocio y la alineación de toda la empresa, habíamos visto una progresión en el comportamiento que iría del

Nivel 1 o 2 al Nivel 4 o 5 del Modelo de Madurez Kanban (véase el Capítulo 13). El comportamiento había pasado de un egoísta «¿Qué gano yo?» como un ejecutivo o «¿Qué ganamos nosotros?» como una unidad de negocio, a un altruista «¿Cómo puedo ayudar a la empresa en general a lograr los mejores resultados posibles?» y a la creencia de que lo que es bueno para la empresa en su conjunto se reflejará en mí, como vicepresidente, y en mi unidad de negocio. Muchas veces me he referido a esta anécdota como un ejemplo de la «Magia de Kanban»: la asombrosa capacidad de Kanban para generar beneficios sociales o psicológicos secundarios sin intervención directa. Las reuniones de reposición de Kanban para servicios compartidos tienen un impacto directo en la selección y secuenciación del trabajo, y ejercen una influencia indirecta en el capital social, la colaboración, la confianza, la alineación y la acción coherente. Alcanzar niveles profundos de madurez organizativa parece ocurrir mejor a través de enfoques indirectos que a través de un enfoque directo de fijación de un objetivo para alcanzar un nivel, como demuestran los estudios de casos de Kanban y de CMMI que surgieron en torno al 2010. Se observó una madurez más profunda alcanzada más rápidamente a partir de la adopción de Kanban en lugar de crear un objetivo directo de alcanzar un determinado nivel de madurez CMMI.

El cambio cultural es quizá el mayor beneficio de Kanban

Fue interesante ver cómo surgía este cambio cultural y cómo afectaba a la empresa en general, ya que los empleados siguieron el ejemplo de sus vicepresidentes y empezaron a colaborar más con sus colegas de otras unidades de negocio. Este cambio fue tan profundo que Gary Shenk, recién ascendido a CEO en 2007, me llamó a su despacho para preguntarme si tenía alguna explicación. Me dijo que había observado un nuevo nivel de colaboración y espíritu colegial en los altos cargos de la empresa y que las unidades de negocio antes antagónicas parecían llevarse mucho mejor. Sugirió que el proceso RRT tenía algo que ver y me preguntó si yo tenía alguna explicación al respecto. Aunque estoy seguro de que entonces no era tan elocuente, le convencí de que nuestro sistema Kanban había mejorado mucho la colaboración y, con ella, el nivel de capital social entre todos los implicados.

Los efectos culturales secundarios de Kanban fueron bastante inesperados y, en muchos sentidos, contraintuitivos. Preguntó: «¿Por qué no estamos haciendo todos nuestros grandes proyectos de esta manera?». ¿Y por qué no? Así que, con el entusiasmo de los altos ejecutivos, nos pusimos a implantar Kanban en el *portfolio* de grandes proyectos. Lo hicimos porque Kanban había permitido una cultura *kaizen*, y ese cambio cultural era tan deseable que el coste de cambiar los muchos mecanismos de priorización, programación, *reporting* y entrega que se derivarían de la implantación de Kanban en todo nuestro *portfolio* se consideró un precio que merecía la pena pagar.

Puntos clave

- *Kaizen* significa «mejora continua».

- Una cultura *kaizen* es aquella en la que los individuos se sienten empoderados, actúan sin miedo, se adhieren espontáneamente, colaboran e innovan.

- Una cultura *kaizen* tiene un alto grado de capital social y confianza entre los individuos, independientemente de su nivel en la jerarquía de la empresa.

- Kanban proporciona transparencia tanto sobre el trabajo como sobre el proceso a través del cual fluye el trabajo.

- La transparencia del proceso permite a todos los *stakeholders* ver los efectos de sus acciones o inacciones.

- Las personas están más dispuestas a dar su tiempo y colaborar cuando pueden ver su efecto.

- Los límites de WIP de Kanban permiten un comportamiento de «parar la línea».

- Los límites de WIP de Kanban fomentan la formación de grupos para resolver problemas.

- El aumento de la colaboración a partir de la resolución en grupo de los problemas y la interacción con los *stakeholders* externos eleva el nivel de capital social dentro del equipo y la confianza entre sus miembros.

- Los límites de WIP y las clases de servicio de Kanban permiten a las personas hacer *pull* del trabajo y tomar decisiones de priorización y programación sin la supervisión ni la dirección de un superior.

- El aumento de los niveles de empoderamiento incrementa el capital social y la confianza entre trabajadores y personas en cargos directivos.

- El comportamiento colaborativo puede propagarse viralmente.

- Los individuos se dejarán guiar por las personas con altos cargos directivos. El comportamiento colegiado y colaborativo entre las personas con altos cargos directivos influirá en el comportamiento de toda la plantilla.

5

¡Oblicuidad!

Más magia de Kanban: revisión de operaciones

Obliquity,[19] del economista y escritor del *Financial Times*, John Kay, describe cómo las empresas, contra toda intuición, obtienen mejores resultados cuando no intentan acercarse a sus objetivos directamente. Aunque el libro contiene muchos ejemplos, un tema recurrente en su narración es la desaparición de la mayor y más exitosa empresa manufacturera británica, Imperial Chemical Industries (ICI). ICI tenía un *portfolio* de negocios de naturaleza similar a la de la estadounidense DuPont: un conjunto de empresas químicas y farmacéuticas, quizá más conocidas por su marca de pintura Dulux y su división farmacéutica que desarrollaba betabloqueantes. La cartera incluía el negocio de explosivos de Alfred Nobel, The Nobel's Explosive Company, donde mi padre trabajó durante treinta y dos años hasta su jubilación a los cincuenta y siete años en 1992. La fábrica local, adyacente a mi ciudad natal, había dado empleo a más de 35 000 personas en su momento álgido. Para entonces se habían reducido a unas 700. Así que la historia de Kay tenía un elemento personal para mí.

¡ICI ya no existe! Pasó de ser una de las dos empresas más ricas del Reino Unido al olvido en solo quince años: Mientras que otras divisiones fueron desinvertidas o se cerraron, el centro de la empresa sobrevivió como fabricante especializado en esencias y perfumes. Si ha disfrutado recientemente de una esencia en el ascensor de su hotel, es muy posible que estuviera experimentando un producto de ICI. Kay cree que la

19. Kay, John. *Obliquity: Why Our Goals Are Best Achieved Indirectly.* 1a ed. Nueva York: Penguin, 2011.

humillación de ICI, la joya de la corona de la industria británica del siglo XX, era comprensible y evitable. El autor atribuye su desaparición a dos hechos relacionados: la adquisición de una participación minoritaria por parte de Lord Hanson, inversor activista y especulador de empresas, y la reacción del consejo de administración ante los desafíos de Hanson.

En 1991, Hanson adquirió suficientes acciones de ICI como para desafiar a la dirección del consejo en la junta anual de accionistas. Hanson era un especulador de empresas, o «liquidador de activos». Su táctica consistía en comprar participaciones minoritarias en empresas y luego obligar al consejo de administración a desmembrar la empresa y vender los trozos. Si un grupo empresarial estaba infravalorado, su valor para los accionistas podía liberarse instantáneamente con la disolución, proporcionando un rendimiento rápido y rentable a los inversores. Los estadounidenses que lean este texto quizá estén más familiarizados con el equivalente estadounidense de Hanson, Ivan Boesky. Aunque Hanson no ganó su desafío, el consejo de administración de ICI, bastante afectado, optó por desprenderse de su negocio farmacéutico como Zeneca (ahora Astra Zeneca, una de las mayores empresas farmacéuticas del mundo). Esto dejó el negocio químico, incluido el de explosivos, bajo la marca ICI.

Tradicionalmente, ICI seguía una serie de valores y una misión declarada, que en 1990 contenía la frase clave «aplicación responsable de la química». En otras palabras, la comercialización de la ciencia química estaba incluida independientemente del campo o de la aplicación. Esto significaba que tener empresas como The Nobel's Explosive Company era totalmente congruente con su misión, y experimentar con medicamentos y desarrollar un *portfolio* farmacéutico era igualmente congruente. Tras el intento de asalto y disolución de Hanson, el consejo cambió la misión, en 1991, por una declaración mucho más directa: «ser el líder del sector en la creación de valor para clientes y accionistas». No se mencionaba para nada la química. En los cinco años siguientes se dedicaron a desinvertir en más empresas y a adquirir otras más rentables. El precio de las acciones subió en consonancia e hizo que los inversores mantuvieran la calma. Kay sostiene que ICI había perdido su alma: había perdido su propósito y su fuerza motriz para hacer cosas interesantes con la química y poner la innovación científica a disposición comercial. Diez años más tarde, en 2007, el resto del negocio fue adquirido y ICI dejó de existir como entidad independiente. Tardó dieciséis años en pasar de ser la mejor a desaparecer.

El título de su libro, *Obliquity*, se lo sugirió a Kay Sir James Black, el químico ganador del Premio Nobel que descubrió los betabloqueantes mientras trabajaba como investigador en ICI en los años sesenta, quien había llegado a creer que los objetivos de las empresas a menudo se alcanzaban mejor sin proponérselo. Como se describe en el Capítulo 4, los enfoques oblicuos pueden ser contraintuitivos, y los resultados son emergentes. Los resultados pueden reconciliarse retrospectivamente, pero la acción no garantiza un resultado determinado. Los enfoques oblicuos requieren algún acto de fe, alguna creencia en un conjunto de valores, o una visión, una misión o un propósito. Sin un propósito explícitamente definido, es difícil, quizá imposible, seguir planteamientos oblicuos. El concepto de oblicuidad parece significar «Haz lo correcto, dentro del alcance y los límites de nuestra visión, misión o propósito, de nuestra razón de existir», y «No esperes retornos directos o inmediatos, simplemente acepta que has hecho lo correcto y que con el tiempo crees que serás recompensado por ello».

Este capítulo presenta algunos ejemplos más de oblicuidad en acción con Kanban y examina la Magia de Kanban que se deriva del uso de la revisión de operaciones[20]. La revisión de operaciones está diseñada para ser utilizada a escala de una unidad de producto, unidad de negocio, línea de *portfolio* de negocio o un gran departamento dentro de una gran corporación, o a nivel de todo el negocio para una pequeña o mediana empresa. Las revisiones de operaciones suelen considerar la eficacia operativa de unidades organizativas de 100 o más personas, hasta quizás 600 u 800 personas. Más allá de eso, habría múltiples instancias de tales reuniones dentro de toda una empresa.

Mi primera experiencia y exposición a una revisión de operaciones fue durante mi etapa en Sprint, donde mi jefe, John Yuzdepski, la instituyó para su unidad de negocio de 350 personas. Yuzdepski, antiguo oficial militar de la OTAN y piloto de las fuerzas aéreas, modeló el concepto a partir de las Revisiones de Preparación de la OTAN, reuniones en las que se examina la preparación de las fuerzas armadas y se ofrecen opciones operativas a los políticos en momentos de tensión o conflicto abierto. A nuestras revisiones de operaciones en Sprint asistían unas setenta personas en representación de los grados salariales desde director de equipo hasta vicepresidente. En Corbis, en 2007, la revisión de operaciones se adaptó para todo el departamento de TI, compuesto por unas 150 personas.

Corbis: preparación de la primera revisión de operaciones
El desarrollo de personas en cargos directivos

Cuando llegué a Corbis en septiembre de 2006, había poca o ninguna visibilidad del trabajo que pasaba por nuestro departamento de ingeniería de software. Como equipo directivo, el grupo de seis personas que dependía de mí iba a ciegas. Llevaban cinco meses hablando de instalar el software de seguimiento Microsoft Team Foundation Server. Sin embargo, todavía no se había hecho y no llegaba el momento. Hacia finales de mes, en mi reunión semanal del equipo, anuncié que celebraríamos nuestra primera revisión de operaciones el segundo viernes de diciembre. Expliqué el concepto de revisión de operaciones: que cada responsable presentaría datos sobre la capacidad de su departamento, la demanda, la calidad, etc., y que era una oportunidad para sacar a la luz los problemas de dependencias y las cuestiones que no podían ser resueltas por un solo equipo o departamento.

Al cabo de uno o dos días, empecé a recibir visitas individuales de estas personas en cargos directivos. La conversación que sigue es una paráfrasis y probablemente represente varias conversaciones originales, pero la idea es mostrar el impacto a medida que el concepto y las implicaciones de la revisión de las operaciones iban calando . . .

---

20. El Volumen 2, *Implementación de Kanban*, desarrollará y definirá la Revisión de Operaciones como una de las siete Cadencias Kanban, cada una de las cuales proporciona un mecanismo para el *feedback* y acciones de mejora.

«David, para esa reunión que celebraremos en diciembre . . . ¿quieres que haga una presentación?».

«¡Sí!»

«¡Oh!»

«¿De qué te gustaría que hablara?»

«Es muy sencillo: ¿Qué hace tu departamento? ¿Y cómo de bien lo hace? ¿Qué demanda tiene y de dónde procede? ¿En qué medida satisface esa demanda? ¿Y qué le impide hacerlo mejor?».

«¡Oh, vale! Gracias».

Y pasaban uno o dos días. . .

«David, para la reunión de diciembre, en la que me has pedido que haga una presentación, ¿a qué te referías exactamente? ¿Podrías darme algunos ejemplos de lo que esperas?»

«¿A qué negocio os dedicáis? ¿Qué tipos de trabajos realiza tu departamento? Espero que seas capaz de articularlo».

«Luego, para cada uno de esos tipos de trabajo, informar de: cuántas solicitudes viste en el mes anterior; cuántas se entregaron; cuánto tiempo tardaron de promedio o como un conjunto con un rango de valores; cuánto trabajo tienes en progreso, y cómo de bien se está cumpliendo con las expectativas del cliente.»

«No espero más de tres a cinco diapositivas con un gráfico en cada diapositiva. Tendrás ocho minutos para presentar, así que aproximadamente un minuto por diapositiva, más el tiempo para una o dos preguntas o cualquier observación.»

Esbocé un par de gráficos básicos similares a los descritos en detalle en el Volumen 2, *Implementando Kanban*.

«¡Oh, vale! Gracias».

Y pasados uno o dos días más volvía con . . .

«David, para la reunión de diciembre en la que me has pedido que presente datos sobre el rendimiento de mi departamento, ¿de dónde voy a sacar esos datos?».

«Bueno, podrías recogerlos manualmente. Tú eres el director: no es tan difícil hacer un seguimiento de cuándo se empieza y se acaba un trabajo y, a partir de ahí, obtener los demás datos necesarios.»

El Valor de la Recogida Manual de Datos

Como anécdota, mi primer verdadero trabajo de gestión empezó en el verano de 1991, después de graduarme en la universidad, en una empresa llamada Rombo, en el desarrollo industrial de la «nueva ciudad» de Livingston, en el centro de Escocia, entre Edimburgo y Glasgow. El nombre de la empresa era una interesante reliquia evolutiva: su primer producto había sido una placa plug-in de ROM para ampliar el *firmware* de algunos ordenadores domésticos populares de la época. Dejaron de fabricar la placa ROM y se dedicaron a los dispositivos de captura de imagen, vídeo y sonido y a las aplicaciones de software de apoyo. Cuando me incorporé, la empresa tenía cinco años y treinta empleados, la mayoría de ellos en la sección de fabricación electrónica. El *Chief Tecnology Officer* (CTO) y cofundador era el diseñador electrónico, y el *Chief Executive Officer* (CEO) había sido el desarrollador y arquitecto principal, pero se hallaba demasiado ocupado. Me contrataron para formar un nuevo equipo de desarrollo de software: solo tres desarrolladores, dos de los cuales habían ido a la universidad conmigo, pero eran ya desarrolladores de juegos experimentados con conocimientos de varios lenguajes de programación y títulos académicos en electrónica y arquitectura de sistemas informáticos.

También se me asignó la función de «asistencia al cliente». En aquel momento, integrada por dos jóvenes de unos diecisiete años. Eran jóvenes que habían abandonado la escuela y no habían conseguido plaza en la universidad. El desempleo juvenil era elevado en el Reino Unido durante los años ochenta y principios de los noventa. El gobierno había introducido un programa de subsidios con la intención de ayudar a los jóvenes a adquirir experiencia real y competencias laborales. Este programa pagaba la mitad de sus salarios, que en la práctica era el salario mínimo. Originalmente conocido como Youth Opportunity Program (YOP), había sido rebautizado como Youth Training Scheme (YTS) porque a alguien en el YOP se le conocía en el argot británico como un YOPPER, y todo el programa había adquirido una mala reputación. Así que tenía a dos jóvenes en prácticas del YTS en mi servicio de asistencia. Su trabajo consistía en contestar al teléfono cuando los clientes llamaban con problemas.

Tuve una conversación con el más experimentado de los dos. Ambos eran entusiastas de la tecnología. Les gustaba trabajar en la empresa y les gustaba la tecnología. También parecía que les gustaba interactuar con nuestros clientes. Disfrutaban de las conversaciones telefónicas y les mantenían ocupados. Podían describir los problemas típicos por los que llamaban los clientes y habían desarrollado una lista bastante avanzada de causas y efectos para solucionar los problemas de los clientes. El sistema parecía funcionar. Sin embargo, lo que no podían decirme era cuántos problemas había, con qué frecuencia se producían o incluso cuántas llamadas habían contestado. Para ser un «centro de llamadas», ¡era la madurez más baja imaginable!

La dirección de la empresa estaba preocupada. Antes no había servicio de asistencia. Cuando los clientes llamaban, los fundadores, que eran los desarrolladores, atendían las llamadas y solucionaban los problemas. Y entonces pusieron a una persona en el servicio de ayuda. Ahora había dos. La demanda de personal para el servicio de asistencia parecía crecer. Había varias preguntas legítimas: ¿A qué dedican su tiempo? ¿Vamos a necesitar más? Y, si es así, ¿cuándo, y cuánto va a costar?

Íbamos a ciegas, y decidí que necesitaba visibilidad. Así que diseñé un formulario de llamadas e imprimí un montón. Se lo llevé a mi equipo y les expliqué que quería que rellenaran una hoja por cada llamada recibida. Era lo suficientemente simple como para rellenarla mientras estaban atendiendo la llamada. Se anotaba la referencia del producto, la versión, una descripción del problema, el consejo dado y si el problema se había resuelto satisfactoriamente.

Al final de cada día, la pila de hojas se archivaba en un cajón. A final de mes, recogía todas las hojas y me las llevaba a casa el viernes por la tarde. Pasaba varias horas del fin de semana cotejándolas para elaborar un informe del volumen de llamadas por producto y tipo de defecto. En el primer mes, los datos revelaron que un mismo problema producía el 50 % de nuestro volumen de llamadas. Nuestra tarjeta de captura de vídeo para el PC IBM era difícil de instalar.

Los lectores más veteranos recordarán que los periféricos utilizaban puertos I/O asignados a través de un conjunto de interruptores DIP en la placa base del PC. Aunque IBM fabricaba PC, también había muchos fabricantes de clónicos, y no existía una norma real sobre cómo se asignaban los puertos I/O. Nuestro producto se había diseñado para utilizar un puerto que normalmente no se utilizaba, aunque a veces sí. Este problema provocaba la mitad de nuestro volumen de llamadas. Aunque la configuración y la solución se describían en el manual del producto, los usuarios no leían el manual o, si lo hacían, no encontraban los consejos que necesitaban. En respuesta a esto, diseñamos una única hoja de papel impresa con el título LÉAME PRIMERO en letras grandes. En ella se describía cómo un usuario podía comprobar los ajustes de los puertos I/O y configurar su máquina adecuadamente. El producto se enviaba en una caja con funda y envuelto en plástico retráctil. Introdujimos la hoja LÉAME PRIMERO dentro de la funda de la caja. Al abrir el producto, quitar el plástico retráctil y sacar la caja de su funda, la hoja LÉAME PRIMERO caía fuera de la caja. Al final del segundo mes, nuestro volumen de llamadas al servicio de asistencia se había reducido a la mitad.

La historia de la barra lateral, que describe mi primer trabajo como directivo en 1991, sirve como arquetipo de lo que espero de una persona con un cargo directivo: aportar transparencia a un problema, obtener datos, analizar los datos, determinar grupos de problemas, desarrollar una solución para una causa raíz, aplicar la solución, obtener más datos, y demostrar que la solución ha funcionado, o repetir el proceso y volver a intentarlo con una solución alternativa.

A lo largo de mi carrera, no he tenido ningún reparo en decirle a una persona con un cargo directivo que dependía de mí que saliera a producción y recogiera los datos manualmente.

«Hmmm.»

«¿Quizás sería mejor si tuviéramos un software para hacer el seguimiento?».

«Sí, eso te ahorraría mucho tiempo».

«Entonces, ¿debemos instalar Team Foundation Server?».

«¡Sí!»

«¡Oh, vale! Gracias».

Y pasaban uno o dos días más. . .

«Bueno David, he estado pensando en nuestra conversación del otro día...»

«Sí.»

«Esta reunión es en diciembre, ¿verdad?» Asentí. «Y si la reunión es en diciembre, querrás que informemos de los datos de noviembre, ¿no?». Volví a asentir. «Y si necesitamos datos para noviembre, entonces necesitamos Team Foundation Server instalado y funcionando antes de esa fecha, ¿verdad?».

«Sí.»

«Así que lo necesitamos listo para la última semana de octubre, y esta es la última semana de septiembre. Entonces, ¿tenemos cuatro semanas para tenerlo instalado y configurado y en uso?».

«Sí.»

«Pero, ya han pasado cinco meses y no hemos llegado a ninguna parte».

«¡Efectivamente!»

Eso fue un poco de la Magia de Kanban, un poco de oblicuidad. En ningún momento dije a mi equipo directivo que teníamos que instalar Team Foundation Server, ni fijé ninguna fecha para su puesta en marcha y adopción. No se dio ninguna orden directa ni se fijó ningún objetivo. Cuando le pides a alguien que protagonice sus propios ocho minutos de gloria delante de unos cien colegas, se da cuenta de que necesita algo que decir, y todo lo demás surge de ahí.

En el concepto de antifragilidad de Nassim Taleb, en esencia, su observación sobre la teoría evolutiva, hay un concepto de «factor estresante»: cuando una entidad antifrágil está sometida a estrés, se la provoca para que mute, mejore o cambie. Pedir a alguien que se presente en un escenario es un factor estresante. Provoca cambios en el comportamiento de la persona: o se esfuerza más y da lo mejor de sí, o se repliega sobre sí mismo. Se trata de una prueba de fuego para una persona con un cargo directivo, una prueba para saber si tiene lo que hace falta para asumir la responsabilidad que se le ha asignado y si tiene la capacidad de liderazgo para ser eficaz en su puesto.

¿En qué negocio estás?

En el Capítulo 2, una de mis primeras preguntas a Dragos fue: «¿En qué negocio estás?». Quería saber a qué se dedicaba su departamento y, más aún, quería saber si él sabía a qué se dedicaba.

Es sorprendente la cantidad de personas en cargos directivos que conozco, a día de hoy, que tienen dificultades para responder a esta pregunta tan básica: «¿En qué negocio estás?» Muchos de ellos creen que su papel como personas en cargos directivos es actuar como «agentes de citas», como facilitador de parejas: cuando llega una tarea para su equipo, su trabajo consiste en emparejar la tarea con el trabajador más adecuado y enviarlos juntos a una cita. También suelen considerarse policías de tráfico, que dirigen el flujo de trabajo: las tareas llegan, y el trabajo de la persona con un cargo directivo es encaminarlas de la manera más eficaz y eficiente posible. Por eso, cuando se les pregunta: «¿En qué negocio estás?», su mente evoca la extraña imagen de un policía de tráfico casamentero, ¡un asesor matrimonial con uniforme!

Mi trabajo como *coach* o mentor es ayudarles a salir de esta identidad. Necesito que las personas en cargos directivos se vean a sí mismos como responsables de un sistema que realiza alguno o varios tipos de trabajo. El sistema consta de políticas que lo controlan; su trabajo consiste en controlar las políticas: saber cuándo anularlas, cuándo cambiarlas, y cuándo recurrir a una autoridad superior. Su trabajo consiste en asegurarse de que el sistema, del que están al cargo, funciona y fluye sin problemas. Necesito que las personas en cargos directivos se den cuenta de que lo que está a su cargo es el sistema, no el conjunto de personas que dependen de ellos en el organigrama. La revisión de las operaciones y esos ocho minutos de gloria también tienen un papel oblicuo que desempeñar aquí.

Una vez más, la siguiente conversación es de memoria; parafrasea lo que pudo haber ocurrido en realidad.

La conversación tiene lugar en una reunión privada en mi despacho. Estas eran las oportunidades que tenían mis directivos para hablar de cómo iban las cosas, exponer sus problemas y retos y pedirme ayuda. También se convirtieron en lo que ahora consideraríamos una reunión degenerada de la Revisión de Prestación del Servicio, degenerada porque solo tiene dos participantes, cuando lo ideal sería que todo el equipo de un flujo de trabajo de prestación de servicios asistiera a una Revisión de la Prestación del Servicio. La Revisión de la Prestación del Servicio se discute en mayor detalle en el Volumen 2, *Implementando Kanban*.

«¿Puedes aconsejarme sobre lo que debo presentar en la reunión?».

«Claro. ¿En qué negocio estás? ¿Qué tipo de trabajo realiza tu departamento? ¿Quiénes son vuestros clientes? ¿Qué os piden? ¿Y cuántos os piden? ¿Cuál es la tasa de llegada de la demanda de cada tipo?».

«También te convendrá informar de vuestro índice de entregas, es decir, cuántas entregasteis en el mismo período de tiempo, y de vuestro trabajo en curso y su tendencia. Si está creciendo, ¿cuál es la causa y qué se puede hacer al respecto?

«Tendrás que informar sobre la calidad. ¿Cuántas repeticiones de trabajos estáis haciendo? ¿Cuál es la demanda de defectos — cosas que han llegado solo porque no las hiciste lo suficientemente bien la primera vez?».

«Más adelante, deberás informar sobre las dependencias y las fuentes de retrasos y quizá sobre la eficiencia del flujo, pero empecemos por lo básico: qué hacéis, cuántos, con qué rapidez, y con qué calidad».

Este proceso de solicitar a una persona con un cargo directivo que haga una presentación en la revisión de operaciones le obliga a pensar en las cosas correctas. A nadie se le ocurriría hacer una presentación sobre su gestión de los emparejamientos o de la dirección del tráfico. Así pues, resulta que la revisión de las operaciones tiene un papel oblicuo que desempeñar en el cambio de la autoimagen y la identidad. Sin realizar un *coaching* explícito, sin tener que romper primero la imagen que se tenía de uno mismo y ayudar al individuo a aceptar la nueva, el simple hecho de pedirle que presente y darle algunas orientaciones sobre lo que debe presentar cataliza el cambio.

Una solicitud para presentar en la revisión de operaciones envía una señal sobre lo que usted valora. Implícitamente, como líder, está comunicando cómo valorará la contribución de un director de equipo o de departamento. Ellos lo interiorizan. Les dice cómo les valorará su jefe, y sentirse valorados por su jefe es lo que quieren por encima de todo. En consecuencia, ajusta la forma en que evalúan su propia autoestima, su propia imagen de sí mismos y su status social entre sus compañeros. Pedirles que presenten en la revisión de operaciones y, a medida que pasan los meses, cómo se desempeñan en esas revisiones, reforma su autoimagen y su autoestima. De agentes de citas y policías de tráfico, se transforman en pensadores de sistemas que entienden que su papel es supervisar y controlar un sistema que funciona. Se les juzgará por la eficacia y la eficiencia con que el sistema realiza ese trabajo. Un poco más de Magia de Kanban, un poco más de oblicuidad.

Lo que hacemos es arte, ¡no se puede medir!

El director de mi departamento de análisis de sistemas (protegeremos su identidad) se mostró pasivo-agresivo ante el anuncio de la revisión de las operaciones. Aunque en público y en voz alta estaba a favor, en privado me dejó claro que no le era aplicable: el análisis de sistemas era un arte y no se podía medir. Sí, haría una presentación en la reunión, pero no seguiría el mismo formato que los demás directores del equipo: los datos y las métricas no iban con él ni con su equipo, como tampoco lo hacía el software de seguimiento Team Foundation Server.

Cuando llegó diciembre, se levantó para tomar su turno al frente. Tenía algunas fotos bonitas. Tenía algunas historias. Su informe podría haber sido el de mi hija adolescente contando lo sucedido en el último episodio de *The Bachelor*. Cuando los demás terminaron su presentación, parecía un idiota, no solo ante mí o mi jefe, sino ante sus compañeros. Al mes siguiente, sin ninguna intervención directa por mi parte, su equipo estaba haciendo un seguimiento de su trabajo con el software, y tenía un conjunto de diapositivas con gráficos que mostraban en qué negocio estaban, quién les estaba pidiendo trabajo, cuánto había llegado, qué habían hecho, y cómo de eficaz era (en términos de interrupciones y resolución de problemas con los desarrolladores causados por la ambigüedad —efectivamente, mala calidad inicial—). Su comportamiento había cambiado; se había alineado con sus compañeros. Vio que había un nuevo sistema de valores y, aunque quizás no le importaba que yo le hubiera etiquetado de rebelde o problemático, sí le importaba lo que sus compañeros pensaran de él. Parecía que, después de todo, el análisis de sistemas podía seguirse, medirse e informarse. Otro poquito de Magia de Kanban, otro ejemplo de oblicuidad en acción.

Corbis: revisión de operaciones, 9 de marzo de 2007

Reunión previa

Son las 7.30 del segundo viernes de marzo. Llego pronto al trabajo porque esta mañana es la cuarta revisión mensual de las operaciones de nuestro departamento. Me acompaña Rick Garber, director de nuestro grupo de ingeniería de procesos de software. Rick se encarga de coordinar la reunión de revisión de operaciones y la agenda. Está ocupado imprimiendo la presentación que contiene las aproximadamente setenta diapositivas de PowerPoint para la reunión de hoy. Una vez terminada la impresión, nos dirigimos al Harbor Club, en el centro de Seattle, con una caja de 100 presentaciones. Está previsto que la revisión de operaciones comience a las 8.30 horas, pero a partir de las 8.00 se sirve un desayuno bufé caliente. La invitación incluye a toda mi organización; a la de mi colega Erik Arnold, incluidos el grupo de procesos, los analistas de negocio y los directores de proyecto, y a nuestro grupo de Operación de Redes y Sistemas liderado por Peter Tutak, aunque su gente no hará presentaciones. Al fin y al cabo, son ellos los que tienen que recuperar los sistemas averiados en producción, por lo que son los más afectados por nuestros fallos. También sienten el mayor impacto cuando lanzamos nuevas *releases* a producción. La invitación incluye también a mi jefe, el CIO de Corbis, y a otras personas con altos cargos directivos que son clientes de negocio.

Sin embargo, al estar algunos de nuestros colegas en la India, otros en otras partes de EE. UU. y al haber siempre algunos que no pueden asistir por motivos personales, esperamos unos ochenta asistentes.

Descubrimos que ofrecer comida era un incentivo oblicuo muy fuerte para acudir temprano. En la primera sesión, servimos un desayuno continental, y recibimos el feedback de que se prefería un desayuno caliente. Esto iba a costar unos 1800 dólares al mes. Erik tuvo la audaz idea de pedir a nuestro invitado que lo patrocinara: de ahí lo de «el desayuno de este mes llega a ustedes por cortesía de nuestro sponsor, *el Departamento de Marketing». Fue una idea genial. Preguntamos al vicepresidente del departamento si le gustaría disponer de quince minutos para intervenir en nuestra reunión «de todos a una», explicando lo que hacen y cuál es la mejor manera de que TI les ayude a conseguirlo, a cambio de patrocinar el desayuno. Al* sponsor *le cuesta más de 100 dólares por minuto. ¡Sorprendentemente, todos los invitados aceptaron la invitación y pagaron!*

El grupo empieza a llegar con tiempo suficiente para disfrutar del desayuno. La sala está en el último piso de una torre de Seattle, a una manzana de nuestro edificio, y nos ofrece a todos unas vistas preciosas de la ciudad, el puerto, los muelles y la bahía de Elliott. La sala está dispuesta con mesas redondas, de seis a ocho personas sentadas en cada una. Tenemos una pantalla de proyección y un atril en un extremo. Rick gestiona el programa con precisión. Cada ponente dispone de unos ocho minutos para sus cuatro o cinco diapositivas. Hay algunos tiempos intermedios para permitir la varia-bilidad que se produce con las preguntas y el debate. Comienzo puntualmente con unas palabras de apertura. Pido a todos que recuerden lo que hacíamos a finales de enero. Les recuerdo a todos que estamos aquí para examinar los resultados de la organización en el mes de febrero. Rick ha elegido una bonita foto de los archivos de la empresa para simbolizar el tema del mes y ayudar a refrescar la memoria, recordando a todos una actividad clave del mes que acaba de terminar.

Establecer un tono empresarial desde el principio

Cedo la palabra a Rick, que resume las medidas adoptadas por la dirección el mes pasado y pone al día a los asistentes. A continuación, presentamos a nuestra analista financiera, que presenta un resumen de los resultados de la empresa durante el mes (la razón de retrasarlo hasta el segundo viernes del mes siguiente es que podemos disponer de los datos financieros una vez cerrados los números del mes anterior). Resume los detalles presupuestarios de los centros de coste de Erik y mío. Comparamos entre lo previsto y lo real en las principales áreas presupuestarias, así como los objetivos de plantilla. Hablamos de las solicitudes abiertas y animamos a los miembros del equipo a presentar candidatos para los puestos vacantes. Al concluir esta primera parte, todos los asistentes saben cómo de bien le va a la empresa y qué tal va el grupo de ingeniería de software con respecto al presupuesto y, por lo tanto, de cuánta holgura disponemos para comprar equipos nuevos, como grandes monitores de pantalla plana y ordenadores más potentes. El propósito de liderar con los datos financieros es recordar a todos los miembros del equipo que gestionamos una empresa; no acudimos cada día para divertirnos con unos y ceros con un grupo de amigos. Esto es liderazgo por señales: comunica parte de nuestros valores culturales.

Los invitados amplían la audiencia y añaden valor

El siguiente ponente es un invitado, un vicepresidente de otra parte de la empresa. Tuve la brillante idea de que, si queríamos que nuestros clientes de negocio mostraran interés, debíamos mostrar nosotros interés por ellos e invitarles a presentar. Ofrecimos a cada invitado quince minutos. No nos costaba encontrar un candidato cada mes, así que ese mes escuchamos una presentación sobre operaciones de venta, la parte de la empresa que se encarga de satisfacer los pedidos de los clientes y garantizar la entrega del producto. Aunque parte del negocio de Corbis se realiza a través de Internet y por vía electrónica, no todo lo que ofrece la empresa se entrega como descarga; todo un departamento se encarga de los pedidos más complejos para agencias de publicidad profesionales y empresas de medios de comunicación. En los meses siguientes, nuestro equipo aprendió muchos aspectos del negocio, y las personas con altos cargos directivos de toda la empresa se enteraron de lo que hacíamos, cómo lo hacíamos y cuánto nos esforzábamos por resolver nuestros problemas.

He dicho que Kanban había cambiado la cultura en Corbis. El Capítulo 4 describía los efectos secundarios emergentes de las reuniones de reposición. Las revisiones de operaciones tuvieron un impacto secundario similar. Ya en el verano de 2007, los ejecutivos hablaban abiertamente de lo bien gobernadas que estaban las TI, y nos habíamos convertido en el punto de referencia o arquetipo de la gobernanza y la disciplina de gestión. Supe que habíamos cambiado la empresa cuando una tarde, sin haber sido invitado, el mismo vicepresidente de operaciones de ventas de nuestra reunión de marzo entró en mi despacho. «¡David! Necesito que me ayudes. Estoy bajo cierta presión para controlar mi departamento y conseguir que funcione con mayor eficacia. ¿Puedes enseñarme cómo diriges estas reuniones mensuales? Creo que es justo lo que necesito para darle la vuelta a mi unidad». Solo otro poco de Magia de Kanban, otro ejemplo de oblicuidad en acción.

Agenda principal

Una vez que nuestro ponente invitado terminó, pasamos a la parte principal de la reunión. Cada director dispuso de ocho minutos para exponer los resultados de su departamento. A continuación, nuestra oficina de gestión de programas presentó información actualizada sobre proyectos concretos. Cada uno de los directores de equipo inmediatos se levantó y dedicó cinco minutos a presentar rápidamente sus métricas: presentaron información sobre índice de defectos, *lead time*, tasa de entrega, demanda fallida, eficiencia del flujo y, en ocasiones, un informe específico que profundizaba en algún aspecto de su proceso que estaban investigando para una posible mejora. Después, durante unos minutos, aceptaron preguntas, comentarios y sugerencias de los asistentes.

Este cuarto mes de la revisión de operaciones, marzo de 2007, fue especialmente interesante. La primera revisión de operaciones había tenido lugar, como ya se ha dicho, en diciembre. Esa primera vez acudió todo el mundo, casi el 100 %. Había mucha curiosidad, y después muchos comentarios como: «Nunca había visto tanta transparencia en mi carrera» y «Ha sido muy interesante, nunca había trabajado en un sitio donde se compartiera información así». El *feedback* más accionable, como ya se ha dicho, fue «La próxima vez, ¿podemos tener un desayuno bufé caliente en lugar de frío?». El segundo mes, la gente dijo: «Sí, otro buen mes. ¡Algo interesante! Gracias por el desayuno caliente». El tercer mes, algunos de los desarrolladores preguntaban: «¿Por qué tengo que madrugar tanto?» y «¿Hago un buen uso de mi tiempo con esto?». El entusiasmo decaía y la asistencia, aunque seguía siendo alta, era claramente frágil.

Lo que sucedió a continuación representó el crisol definitorio de una revisión de operaciones: después de tres meses de navegación tranquila, flujo suave y entregas casi impecables, había surgido un problema importante, y ahora vamos a hablar de él. La empresa había adquirido un negocio en Australia, llamado Australia Picture Library (APL). Se había pedido al departamento de TI que desconectara todos los sistemas de TI de APL y migrara a los cincuenta usuarios a los sistemas de Corbis. La petición tenía una fecha arbitraria pero urgente. Esta fecha se basaba en un ahorro de costes del tipo «economía de escala» que había justificado en parte el precio de la adquisición, por lo que se incurría en un coste del retraso. La solicitud había llegado como un único elemento a nuestra cola de mantenimiento. Era lo suficientemente grande como para haber justificado diez tarjetas, pero la tratamos como si fuera una sola. En ingeniería industrial se conoce muy bien el efecto que tiene la entrada de un elemento sobredimensionado en un sistema kanban. Obstruye el sistema y prolonga enormemente el lead time de todo lo que viene detrás. Y así nos ocurrió a nosotros. El lead time pasó, de media, de treinta a cincuenta y cinco días. La teoría de colas también nos dice que reducir un backlog cuando ya está totalmente cargado lleva mucho tiempo. Más tarde descubrimos que tardaríamos cinco meses en recuperar nuestro lead time objetivo de treinta días.

Además, habíamos hecho una release que había requerido una corrección de emergencia, la primera de este tipo desde que habíamos puesto en marcha Kanban y las revisiones de operaciones. Así que había mucho de qué hablar.

De repente, la sala se llenó de preguntas, comentarios y debates. Después de tres meses de datos buenos y aburridos, teníamos una historia que contar. El personal estaba asombrado de que nosotros (las personas en cargos directivos) estuviéramos dispuestos a hablar abiertamente de los problemas y de lo que había que hacer al respecto, y de que la revisión de las operaciones no consistiera únicamente en presumir de lo buenos que éramos, limitándonos a presentar los buenos datos; se trataba de abordar los problemas, afrontar nuestra realidad, asumirla como propia y la correspondiente responsabilidad. Ningún miembro del personal volvió a cuestionar por qué celebrábamos la reunión todos los meses.

La reunión terminó con un resumen de Rick sobre las medidas de gestión adoptadas durante las conversaciones de la mañana y agradeciendo a todos su asistencia. Eran las 10:30 y era hora de volver a la oficina al otro lado de la calle.

Respeto por las personas en cargos directivos y la acción directiva

La revisión de las operaciones transmite un sentido mucho más amplio de «equipo»: de repente, el equipo es una unidad de negocio en la que todos colaboran para alcanzar objetivos comunes. Una unidad de negocio existe para prestar un conjunto de servicios, y las revisiones de operaciones aportan transparencia a esos servicios y a la capacidad actual para cumplirlos dentro de las expectativas del cliente. En consecuencia, las revisiones de las operaciones mejoran el nivel de respeto por las personas en cargos directivos y la acción directiva, y desarrollan la confianza en ambas direcciones, tanto hacia arriba como hacia abajo en la jerarquía organizativa. Las revisiones de las operaciones, a través de su transparencia, se centran en la acción compartida colaborativa, la asignación explícita de responsabilidades y una clara *accountability*, y mejoran el capital social en toda la organización.

La confianza va en dos sentidos

Para moverse con agilidad, las personas con altos cargos directivos tienen que ser capaces de delegar, y así permitir y empoderar a los subordinados y empleados para que actúen con autonomía. Sin embargo, el empoderamiento suele ir acompañado del miedo a perder el control, a que la organización funcione sin gobernanza. Kanban ofrece la oportunidad de proporcionar autonomía sin pérdida de control. La revisión de las operaciones, con su capacidad para examinar y modificar las políticas, desempeña un papel importante en la agilidad empresarial. La confianza va en dos sentidos: las personas en cargos directivos deben confiar en que las órdenes se ejecutan como se espera y que las decisiones y acciones tomadas entran dentro del ámbito de la autoridad de los subordinados, y los trabajadores deben confiar en que las personas en cargos directivos actúan en el mejor interés de todos los implicados y que sus acciones mejoran las posibilidades de éxito de la organización. Los trabajadores necesitan ver que las personas en cargos directivos actúan sobre el sistema, a través de cambios en las políticas, de forma que se les prepara para el éxito, trabajando dentro de un sistema capaz de cumplir con las expectativas. Los trabajadores deben querer seguir la dirección de los líderes porque confían en su juicio y visión, mientras que los líderes deben confiar en que los trabajadores seguirán su dirección según lo previsto. La Revisión de Operaciones desempeña un papel fundamental en este mecanismo.

Revisión de Operaciones: piedra angular de una cultura kaizen

Hay muchas cosas importantes que entender sobre la Revisión de Operaciones. Creo que es el eje, o piedra angular, del Método Kanban. Es una retrospectiva objetiva y basada en datos sobre el rendimiento de la organización. Está por encima y más allá de cualquier proyecto, y establece una expectativa de gestión objetiva, basada en datos y cuantitativa. La Revisión de Operaciones define y encarna los nuevos valores de la organización y su liderazgo. Proporciona el ciclo de *feedback* que permite profundizar en la madurez organizativa y en el cambio evolutivo a gran escala. Tiene un enorme impacto cultural y es fundamental para impulsar la adopción de un nuevo sistema de valores.

Puntos clave

◆ El concepto de «oblicuidad» fue postulado por el químico Sir James Black, ganador del Premio Nobel, que descubrió los betabloqueantes mientras trabajaba para ICI en los años sesenta.

◆ Sir James Black creía que los objetivos de la empresa se alcanzaban mejor de forma indirecta.

◆ El economista y escritor del Financial Times John Kay hizo famoso el término «oblicuidad» al adoptarlo como título de su libro de 2011.

◆ La Revisión de Operaciones es una de las siete Cadencias de Kanban, reuniones utilizadas como mecanismos de *feedback* para evolucionar y mejorar los flujos de trabajo operativos, las políticas, la gestión de riesgos, la estrategia de mercado, la segmentación de clientes y la prestación de servicios.

◆ La Revisión de Operaciones ha desempeñado un papel único en la demostración de la oblicuidad: alcanzar los objetivos empresariales por medios indirectos.

◆ Impulsar la Revisión de Operaciones ha focalizado la atención de los jefes directos en:
  · La instrumentación de la gestión de los flujos de trabajo
  · Comprender en qué negocio se encuentran
  · Comprender la eficacia de la prestación de servicios y los factores que influyen en ella

◆ Servir comida mejora la asistencia a las Revisiones de Operaciones.

◆ Empezar el orden del día con datos financieros imprime un tono empresarial a la reunión y recuerda a todos los asistentes los objetivos actuales de la organización.

◆ Invitar a un ponente invitado de nivel ejecutivo de otra unidad de negocio o socio en la entrega de servicios amplía la asistencia y añade valor, permitiendo a los asistentes adquirir conocimientos que van más allá del funcionamiento de su propia unidad de negocio.

◆ La asistencia mejora cuando hay problemas conocidos que discutir.

◆ Discutir abiertamente los problemas conocidos y definir las medidas correctivas asignadas a las personas en cargos directivos comunica al personal que las mismas tendrán que ser *accountable* y que la acción directiva puede mejorar las condiciones y el rendimiento para todos.

◆ Las Revisiones de las Operaciones transmiten un sentimiento mucho mayor de equipo y colaboración en torno a objetivos comunes. Mejoran el capital social. Mejoran el respeto por el valor de las personas en cargos directivos y la acción directiva.

◆ La Revisión de Operaciones se considera la piedra angular del Método Kanban y el elemento central para permitir la agilidad en toda la empresa. Es el corazón que da vida a una cultura de mejora continua a escala empresarial, una verdadera cultura *kaizen*.

6

Historias de scrumban

Auge y declive de Scrum en Posit Science

Durante ese año de cambio cultural en Corbis, Corey Ladas se había unido a nuestro equipo como *coach* de procesos. Conocí a Corey en 2005, cuando formaba parte del equipo de Excelencia en Ingeniería de Microsoft. Formaba parte de un equipo que respondía ante Eric Brechner, quien a su vez lo hacía ante Jon De Vaan, el director del grupo. Jon apareció por primera vez en el Capítulo 2 con su política de que el departamento de TI de Microsoft siguiera la metodología de desarrollo de software TSP/PSP. Eric pasó a dirigir el desarrollo de partes de la plataforma Xbox One, donde introdujo Kanban. Las experiencias de Eric se recogen en su libro de 2015 *Agile Project Management with Kanban,*[21] donde describe la aplicación muy específica de Kanban a productos de software a gran escala.

En la primavera de 2007, convencí a Corey para que viniera a Corbis. Necesitaba ayuda con el *coaching* del despliegue de Kanban en todo nuestro *portfolio*. Se unió al equipo de ingeniería de procesos de Rick Garber y comenzó a trabajar con diferentes equipos de proyecto en la sede de Corbis en la Segunda Avenida, en el centro de Seattle. Un día se me acercó y me dijo: «Me estoy dando cuenta de que los proyectos en los que todavía se utiliza un proceso tradicional del Software Development Life Cycle o SDLC (ciclo de vida de desarrollo de software) necesitan un *coaching* diferente al de los que han adoptado (la metodología Agile de desarrollo de software) Scrum».

---

21. Brechner, Eric, and James Waletzky. *Agile Project Management with Kanban.* Microsoft Press, 2015.

Lo que estábamos viendo era la aparición de lo que Corey denominó más tarde «Scrumban»: la aplicación de Kanban a una situación de partida en la que un equipo de proyecto o una organización formada por muchos equipos de este tipo (normalmente de seis a ocho personas por equipo) ya había adoptado Scrum como forma de trabajar y de coordinarse entre sí.

Bien establecido entre los entusiastas del desarrollo de software Agile, Scrum ha sido desde entonces ampliamente adoptado y popular en la industria de la tecnología a nivel mundial. En la conferencia Agile de 2008, Corey presentó sus dos tipos de guía Kanban: para los que utilizaban un SDLC tradicional y, por separado, para los que ya utilizaban Scrum. Al mismo tiempo, publicó un artículo sobre la técnica, y el término «Scrumban» entró en el léxico de los metodólogos de ingeniería de software, solo para, y casi instantáneamente, ser ampliamente malinterpretado. Scrumban significaba simplemente la aplicación de Kanban a una posición de partida en la que ya se utilizaba Scrum. No significaba crear un híbrido de los dos métodos, o seleccionar prácticas de ambos para formar un nuevo enfoque prescriptivo. Tampoco quería decir tomar un poco de esto y un poco de aquello, mezclarlo y agitarlo todo y conseguir algo nuevo y beneficioso. Scrumban significa «hacer todo Kanban y aplicarlo en un entorno que ya utiliza Scrum». Tan cerrada era la mentalidad entre los metodólogos del mundo del desarrollo de software que a muchos les costaba hacerse a la idea de un enfoque a medida que desarrollaba una forma única de trabajar para una situación específica. Para ellos, cualquier enfoque de la gestión de la ingeniería del software tenía que ser un método prescriptivo diseñado, empaquetado y definido. Treinta años de métodos prescriptivos habían modelado su mente. Un planteamiento que te permitiera desarrollar tu propia solución «sin etiqueta» era algo novedoso.

Mientras escribo quince años más tarde, sé que este malentendido continúa. Una prueba sencilla para saber si una organización entiende o no Scrumban es preguntar cuántos cambios en su proceso han ocurrido recientemente y si pueden describir una línea del tiempo de los cambios introducidos desde que «adoptaron Scrumban». Si te devuelven una mirada confusa y en blanco, probablemente es porque no entienden el concepto y la naturaleza evolutiva de Kanban. Kanban siempre ha sido el enfoque de «empieza por lo que haces ahora» y evoluciona. Se añade Kanban a lo que ya existe. Cuando lo que ya existe es el proceso definido llamado Scrum, entonces tu historia, como tantas otras, es una historia Scrumban.

Vemos dos variedades comunes de historias Scrumban en nuestro trabajo: la primera es aquella en que Scrum ha ayudado a una organización inicialmente, pero las mejoras se han estancado y se niegan rotundamente a mejorar aún más; la otra es aquella en que las circunstancias han cambiado, el mercado se ha movido, las expectativas del cliente han cambiado, y en consecuencia el enfoque Scrum de *timeboxes* (bloques de tiempo) de dos semanas, conocidos como *sprints*, de planificación, trabajo, y control con los *stakeholders* mediante una demostración y retrospectiva en una cadencia quincenal ya no es apropiado. En la primera categoría, a menudo encontramos que se necesita mucho tiempo para reconocer que las cosas no están mejorando. Los gerentes a menudo perseveran con Scrum durante meses o años antes de estar preparados para buscar una alternativa: dos años es lo típico, aunque hasta cuatro años no es raro. Lo sé por la experiencia de recibir correos electrónicos pidiendo ayuda y leer las historias. «Las cosas no han mejorado desde hace dos años y nos gustaría que alguien echara otro vistazo y sugiriera algunas ideas nuevas». Es lo típico de esta situación.

En la segunda categoría, el plazo es más corto. Simplemente, debido a los cambios en el contexto y las circunstancias, el enfoque del *sprint* de dos semanas no funciona y está causando estrés, ansiedad y dolor, lo que tiene como resultado un comportamiento disfuncional y tensión entre el equipo, los directores y los clientes. En ambas situaciones, existe una motivación para encontrar «un camino alternativo hacia la agilidad», para poderse mover con rapidez, responder a los cambios y adaptarse a las necesidades de los clientes de forma adecuada. Independientemente de la motivación, dado que la organización ya estaba utilizando Scrum, su elección de introducir Kanban con el fin de avanzar más supone que ellos también tienen una historia Scrumban.

Corey dijo: «Scrumban es un viaje». Para entenderlo mejor, aquí va uno de esos viajes, de una de las primeras historias de Scrumban, Posit Science en San Francisco. Su historia es principalmente del segundo tipo: sus circunstancias habían cambiado, y, en consecuencia, Scrum ya no satisfacía sus necesidades. Su motivación era encontrar una nueva forma de trabajar que satisficiera las expectativas de los responsables de negocio para aliviar la sobrecarga de su organización de investigación y desarrollo. Necesitaban un flujo más fluido, una entrega más predecible y un ritmo de trabajo sostenible. Kanban demostró ser una opción buena y eficaz como camino a seguir.

Posit Science: antecedentes — la empresa de aeróbic cerebral

El Dr. Michael (Mike) M. Merzenich, fundador de Posit Science, tenía un largo historial de logros científicos. A finales de los ochenta, formó parte del equipo que inventó el implante coclear, un dispositivo que permite oír a los sordos. En la década de 1990, su carrera se orientó hacia la neurociencia, concretamente hacia el campo de la plasticidad cerebral. Es autor de *Soft Wired: How the New Science of Brain Plasticity Can Change Your Life.*[22]

Durante gran parte de su carrera, Mike Merzenich había sabido lo importante que es el aprendizaje continuo para los adultos. Como neurocientífico, era consciente de lo importante que era el aprendizaje continuo para el individuo y para la salud de su cerebro, especialmente a medida que envejecía. Profesor emérito de la Universidad de California en San Francisco, había alcanzado muchos logros en su campo. Su devoción e investigación de la plasticidad cerebral le valieron un puesto en la Academia Nacional de Ciencias de EE. UU. en 1999. El desarrollo de la idea de que los cerebros son plásticos y pueden

---

22. Merzenich, Michael. *Soft Wired: How the New Science of Brain Plasticity Can Change Your Life.* San Francisco, USA: Parnassus Publishing, 2013.

ejercitarse y entrenarse transformó la creencia de que los cerebros humanos dejaban de cambiar al principio de la edad adulta. Durante mucho tiempo se había dado por sentado que, una vez completado su desarrollo en los adultos jóvenes, el cerebro cambiaba poco, comenzando así su declive, deterioro y desaparición. Se suponía que no había nada que la medicina o la tecnología pudieran hacer para evitarlo.

Mike y algunos colegas de ideas afines creían lo contrario. Creían que los cerebros son plásticos, que pueden entrenarse y moldearse, incluso en la edad adulta. Esa creencia surgió de la simple observación de personas de diferentes contextos culturales. Aunque todo el mundo estaba de acuerdo en que los niños se desarrollan de forma diferente en función de su crianza y su contexto, pocos habían pensado que eso fuera cierto también para los adultos. Pero, como habían observado, los humanos mayores seguían diversificándose más con el paso del tiempo, aprendiendo nuevas habilidades incluso más tarde en la vida. Llegaron a la conclusión de que el cerebro es flexible y cambiante, y que su adaptabilidad y plasticidad nunca llegan a desaparecer. Se preguntaron si esa plasticidad podría desencadenar un cambio que anulara el deterioro. Junto con su equipo de investigadores, Mike había dedicado su carrera a encontrar los desencadenantes precisos de esa plasticidad.

En 2004, ya estaba preparado para hablar más públicamente sobre el tema. Dio una charla TED[23] ese febrero en Monterey, California. La gente no olvida porque el cerebro ha olvidado recordar, explicó. La gente pierde la memoria porque el cerebro empieza a representar las cosas que ve, oye y siente de forma menos relevante. «Cuando eres joven y ves algo sorprendente, tus ojos se sienten atraídos por ello. Te brillan los ojos, literalmente. Tus ojos toman una serie de capturas instantáneas que revelan información sobre lo que hay ahí fuera». Estas capturas instantáneas dejan una huella en el cerebro, que mantiene activa la maquinaria. Pero a medida que la huella de lo que se ve u oye es menos clara y viva, la maquinaria que hay detrás empieza a funcionar menos. Como consecuencia, empiezan a producirse pérdidas de memoria y deterioro neurológico. Más adelante, la maquinaria se vuelve cada vez más inactiva y, finalmente, empieza a morir.

Mike, por supuesto, creía que había un antídoto para todo esto.

No basta con mantener la mente activa para solucionarlo. Para contrarrestar de verdad el deterioro de la maquinaria cerebral, creía que lo que se necesita son actividades muy específicas que supongan un reto. Esos retos para mantener el cerebro en forma podían consistir en un aprendizaje continuo, como aprender un idioma extranjero o a tocar un instrumento musical, como la guitarra, por ejemplo. O, lo que según él sería la tendencia del futuro: «aeróbic cerebral».

Los juegos interactivos basados en la plasticidad cerebral podrían activar los mecanismos naturales de aprendizaje del cerebro. Los juegos creados específicamente para activar las partes del cerebro que de otro modo se deteriorarían podrían compensar el declive de las capacidades cognitivas. A medida que la comunidad científica mejoraba su comprensión de los problemas neurológicos específicos, se sentía más segura de que se podían diseñar actividades de entrenamiento para aprovechar la plasticidad del cerebro y crear y reforzar vías neuronales para obtener resultados específicos. Con

23. http://www.ted.com/talks/michael_merzenich_on_the_elastic_brain

la mejora de las tecnologías informáticas, esos métodos de entrenamiento aeróbico cerebral podrían ser más avanzados y precisos. Mediante el uso de complejos algoritmos, podrían monitorizar las respuestas y ajustarse de forma que aumentaran el compromiso, y personalizarse para abordar las deficiencias individuales.

Como tantas otras charlas TED inspiradoras, esta también parecía pura ciencia ficción para el público. Si fuera cierto, si la gente pudiera mantener sus capacidades cognitivas tan solo un poco más, sería uno de los descubrimientos más fenomenales del siglo. Sin embargo, Mike ya había iniciado los pasos para hacerlo realidad. Unos meses antes, había fundado Posit Science, la empresa que comercializaría el «aeróbic cerebral» con una serie de juegos de ordenador interactivos.

Habían elegido el nombre «Posit» a propósito: significa «adelantar o avanzar» y reflejaba su esperanza de lograr un cambio positivo en la vida de las personas. «Science» también nos decía algo: no se trataba de superstición o creencia, ni tampoco de entretenimiento; no era una empresa de juegos, sino un emprendimiento científico que fabricaba un producto de calidad médica diseñado para ayudar a las personas con disfunciones en sus capacidades cognitivas, ya fuera por envejecimiento o por lesiones.

Me crucé por primera vez con Posit Science en 2009. Solo hay otra organización que haya conocido y que me haya parecido similar por la forma en que percibí la cultura, los empleados y lo que decían sobre por qué se habían unido a la empresa y qué esperaban conseguir allí: la otra era la Fundación Bill y Melinda Gates. Todos los empleados de Posit Science se habían incorporado por razones altruistas. Se habían unido para hacer un bien social y para devolver algo a la sociedad. Posit Science pagaba a la gente bastante bien, pero los salarios estaban quizá un 15 % por debajo de la media de mercado en San Francisco. Lo mismo pasa en la Fundación Gates, donde los salarios suelen ser inferiores a los del mercado en Seattle y todos los empleados tienen alguna motivación altruista para incorporarse. En ambos casos, las personas que se unen a estas organizaciones creen en la misión y cada una de ellas tiene la sensación de contribuir a un bien mayor.

Posit Science como tribu estaba formada por tres subtribus distintas: los científicos, neurocientíficos que habían realizado la investigación original; los desarrolladores de juegos, que fabricaban el producto, y los de negocio, que llevaban ese producto al mercado. Independientemente de su procedencia, todos compartían la visión, la misión y el propósito, y creían en Mike Merzenich. Aunque todos recibían una remuneración adecuada por su trabajo, todos estaban allí por razones altruistas, para devolver algo a la sociedad. Si solo fuera por el dinero, estarían trabajando en otro sitio. Así pues, había tres grupos sociales distintos, pero el propósito (la visión y la misión) de Posit era el factor unificador que los convertía en una supertribu muy cohesionada.

Juntos, el equipo de investigación y los desarrolladores de juegos se esforzaron por sacar las tecnologías de los laboratorios y ponerlas en manos de la gente, a quienes podían hacer el mayor bien. A los que lo necesitaban con más urgencia y, a los que más interesaban a Posit, los ancianos. ¿Podría el entrenamiento basado en la informática ayudarles a conservar su «cerebro»? ¿Podría permitirles ser más infantiles y captarlo todo más intensamente? Posit estaba desarrollando un conjunto de ejercicios llamado Brain Fitness Program.

Lo que el Dr. Merzenich y Posit Science pretendían con su programa de aeróbic cerebral era tratar los tres problemas clave del deterioro cerebral: la ralentización de la velocidad de procesamiento del cerebro, el debilitamiento de las señales de los sentidos al cerebro y la disminución de la producción de sustancias químicas cerebrales clave. Creían que, presentando los estímulos adecuados, en el orden adecuado y en el momento oportuno a través de programas intensivos, repetitivos y con desafíos progresivos, podrían hacer frente a los tres problemas. Creían que los juegos y el entrenamiento cerebral eran la solución.

Ninguna otra especie juega tanto con los objetos y con el lenguaje como los humanos. Nos pasamos mucho tiempo buscando una gran variedad de entretenimientos. Nos gusta disfrutar. Esto, por supuesto, no es casualidad, ya que el juego es una importante herramienta evolutiva. El desarrollo físico, cognitivo y social, así como el entrenamiento general para emergencias y catástrofes, tienen sus raíces en las actividades lúdicas o en los juegos de simulación. Como dice Francis Steen, de la Universidad de California en Los Ángeles, el juego es una adaptación evolutiva para el aprendizaje, es una especie de simulador que permite tanto a niños como a adultos imaginar y ensayar diferentes escenarios con poco riesgo.[24] Para Posit, esos escenarios imaginarios y lúdicos podrían ayudar a producir cambios muy necesarios en el cerebro.

La extraordinaria y noble causa de Posit Science había atraído la atención de los inversores. La *startup* había recibido su primera ronda de financiación y había comenzado a operar el 1 de octubre de 2003. Con el dinero en su poder, fue posible reunir un consorcio mundial de científicos del cerebro para desarrollar, probar, perfeccionar y validar ejercicios que rejuvenecieran el cerebro. En los primeros años, probaron esos juegos en unas pocas residencias de ancianos seleccionadas, donde instalaron centros de aprendizaje para observar los efectos de los juegos en los residentes. Buscaban mejoras en la función cognitiva (o ausencia de ellas) derivadas de sus ejercicios. Los científicos, decididos a disponer de una tecnología clínicamente probada, necesitaban datos sustanciales de que sus ejercicios de entrenamiento cerebral funcionaban antes de comercializar sus productos.

Para resumir el contexto: tenemos una *startup* de reciente creación, financiada con capital riesgo, con una visión poderosa y unificadora que emplea a líderes mundiales neurocientíficos y a desarrolladores de juegos de éxito comercializando ciencia totalmente nueva en la industria médica, altamente regulada, con un mercado incipiente y no probado, situada en el centro de alto coste y de alta tasa de gasto de la industria tecnológica mundial, San Francisco, California. Esto es lo que les define.

A finales de 2005, Posit obtuvo resultados positivos. Durante la reunión anual de la *Society for Neuroscience* en Washington, Mike Merzenich presentó los resultados de uno de los primeros estudios sobre juegos cerebrales. El estudio[25] mostraba que los participantes en el programa habían

---

24. https://www.newscientist.com/article/mg21428610.300-human-nature-being-playful/

25. http://www.brainhq.com/news/brain-training-program-enhances-memory-cognition

mejorado en diez o más años de media su estado neurocognitivo. El estudio se había realizado en Rossmoor, una comunidad de jubilados cerca de San Francisco (California), con 95 voluntarios de entre sesenta y uno y noventa y cuatro años. Los investigadores compararon los resultados de las evaluaciones cognitivas y de memoria de los participantes inscritos en sesiones de entrenamiento de cuarenta y una horas con un grupo de control que utilizaba un ordenador y con un grupo sin contacto. Los participantes que utilizaron el programa de entrenamiento basado en la plasticidad cerebral habían mejorado. Los participantes que habían completado los niveles más difíciles de ejercicios mostraron mejoras aún mayores. Poco después, Posit Science sacó a la venta el primer CD-ROM del Brain Fitness Program. En marzo de 2006, empezaron a venderlo a través de una red de socios. El precio era de 395 USD para un usuario. Era caro, pero el valor iba mucho más allá de los dólares, o eso creía Posit y su equipo de científicos.

El lanzamiento de este producto representó el primer gran hito y punto de inflexión en la historia de Posit Science. Hasta entonces, habían estado en modo científico: investigando, experimentando y quemando poco a poco el capital de sus inversores. Ahora, en 2006, eran una empresa que quería ganar dinero con su producto y esperaban llegar, algún día, a tener un *cashflow* positivo y no necesitar más inversiones para seguir operando.

Los puntos de inflexión en la historia de una organización son siempre buenas oportunidades para introducir cambios. Los puntos de inflexión pueden adoptar muchas formas:

* Lanzamiento de un primer producto
* Realizar una ronda de inversión
* Llegada de un nuevo CEO o líder
* Salida de una persona clave (normalmente un fundador o el creador de la propiedad intelectual)
* Fusión, adquisición, desinversión, absorción
* *Initial Public Offering* (salida a bolsa de una empresa de propiedad privada por primera vez)
* Cambios normativos, jurídicos, políticos o económicos importantes (como una crisis financiera o una pandemia)
* Externalización y/o deslocalización del trabajo
* Reorganización de la empresa
* Reestructuración de costes
* Llegada de un nuevo competidor disruptivo o un nuevo modelo de negocio (como lo que ocurrió con las aerolíneas de bajo coste en los años 80 y 90)
* Llegada de una innovación disruptiva a un mercado (como con los aviones comerciales a reacción en el negocio del transporte de hidroaviones y transatlánticos, y lo que sucedió a finales de la década de 1950).

Es famosa la expresión «los 100 primeros días». Se utiliza, por ejemplo, para referirse al mandato de un nuevo presidente y jefe de estado, o de un nuevo líder en una organización. Los 100 días empiezan con el punto de inflexión y duran aproximadamente tres meses. Durante este periodo, todo el mundo se está adaptando a la turbulencia, y un nuevo líder llega a culpar a su predecesor o a las condiciones que existían antes de que tomara el control. Como consecuencia del punto de inflexión —o del empeoramiento de las condiciones que existían antes del mismo—, metafóricamente hablando una condición de «calentamiento global», un calentamiento que acaba forzando el cambio, provocando algún punto de inflexión diseñado, (como la reorganización de la empresa), el nuevo líder tiene la oportunidad de hacer cambios sin mucha resistencia.

Posit tenía un nuevo producto en el mercado, pero había tardado mucho en sacarlo adelante y el código del software era inestable. La empresa aprovechó la oportunidad para contratar a un nuevo jefe de desarrollo de software, David Hoffman.

Hoffman no tardó en darse cuenta de que Posit sufría un problema común a las jóvenes empresas de software: su código de software era frágil, difícil de mantener y la ingeniería de su producto era tal que podía describirse como un prototipo. Esto es típico de los productos de software de primera generación, en los que la atención se ha centrado en la exploración de la funcionalidad y las características necesarias para servir a un mercado más que en la integridad del código y su arquitectura subyacente. Fue documentado por primera vez por Fred Brooks en su obra clásica, *The Mythical Man Month*,[26] en la que decía: «Planea deshacerte de uno, porque lo harás en cualquier caso». En otras palabras, la primera generación de un producto siempre tiene un código de mala calidad interna, y la empresa descubre que debe desechar el código y empezar de nuevo con un producto de segunda generación.

Hasta este punto de su historia, Posit Science no era una *startup* típica de Silicon Valley. Desde su fundación, los empleados habían trabajado en horarios normales y humanos, que les permitían pasar tiempo de calidad con la familia y llevar una vida sostenible. Las personas preocupadas por la salud del cerebro sabían muy bien que esto no se lleva bien con la sobrecarga. Quizá más que cualquier otra organización de desarrollo de software del planeta, los desarrolladores de Posit Science comprendían el daño que les podía hacer estar trabajando demasiado y, a la vez, estar ansiosos, sobrecargados y estresados. Sin embargo, este confortable equilibrio entre vida laboral y personal que había caracterizado la historia de Posit hasta el momento estaba ahora sometido a tensión y pronto se rompería. El frágil código en el que se basaba el Brain Fitness Program estaba generando mucho trabajo a medida que se descubrían defectos, y el mantenimiento para añadir pequeñas mejoras era mucho más problemático de lo previsto. Mientras tanto, Posit había empezado a trabajar en un producto de segunda generación, un conjunto de juegos que se llamaría Insight. A medida que las cosas se volvían más complejas, las cosas empezaron a complicarse. La urgencia del trabajo estaba erosionando poco a poco su equilibrio entre vida laboral y personal, y el departamento de Hoffman estaba, en consecuencia, cada vez más ansioso y estresado.

---

26. Brooks, Frederick P. *The Mythical Man-Month: Essays on Software Engineering*, Anniversary Edition (2 ed.). Reading, MA: Addison-Wesley, 1995.

Hoffman decidió que tenía que pasar a la acción. Era hora de empezar de nuevo, y tenían que desarrollar una nueva arquitectura del sistema y un nuevo conjunto de código de software más limpio, mucho más robusto y fácil de mantener. Estaba creando su propio punto de inflexión más pequeño como respuesta al problema del calentamiento global en su departamento. Desecharon la base de código existente y empezaron desde cero con el nuevo producto, aprovechando esta oportunidad para introducir una nueva forma de trabajar. El departamento adoptó la metodología de desarrollo Agile de software conocida como Scrum. Los desarrolladores del producto estaban motivados y preparados para el cambio. Aprovecharon la oportunidad con rapidez. Llegaron consultores y formadores, y se adquirió una popular herramienta informática de gestión de proyectos ágiles para ayudar a todos a hacer un seguimiento del trabajo e informar de los progresos.

Posit Science: auge y caída de Scrum (1ª parte)

David Hoffman contrató a un director de proyectos para dirigir los cambios y ayudar a su organización a sacar adelante todo el trabajo que se estaba acumulando. Es en este punto cuando Janice Linden-Reed entra en esta historia y en nuestra historia, la historia Kanban. Janice tenía una larga carrera, que comenzó a principios de los 90, como diseñadora de juegos, productora y ejecutiva en empresas como Maxis y Total Entertainment Network (TEN). Se incorporó a Posit como directora de proyectos senior, atraída a la empresa por un amigo cercano, antiguo desarrollador de juegos que se había incorporado al equipo ejecutivo de Posit. Lo primero que notó fue la conciliación de la vida laboral y familiar. La industria del videojuego no tiene la mejor reputación en cuanto a mantener un ritmo de trabajo sostenible. En sus anteriores trabajos había pasado demasiadas noches durmiendo debajo de la mesa con una interminable pila de trabajo encima. En términos relativos, Posit era mucho más relajado.

Con la decisión de adoptar Scrum, David Hoffman creyó que su gente podría trabajar de forma más inteligente en lugar de más intensa.

Adoptar Scrum cambió muchas cosas en Posit, desde la distribución de la oficina y la división del trabajo en piezas más pequeñas que podían completarse antes, hasta la variedad de nuevas reuniones, como la *daily scrum* y la periódica *sprint planning*; el cambio encantó a los empleados. El primer año fue difícil. No estaban acostumbrados a la abrumadora transparencia que suponía utilizar una herramienta Agile de seguimiento de la gestión de proyectos en la que todos podían ver el estado de todo su trabajo en cualquier momento. Ninguno de los desarrolladores estaba acostumbrado a examinar de cerca su propio trabajo con tanta regularidad, pero necesitaban desesperadamente cambiar su forma de trabajar. La forma anterior no era sostenible. Con el tiempo, se acostumbraron y las cosas empezaron a mejorar. Con una mejor idea de lo que estaba pasando, entregaban más rápido. El cambio a Scrum fue ampliamente considerado como una cosa buena.

Scrum es ideal para organizaciones de baja madurez que buscan añadir procesos y aportar algo de control al caos de su entorno. Uno de los creadores del enfoque Scrum, Ken Schwaber, llamó a su sitio web original *controlchaos.com*. Ken sabía exactamente qué tipo de problemas estaba tratando de resolver con el diseño de Scrum, y la decisión de David Hoffman de adoptarlo en Posit fue totalmente apropiada.

Posit solo modificó una vez la definición estándar de Scrum: acordaron un periodo de tres semanas para cada *sprint* en lugar de las dos habituales. Parte del proceso de Posit eran las «pruebas de validación clínica». No se trataba de comprobar si el software tenía defectos, sino de probar la funcionalidad completa —el juego cerebral real— para validar que cumplía con la ciencia subyacente. Las pruebas de validación clínica demostraban si el producto ofrecía los resultados clínicos previstos y los beneficios médicos esperados. Eso suponía probar el producto con pacientes para medir y validar las mejoras esperadas en su función cerebral. Esto lleva tiempo; el juego inicia un proceso químico en el cerebro para reforzar las vías neuronales. Para ver resultados hacen falta al menos unos días, posiblemente más. En consecuencia, se necesitaba un mínimo de una semana para probar clínicamente las nuevas funciones. Teniendo en cuenta esta sobrecarga para cada *sprint*, decidieron que se necesitaban dos semanas para desarrollar una funcionalidad suficiente para que mereciera la pena probarla con pacientes y, por lo tanto, se necesitaba una tercera semana para recopilar los resultados de las pruebas. Aunque los productos de Posit, y el campo general de la plasticidad cerebral, aún no estaban regulados por la *US Food and Drug Administration* (FDA), Posit procedió como si lo estuvieran. Su formación como científicos no les permitía escatimar en eficacia. Sus carreras y reputaciones dependían de que estos juegos de aeróbic cerebral cumplieran sus afirmaciones clínicas. Con las pruebas clínicas no se podía transigir.

Scrum les proporcionó un ritmo regular. Evitaron sobrecargarse demasiado. Tuvieron tiempo y espacio para diseñar y codificar la serie de juegos Insight con mucha más calidad que el Brain Fitness Program que lo precedió. Insight se lanzó con éxito en 2007. Como tantas historias Scrumban, la historia de Posit comienza con una adopción adecuada y exitosa de Scrum.

Puntos clave

- Scrumban es un nombre que implica la aplicación del Método Kanban a un flujo de trabajo de prestación de servicios que previamente ha adoptado el uso de Scrum.

- Scrumban tiene dos motivaciones principales: la mejora utilizando Scrum se ha estancado, o las circunstancias externas han cambiado de tal manera que Scrum ya no es adecuado y no ofrece los niveles necesarios de satisfacción del cliente.

- Scrumban no es un proceso. En cambio, implica un viaje. Scrumban sugiere una historia de cómo una organización evoluciona a partir de la utilización de Scrum como una metodología de proceso definido y prescriptivo hasta su propia solución de proceso único evolucionado y adaptado.

- Posit Science es una empresa de juegos de entrenamiento cerebral que emplea a algunos de los neurocientíficos más eminentes del mundo.

- El Dr. Michael Merzenich, fundador de Posit Science, tuvo la visión de prolongar la vida útil del cerebro y mejorar la calidad de vida de las personas mayores, permitiéndoles mantener su independencia y sus funciones cognitivas básicas durante más tiempo.

- Tanto los inversores como los futuros empleados aceptaron esta visión.

- Muchos empleados de Posit Science creían que estaban haciendo un bien social y devolviendo de forma altruista a la sociedad.

- Los juegos de Posit Science para entrenar el cerebro eran productos de calidad médica, clínicamente probados, con un precio caro.

- El lanzamiento de su primer producto representó un punto de inflexión en la historia de Posit Science.

- Posit aprovechó el lanzamiento del primer producto para nombrar a un nuevo director de desarrollo de productos, que a su vez contrató al primer director de proyectos de la empresa.

- El primer producto tenía una arquitectura deficiente y el código base era frágil.

- Para el lanzamiento de un segundo producto, desarrollaron una nueva arquitectura del sistema y un nuevo conjunto de código más limpio, robusto y fácil de mantener.

- Se percibía que Posit necesitaba una mejor forma de trabajar, y el nuevo director de desarrollo aprovechó sus primeros 100 días para introducir el uso de Scrum.

7

Proto-Kanban

Cómo empezar con Kanban en una
organización de baja madurez

Posit empleaba a casi 100 personas en el centro de San Francisco; con
una tasa de gasto que en 2007 debía de superar con creces el millón
de dólares al mes. Se esperaba que, con dos productos en el mercado, los
ingresos por ventas empezarían a mejorar el flujo de caja. El dinero de
los inversores no duraría para siempre. Si los ingresos no mejoraban, era
previsible que la empresa se quedara sin dinero. La atención de los ejecutivos empezó a pasar de la ciencia y el desarrollo de productos a las
finanzas y las ventas.

Posit Science: auge y caída de Scrum (2ª parte)

Janice se esforzó por aprender todo lo que había que saber sobre Scrum para
poder ayudar a los desarrolladores a utilizarlo mejor. Llegó a creer mucho en sus
enseñanzas. Apreció la predictibilidad, la honestidad y la ausencia de miedo.
Por mucho que le gustara, poco a poco comenzó a notar que los desarrolladores seguían experimentando muchos problemas. Aún quedaba demasiado
trabajo por hacer. Aparte de la creación de los juegos, el grupo de desarrollo
tenía una infinidad de cosas que hacer. Una de ellas era dar soporte a los usuarios del programa Brain Fitness. Otra era participar en la investigación científica
de los nuevos juegos. Además, trabajaban con los centros de aprendizaje de
las residencias de ancianos y debían conocer y cumplir los requerimientos de
la FDA y de otros organismos. Además, colaboraban en el estudio IMPACT, un
proyecto conjunto de la Clínica Mayo y la Universidad del Sur de California, el

estudio más sofisticado realizado hasta la fecha sobre la eficacia de los juegos de entrenamiento cerebral. Además de todo eso, los desarrolladores también trabajaban en estrecha colaboración con los departamentos de marketing y ventas. El número de fuentes de demanda y el impacto que tenía en el trabajo diario de los desarrolladores iba creciendo a medida que pasaba el tiempo y crecían tanto las líneas de productos como la base de clientes.

Janice se dio cuenta de que, por mucho que intentara ayudar, todas estas exigencias eran abrumadoras. Fue testigo de lo inaguantable que esto estaba siendo para los desarrolladores. Las reuniones de planificación eran largas e insoportables, los *sprints* se interrumpían con trabajo preventivo y urgente, y los desarrolladores y *testers* estaban agotados. Casi siempre demasiado optimista, el equipo de desarrollo asumía más de lo que podía y no se atenía muchos de los plazos, incumpliendo promesas. La confianza entre los responsables de negocio y los desarrolladores empezó a deteriorarse. Las dudas sobre su capacidad de entrega flotaban como un mal presagio en el ambiente de su oficina de San Francisco.

La reunión de planificación del *sprint* cada tres semanas era temida por todos. La situación empeoraba a medida que el *backlog* crecía más que nunca. A principios de 2008, la lista de deseos de los propietarios del negocio, clientes y *stakeholders* reguladores había crecido hasta superar las 800 peticiones. La planificación de los *sprints* se había convertido en un evento intenso en el que los desarrolladores tenían que decidir en qué trabajar y qué dejar para más adelante. El reto de seleccionar unos cuarenta elementos de un conjunto disponible de más de 800 era abrumador. Cualquier nueva solicitud para el *backlog* debía analizarse y desglosarse en las denominadas historias, que se consideraban lo suficientemente pequeñas como para completarse en un *sprint*. Luego había que estimar las historias para determinar el número previsto de horas de trabajo. A continuación, se realizaba un triaje para elegir el trabajo que debía empezar inmediatamente frente a todo lo demás, que debía esperar hasta más tarde. En cada reunión de planificación del *sprint* había siete grupos de *stakeholders*, con dos representantes de cada grupo, además de dos desarrolladores, y Janice como facilitadora. En un campo tan especializado como la ciencia de la plasticidad cerebral, cabe esperar una plantilla muy especializada, y una vez añadidas las funciones empresariales —incluida la atención al cliente—, es fácil entender por qué era necesaria la asistencia de tanta gente. Todo el mundo se quejaba de estas reuniones. Eran demasiado largas, estresantes y parecían añadir poco valor, ya que los *sprints* se interrumpían constantemente con nuevo trabajo que era urgente y crítico. Nadie quería seguir participando en ellas, simplemente querían trabajar. Algunas personas dejaron de asistir por completo. Como suele ocurrir cuando las personas con información valiosa no asisten, no participan en el debate y no contribuyen a las decisiones, el resultado es una toma de decisiones de mala calidad. Esto da lugar a más quejas sobre las malas decisiones, y se produce un círculo vicioso. Janice hacía todo lo que se le ocurría para que la reunión de planificación fuera un poco más llevadera. Llevaba juguetes para que los asistentes pudieran entretenerse con ellos y aliviar parte de su frustración. Sin embargo, las reuniones eran tan intensas que el alivio era insuficiente para cambiar las cosas. Janice llegó a temer esas reuniones. Le quitaban el sueño. Sufría ansiedad e inquietud por saber cómo iría cada nueva sesión de *sprint planning*.

Lo que ocurría en Posit era que sus circunstancias estaban cambiando lentamente. Se encontraban una vez más (metafóricamente hablando) en una situación de calentamiento global. Las cosas se iban caldeando lentamente de tal manera que en el día a día nadie se daba cuenta de los cambios, pero visto con una mayor perspectiva temporal, estaba claro que la situación se estaba deteriorando. A medida que se agotaba la financiación de los inversores, aumentaba la presión del negocio para que los productos generaran ingresos. Había mucha más complejidad y urgencia en el ambiente. El negocio se había vuelto reaccionario a cada oportunidad de generación de ingresos o de inversión que se presentaba. Planificar cada tres semanas no era suficiente. Las condiciones que habían permitido el éxito de un flujo de trabajo Scrum con éxito ya no existían.

Demasiados elementos de trabajo bloqueados (debido a algo aún más urgente y crítico) implicaba un aumento de la multitarea. Los entregables tardaban más en completarse y las *releases* eran cada vez más impredecibles. Los desarrolladores estaban agotados y quemados. Algunos en la empresa pensaban que simplemente eran perezosos. Las relaciones eran tensas. Janice creía que la suposición de pereza y falta de motivación era injusta y falsa. Quería ayudar a su departamento de desarrolladores. Se sentía directamente responsable. Inició conversaciones para ayudar a entender qué iba mal y cómo mejorarlo. Empezó a investigar si otras organizaciones de desarrollo de software tenían problemas similares. Buscó consejo donde pudo. Descubrió que los consultores y *coaches* contratados por su proveedor de software de gestión Agile de proyectos no eran de gran ayuda. Culpaban a los desarrolladores, diciendo que no se adherían a todas las reglas de Scrum, que carecían de disciplina. Los consultores argumentaban que Scrum no podía ir mal si se aplicaba correctamente, decían. No podía fallar; si las cosas no funcionaban, solo podía ser culpa de las personas implicadas.

Janice consideraba que la orientación de sus *coaches* externos era insatisfactoria, incluso insultante. Eran un equipo profesional de desarrolladores de juegos de éxito y de neurocientíficos doctorados. ¿No era probable que hubieran necesitado mucha disciplina para alcanzar el éxito en sus carreras? Y, si podían revertir los efectos del envejecimiento cerebral, ¿no era también probable que fueran capaces de leer y seguir una simple receta de proceso prescriptivo como la Guía Scrum? Janice sabía lo inteligentes que eran estas personas, lo dedicados que estaban al producto, y lo motivados que estaban para utilizar sus conocimientos y experiencia en beneficio de aquellos que podrían necesitar ayuda para aumentar su poder cerebral. No eran vagos. No eran rebeldes. Resultaba chocante que sus asesores les trataran con tanta falta de respeto.

Lo que Janice estaba escuchando de los consultores tenía sus raíces en la orientación de Ken Schwaber, co-creador de Scrum, quien dijo: «Scrum está diseñado para trabajar en un contexto. Tu trabajo es crear el contexto para que Scrum funcione para ti».

Esta afirmación define realmente a Scrum como la antítesis del enfoque de Kanban de «empezar-con-lo-que-se-hace-ahora». Scrum requiere que cambies tu contexto para facilitar el método de trabajo. Está enfocado hacia el interior y es de naturaleza interesada. Desde la perspectiva de un desarrollador: «Como me siento sobrecargado y estresado por el caos que me rodea, todo en mi mundo debe cambiar para facilitarme hacer mi trabajo sin interrupciones y con alta calidad.»

Kanban asume el contexto que se tiene y permite que la forma de trabajar evolucione, se ajuste y optimice su entorno. Scrum requiere que cambies el entorno. En Posit, parecía que no controlaban su entorno, su mercado o sus malas circunstancias; se estaban quedando sin dinero y estaban desesperados por mantener su visión a flote, sobreviviendo como podían.

Lo que había permitido el éxito de Scrum en Posit un año antes había sido que su mundo aún no era lo suficientemente caótico. Todavía no era lo suficientemente complejo. Mientras desarrollaban un solo producto con un montón de capital de los inversores para gastar, el entorno era relativamente simple. Introducir horizontes de planificación de tres semanas y pequeños lotes de trabajo para encajar en esas tres semanas era fácil. A medida que pasaba el tiempo y la escala aumentaba (con más productos, más clientes y otros stakeholders y un backlog cada vez mayor de trabajo en su lista de deseos) y con una presión cada vez mayor para conseguir ingresos y oportunidades de negocio a medida que el capital de los inversores se agotaba, Scrum simplemente dejó de funcionar para ellos. No fue culpa de nadie. No fue una falta de disciplina. Tampoco fue una incapacidad para controlar el entorno y crear el contexto en el que Scrum funcionara con éxito. Sugerir que Posit podría haber modificado su entorno para resolver sus problemas, era, y sería hasta el día de hoy, un pensamiento ilusorio. «Si solo tuviéramos inversores con más dinero y más capital paciente detrás de nosotros, entonces Scrum nos funcionaría». «Si las nuevas oportunidades de negocio no llegaran con tanta frecuencia y de forma impredecible, requiriendo pruebas de concepto y demostraciones, programadas a conveniencia del cliente, entonces Scrum nos funcionaría.» No hay pensamiento ilusorio en Kanban, y si te encuentras diciendo: «Si tan solo . . .» entonces ya te has desviado del camino del pragmatismo.

Janice siguió buscando explicaciones e ideas para ayudar a sus desarrolladores. Durante meses aprovechó cada momento libre para ver seminarios web, leer entradas de blog y mantener conversaciones con algunos de los mejores en este campo. En su trayecto de ida y vuelta al trabajo escuchaba varios podcasts todos los días.

Un día se topó con un blog que describía problemas como los de Posit. En el post, el autor explicaba cómo, en un intento de resolver sus problemas, habían dejado de hacer una de las prácticas esenciales de Scrum: habían abandonado el uso de *sprints* de dos semanas. En lugar de empeorar su rendimiento, como les habían advertido los consultores de desarrollo de software Agile, les había ayudado. La «autorización» para este cambio procedía de otra entrada del blog, un informe de una presentación de Corey Ladas durante la *Agile Conference* en Toronto de 2008. De la sesión de Corey, el autor se había quedado con que había otro camino a seguir si Scrum no funcionaba en sus circunstancias: utilizar Kanban era *un camino alternativo hacia la agilidad*. De solo estas dos entradas de blog, a Janice le gustó cómo sonaba Kanban. Limitar el trabajo en curso (WIP) parecía un concepto simple pero poderoso.

Fascinada por la afirmación de que el fallo no estaba en los desarrolladores sino en su método de trabajo, le tocó a Janice introducir un pequeño punto de inflexión. Sugirió a Posit que hiciera un cambio e introdujera Kanban.

Posit Science: Kanban es rechazado

Janice estaba segura de que sus colegas aceptarían cualquier tipo de mejora, pero para su sorpresa, rechazaron cualquier cambio sugerido. ¿Tal vez Scrum se había convertido en una parte demasiado importante de su identidad? Durante dos años sus *coaches* externos les habían taladrado sus reglas y prácticas. Scrum se había hecho popular en el área de la Bahía de San Francisco, y había una alta presión social entre los compañeros de profesión para ser vistos como parte del movimiento. A la vez, habían sido criticados, menospreciados y ridiculizados por su incapacidad para hacer que a ellos les funcionara. Se les hacía sentir culpables por su falta de disciplina. No querían ser vistos como desertores. Había un cierto riesgo de ostracismo social profesional por tomar un rumbo diferente. Scrum tenía que quedarse.

A Janice le parecía que, si bien Scrum había funcionado bien en aquellos primeros días, las circunstancias habían cambiado de tal manera que las políticas y prácticas de Scrum estaban literalmente perjudicando a los desarrolladores. Y, sin embargo, se resistían al cambio. La idea del cambio parecía ser aún más dolorosa que su situación actual. Desconcertada, siguió leyendo todo lo que encontraba, tratando de entender mejor Kanban.

Empezó a darse cuenta de algunos de los males descritos en la incipiente literatura sobre Kanban de la época. Durante la reunión diaria del equipo, estaba claro que los desarrolladores estaban trabajando en prácticamente todo lo que había en el *sprint*, todo al mismo tiempo. Había mucha multitarea, y las personas estaban claramente sobrecargadas. Nunca se le había ocurrido lo problemático que era esto hasta que leyó sobre la limitación del trabajo en curso. Mientras que ella podía ver los problemas —y una solución— su equipo no quería desviarse de la definición de Scrum que habían sido entrenados para seguir.

Janice pensaba que Scrum no decía nada sobre limitar el WIP. Ella nunca había oído eso, ni había sido mencionado por ninguno de los coaches externos profesionales de Posit. En realidad, hay que buscar profundamente en la literatura de Scrum, y volver a sus primeros días, para encontrar consejos de Jeff Sutherland, el otro co-creador de Scrum, para encontrar una mención al foco. Se supone que los miembros del equipo deben centrarse y no empezar demasiado trabajo a la vez. Sin embargo, esta orientación nunca especificó un límite al WIP o incluso el concepto de una política para limitar el WIP. Se trataba simplemente de un consejo general, redactada en términos vagos, que sugería que las personas no debían sobrecargarse voluntariamente. En 2008, era raro encontrar un coach que ni siquiera supiera, y mucho menos enseñara, esta práctica Scrum relacionada con el foco.

Janice no se rindió. Siguió plantando las semillas de un posible cambio y mejora. Esperó a que la gente estuviera preparada. Finalmente, David Hoffman intervino. Estuvo de acuerdo en que algo tenía que cambiar. Él mostraría el liderazgo que el departamento de desarrollo necesitaba. A veces la gente necesita ayuda para ayudarse a sí misma. Necesitan liderazgo. Estaba dispuesto a intentarlo, a probar Kanban.

Sin embargo, seguía habiendo resistencia y miedo. Los desarrolladores se opusieron a una implementación completa de Kanban y a un sistema kanban (señal) para hacer *pull* del trabajo cuando tuvieran capacidad. Janice tuvo que dar marcha atrás y reducir el alcance de los cambios. En octubre de 2008, pudo hacer solo tres cambios sencillos pero importantes: ampliar su tablero visual al análisis *upstream*, introducir límites personales de WIP y abandonar el estilo Ken Schwaber de estimar cada solicitud en horas de trabajo, sustituyéndolo por un sistema más sencillo que simplemente pedía una «talla de camiseta» que iba desde la extrapequeña a la extragrande (XS, S, M, L y XL). Se acordó por consenso que cada persona no trabajaría en más de tres cosas al mismo tiempo: Su límite personal de WIP sería de tres. Esto se visualizó en la pizarra introduciendo pequeños avatares: imanes con fotografías de los miembros del equipo. Cada persona tenía tres avatares y los colocaba junto a las entradas a las que estaba dedicando algún esfuerzo. Todo el mundo podía ver quién trabajaba en qué, quién colaboraba y qué tarjetas se estaban ignorando. Los cambios en las prácticas se resumen en la Figura 7.1, mientras que el nuevo tablero ampliado se muestra en la Figura 7.2.

	Antes	Después
Iteraciones	✓	✓
Scrum Master, PO	✓	✓
Planificación de Sprint	✓	✓
Reunión Standup Diaria	✓	✓
Product Owner Acepta	✓	✓
Demo	✓	✓
Retrospectiva	✓	✓
Estimación	Por Tarea	Por historia de usuario (Por Talla de Camiseta)
Otros		Límite WIP Por-Persona

Figura 7.1 Prácticas de implementación de Scrum en Posit Science, octubre de 2008

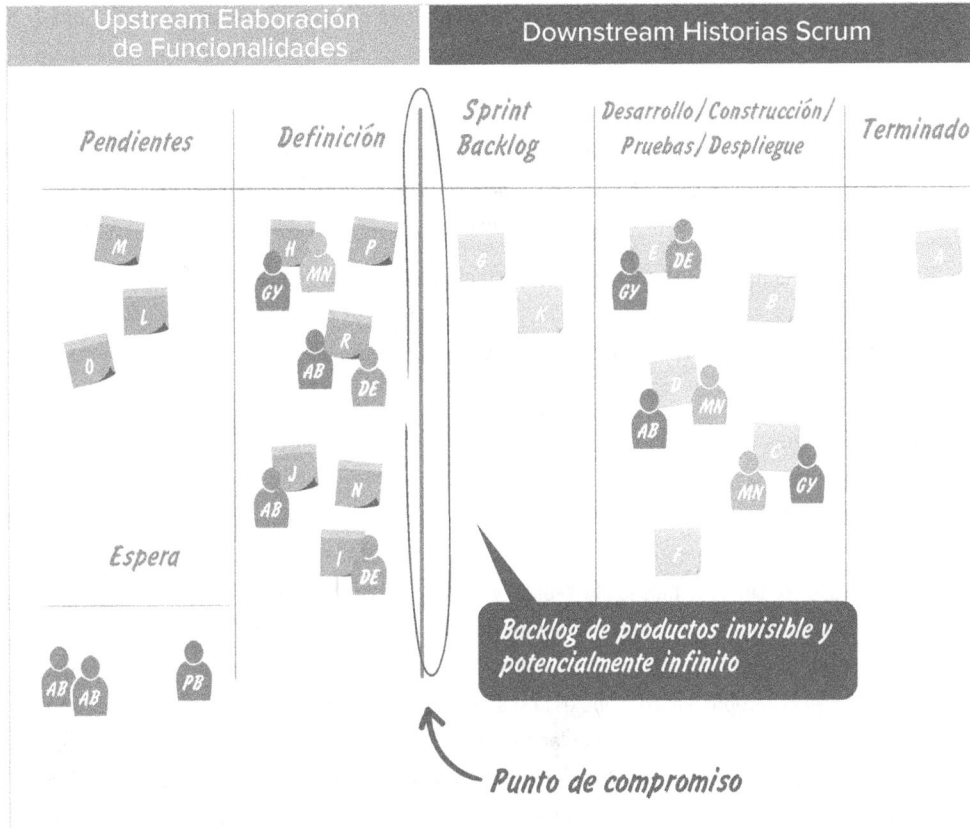

Figura 7.2 Tablero visual ampliado de Posit Science, octubre de 2008

En el tablero ampliado, el proceso Scrum se muestra en el lado derecho, o *downstream*, mientras que una actividad *upstream* para elaborar las solicitudes de los clientes (transformar una solicitud de funcionalidad en un conjunto de historias de usuario) se muestra en el lado izquierdo. Las entradas fluyen de izquierda a derecha. Cada tres semanas, la actividad de planificación del *sprint* proporciona el punto de compromiso. Las historias seleccionadas para un *sprint* se comprometen, mientras que el *backlog* del producto contiene un número potencialmente ilimitado de historias no comprometidas. El *backlog* del producto no se visualiza en la pizarra, sino que se almacena en la herramienta de software.

Esta representación visual revela algunos detalles importantes que antes quizá eran opacos: las personas que realizan el trabajo de elaboración que se muestra en la columna Definición son, de hecho, las mismas que realizan el trabajo de Desarrollo. Por lo tanto, los desarrolladores del equipo realizan múltiples tareas entre el trabajo estimado, planificado y comprometido y el trabajo de elaboración de requerimientos no planificado, *upstream*. La elaboración de requerimientos en Posit era imprevista, incontrolada y trastornadora. Parte de su incapacidad para cumplir los compromisos del *sprint* se debía a la distracción que suponía trabajar en la elaboración no planificada de requerimientos.

Como norma general, nunca queremos ver una situación en la que los trabajadores crucen un punto de compromiso y realicen múltiples tareas entre el trabajo planificado y comprometido y las solicitudes opcionales, no planificadas y no comprometidas, especialmente cuando se han asumido compromisos específicos con fechas de entrega.

Así pues, ya podemos ver que había margen de mejora en Posit. El problema era que los desarrolladores aún no estaban preparados para ello. ¿Quizás estar todos los días delante de este tablero les ayudaría a ver lo que nosotros ya veíamos? El tiempo lo diría. Janice, ahora en el papel de *coach* de Kanban, tenía que ser paciente.

La idea subyacente al cambio de enfoque en la estimación era alejarse de la precisión innecesaria. Estaba causando mucho dolor, y la exactitud de la estimación era siempre cuestionable. Un tamaño de camiseta proporcionaría una idea general de lo grande que era cada solicitud, especialmente para los *stakeholders* que no estaban familiarizados con el trabajo de desarrollo de software. Ser menos preciso era sin duda más fácil y rápido, y tendía a producir consenso. Se esperaba que también fuera más acertado, lo que les permitiría cumplir sus promesas. Janice comunicó que la única métrica importante era: «¿Cumplimos lo que prometimos?». Cumplir las promesas afecta a los niveles de oxitocina en el cerebro. La oxitocina es la sustancia química del cerebro asociada a la confianza y a otras emociones, como el amor. Al hablar a sus neurocientíficos en el lenguaje de la neurociencia, esperaba hacerles entender y hacerles reaccionar. Todo el departamento comprendió que el hipotálamo de los cerebros de los que confiaban y de aquellos en los que se confiaba produciría oxitocina cuando las entregas se hicieran según lo prometido. Cada *sprint* completado con una promesa de funcionalidad acorde mejoraría la relación entre los *stakeholders* y los desarrolladores.

Esta implementación de octubre de 2008 en Posit (Figura 7.3) no es un sistema Kanban. No hay límites de WIP asignados al flujo de trabajo, y el sistema de extremo a extremo no está exento de sobrecarga. El trabajo en el sistema puede crecer de forma ilimitada, mientras que dentro del *sprint* no hay ninguna restricción sobre cuánta multitarea puede producirse. Del mismo modo, el trabajo puede iniciarse y luego dejarse de lado durante períodos de tiempo. El trabajo en el *sprint backlog* solo está limitado por la planificación, y su eficacia depende de la precisión del proceso de estimación. Si bien existe el compromiso diferido y el *pull,* es a escala de un lote de trabajo que debe completarse a lo largo de tres semanas, mientras que un verdadero sistema Kanban funciona a escala de solicitudes individuales, un kanban (una tarjeta) por vez.

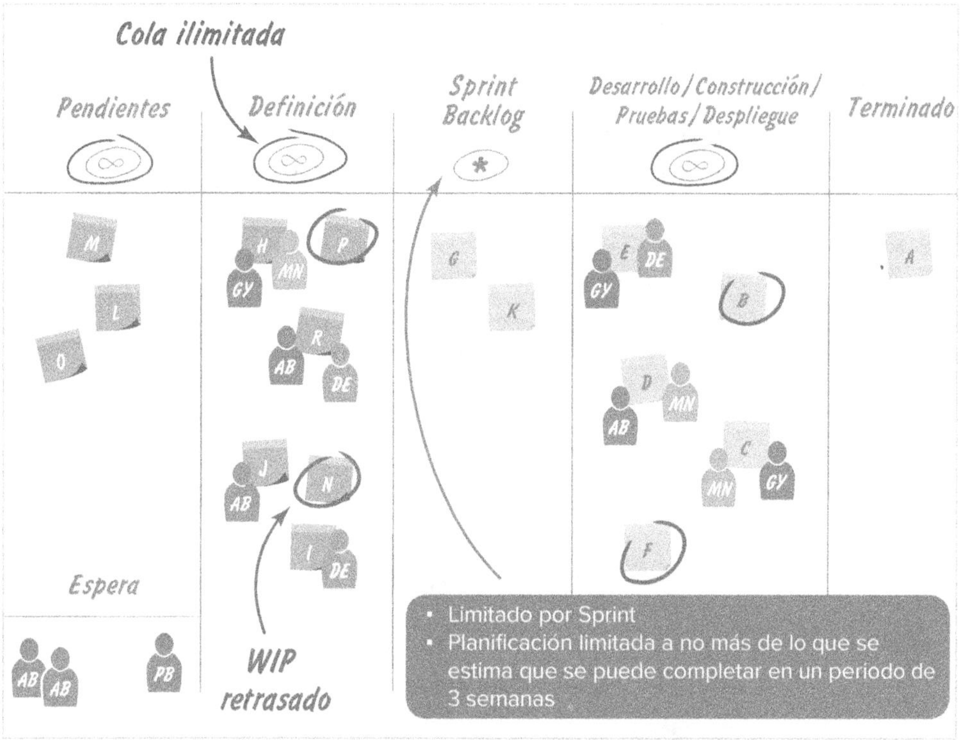

Figura 7.3 Proteger a las personas de la sobrecarga no protege a un flujo de trabajo de la sobrecarga.

Llamándolo proto-Kanban

Esta y otras variantes de implementaciones parciales de Kanban han llegado a conocerse como «proto-Kanban», término acuñado por el académico de ingeniería de software Richard Turner, antiguo miembro del *Stevens Institute*. «Proto» significa predecesor evolutivo. Estas implementaciones se llaman así por historias como esta, la de Posit Science. Como verás, este sistema kanban parcial degenerado en Posit evoluciona hacia una implementación completa y adecuada más adelante. Así pues, estas implementaciones degeneradas son, de hecho, pasos intermedios y forman parte activa del proceso evolutivo. Por tanto, esta historia no es solo una historia Scrumban, sino también una historia proto-kanban.

El término «proto-Kanban» ha caído en gran medida fuera de uso entre la comunidad de *coaching* Kanban a favor de «una implementación de baja madurez» o, más sencillamente, «Kanban de baja madurez.» Esto siguió a la llegada del Modelo de Madurez Kanban (KMM) en 2018. Junto con Teodora Bozheva, demostré que los patrones de implementación de Kanban se correlacionaban con distintos niveles de madurez organizacional. Las implementaciones proto-Kanban son típicas de las organizaciones de baja madurez. En los casos en que evolucionan hacia implementaciones Kanban completas, ilustran que la organización, y su liderazgo, maduró y exigió más de sus procesos y más de Kanban. En los casos en que la implementación no maduró, no evolucionó, se estancó, esto indica an que la organización y su liderazgo no maduraron. Este problema de estancamiento, con una organización obstinadamente atascada en un modo de funcionamiento de baja madurez, es ahora reconocido como uno de los dos modos de fracaso más comunes de una implementación Kanban.

La historia de Posit Science también ilustra uno de los primeros ejemplos registrados de uso de un límite de WIP por persona con un flujo de trabajo que implica un número de personas considerable: más de veinte. En aquel momento, otoño de 2008, este enfoque solo se asociaba al concepto naciente de Personal Kanban, que aún no se había codificado ni documentado.

Puntos clave

- Scrum funcionó bien para Posit Science y les permitió lanzar su segundo producto dentro de lo previsto.

- La complejidad de su entorno: mantener dos productos y pereguir oportunidades de ingresos mientras se creaba un tercer producto generó una presión y una ansiedad nunca vistas en Posit Science.

- Las reuniones de planificación del *sprint* se volvieron largas, estresantes y emotivas. Algunas personas se retiraron y dejaron de asistir. La asistencia intermitente provocó una toma de decisiones de peor calidad.

- Un «calentamiento global» es una circunstancia en la que algo empeora lenta y gradualmente de forma imperceptible en el día a día, pero de forma mucho más evidente en un periodo de tiempo más largo.

- El estado de calentamiento global en Posit provocó que cada vez se reaccionaba más a los acontecimientos que se sucedían y que se perdieran de vista los objetivos a largo plazo.

- Cuando Scrum empezó a romperse bajo la presión, los consultores en Agile insistieron en que la culpa era de las personas de Posit y no del proceso. Este análisis no aceptaba que las circunstancias podían haber cambiado y que Scrum ya no era la elección adecuada.

- Janice Linden-Reed descubrió Kanban a través de un debate online sobre el trabajo de Corey Ladas y su presentación sobre Scrumban en la *Agile Conference* de 2008.

- La propuesta de Janice de adoptar Kanban fue rechazada de inmediato por la organización de desarrollo de productos.

- Al cabo de un tiempo, el vicepresidente responsable del departamento aceptó que había que hacer algo y dar una oportunidad a Kanban.

- Aun así, hubo resistencia. Solo fue posible una implementación parcial, con un límite de WIP por persona, un tablero ampliado para incluir alguna función *upstream* y un cambio a un estilo de estimación menos preciso, pero quizá más acertado.

- Las implementaciones parciales, o poco profundas, de Kanban se conocen como «proto-Kanban».

- Proto-Kanban implica un predecesor evolutivo.

- El término «proto-Kanban» se acuñó porque las implantaciones parciales y poco profundas suelen conducir, con el tiempo, a una implantación completa.

- Posit Science fue uno de los primeros casos de estudio documentados en mostrar este comportamiento proto-Kanban y evolucionar hacia un sistema Kanban completo.

- El término «proto-Kanban» ha caído en desuso en los círculos de *coaching* de Kanban.
- Proto-Kanban se asocia con las implementaciones de Kanban de menor madurez, y con los Niveles de Madurez 1 y 2 del Modelo de Madurez Kanban.
- Los límites WIP por persona vistos en este caso de estudio se asocian más común-mente con Personal Kanban. Sin embargo, el uso de límites WIP por persona se ha convertido en una parte establecida de las implementaciones proto-Kanban típicas.

8

Sea paciente

Eliminando objeciones para facilitar el cambio

Los problemas de negocio descritos en el Capítulo 7 no habían desaparecido. Bajo la presión financiera, la política se convirtió en un problema dentro de Posit, y comenzaron a surgir diferentes facciones con opiniones sobre cómo debía proceder la empresa. Hubo presiones para entrar en el espacio del consumo; uno de los medios para ello sería una implementación basada en la web en lugar de los productos actuales que tendían en gran medida a la producción de CD-ROM con aplicaciones nativas y al envío de cajas físicas a través de un canal de distribución y venta al por menor.

Tanto la precisión como la velocidad que alcanzaba un usuario eran importantes para la eficacia clínica de los juegos. La integridad de los datos también era vital: perderlos o confundirlos los de distintos usuarios anularía el valor clínico del juego. Se trataba de juegos de ordenador que se recetaban como si fueran medicamentos: «Juegue a este juego quince minutos al día y su visión periférica mejorará». Se decía que había que tratarlos como dispositivos médicos y como fármacos. El personal de Posit eran científicos involucrados en un juego serio, no en el entretenimiento.

Lumosity es una marca muy conocida y con la que puede que los lectores estén familiarizados. Han invertido mucho en marketing de consumo, especialmente en anuncios de televisión. Lumosity fabrica juegos para ejercitar el cerebro, al igual que Posit. Eran y son iguales. Durante la última parte de la primera década de este siglo, Lumosity fue ganando terreno mientras Posit luchaba por ganar mercado e ingresos. La presión para copiar el liderazgo de Lumosity era fuerte. Sin embargo, si se detiene brevemente y lee con atención la publicidad o el sitio web de Lumosity, se dará cuenta de que no hacen ninguna afirmación médica sobre la eficacia de su producto. Lumosity no se rige por los mismos estándares clínicos y médicos que Posit. Es mucho más fácil tener un producto de consumo a un precio asequible para el consumidor cuando uno no se somete al mismo régimen regulador. Sin duda, Lumosity emplea a científicos especializados en plasticidad cerebral y sus productos se basan en fundamentos científicos y buenas intenciones, pero los aspectos de calidad no funcional, en los que los científicos de Posit no estaban dispuestos a transigir (como la duración de las operaciones y las pruebas clínicas previas al lanzamiento), pueden haber sido áreas en las que Lumosity pudo ahorrar costes y acelerar el *time-to-market*.

La identidad de Posit como científicos y su visión y misión para su empresa (su propósito) era fabricar productos de calidad médica que revirtieran los efectos del envejecimiento y repararan los daños causados por traumatismos como las lesiones sufridas en accidentes de automóvil o en combate. Es de suponer que Lumosity presumiblemente se veía a sí misma de otra manera, metafóricamente hablando, más en el negocio de los suplementos dietéticos que en el de los medicamentos con receta. Aunque utilizaban ideas científicas, no parecían aspirar a obtener resultados clínicos sólidos. Si sus respectivos productos se vendieran en una farmacia, los de Posit serían de mostrador o quizá «solo con receta», mientras que los de Lumosity serían de expositor. La voluntad de Lumosity de comprometerse y desarrollar una plataforma basada en la web le permitió llegar a mucha más gente y extraer una gran cantidad de información de esos usuarios de la web. En consecuencia, sus finanzas y su valoración mejoraron mucho.

Posit Science: las cosas se calientan y motivan más cambios

InSight, el nuevo paquete de juegos de Posit Science, iba a ser como el anterior Brain Fitness Program, en CD-ROM y con un precio similar. A muchos les pareció caro para el público al que iba dirigido. Poco a poco, este problema se convertiría en una preocupación cada vez mayor.

Janice siguió centrándose en los desarrolladores. Implementar un sistema proto-Kanban rudimentario fue una pequeña victoria para ella y vio que las cosas mejoraban un poco. Los desarrolladores estaban más focalizados y menos ansiosos por saber si podrían cumplir sus promesas. Aunque sintieron alivio de la sobrecarga de trabajo y disfrutaron de su límite de WIP de tres elementos por persona, los cambios hicieron poco por aliviar los problemas mayores relacionados con la entrega de proyectos enteros en el calendario previsto. El flujo de trabajo era impredecible y seguía habiendo demasiado trabajo, incluyendo la parte no planificada, como reacción a las circunstancias del momento. El equipo seguía teniendo dificultades para hacer frente a la situación. Janice se dio cuenta de que el papel más valioso que podía desempeñar era ayudar a los desarrolladores a que se dieran cuenta de lo que realmente estaba afectando a su rendimiento. Si podían verlo y sentirlo, quizá se sintieran motivados para aplicar más cambios, poco a poco. Por eso le había gustado Kanban. Su naturaleza evolutiva parecía sintonizar con la naturaleza del comportamiento humano.

Una de las formas en que les ayudó fue preguntándoles continuamente durante las reuniones retrospectivas cómo se sentían, dejándoles expresar sus frustraciones en un entorno seguro. Empezó a cambiar su vocabulario, introduciéndoles términos como «trabajo en curso», «clase de servicio», «coste del retraso», etcétera. Armados con un léxico mejor para expresar sus problemas, pudieron entrever nuevas formas de mejorar.

Lo que seguía siendo problemático era seleccionar en qué trabajar y qué dejar para más adelante. Preguntar a los responsables del negocio sobre las prioridades no ayudó: aparentemente, todo era de alta prioridad. Cuando las prioridades cambiaban porque aún no se había seleccionado algo urgente, los desarrolladores simplemente absorbían la petición, asumiendo cada vez más trabajo. Aunque individualmente se limitaban a realizar varias tareas a la vez en solo tres elementos, el flujo de trabajo se llenaba de trabajo comprometido. El problema descrito en relación con la Figura 7.3 era real. Al cabo de unos meses, se dieron cuenta de que tenían que abordar la sobrecarga de todo el sistema si querían mejorar su capacidad para cumplir las expectativas de los clientes.

Una fuente de demanda se generaba a partir de la toma de decisiones tácticas por parte de la alta dirección. El modelo de precios que no preocupaba mucho al grupo de desarrollo se convirtió en su problema directo. Más que nunca, había presión para conseguir mercado. Se perseguía activamente a los clientes potenciales y a los inversores. Para persuadir a clientes o inversores, la dirección de Posit llegó con muchas peticiones de demostraciones puntuales y mejoras de funcionalidades. La mayoría tenían que completarse y presentarse en cortos plazos de tiempo. El trabajo urgente y no planificado se adelantaba al trabajo en curso comprometido. Esta demanda de negocio, reaccionaria y oportunista, rara vez podía esperar tres o más semanas y planificarse para un *sprint* programado. Posit necesitaba cada pedacito de negocio que pudiera conseguir, y nadie podía decir que no a estas peticiones. Planificar, estimar y trabajar en estrictos *timeboxes* se hizo cada vez más auxiliar e innecesario en su contexto. Estaban rompiendo las reglas de Scrum: los elementos urgentes y críticos se añadía a los compromisos existentes del *sprint*. Este trabajo no se planificaba como parte de un *sprint* ni se entregaba al final del *sprint*, sino que se realizaba con urgencia siempre que fuese necesario. A pesar del apego emocional a Scrum, que se había convertido en gran parte de su identidad en los últimos tres años, existía un creciente reconocimiento de que sus reglas no estaban sirviendo a sus necesidades. Estaban teniendo éxito a pesar de Scrum en lugar de gracias a él.

A principios de 2009, Posit estaba preparado para asumir más cambios. David Hoffman preguntó a Janice si había más cambios que pudieran implementarse. Naturalmente, la respuesta fue afirmativa, así que empezó a facilitar la colaboración del equipo en un proceso mejor, basado en Kanban y no solo inspirado en él.

Posit Science: nuevas perspectivas sobre prioridad, urgencia e impacto

Posit trabajaba ahora activamente en su tercer producto, DriveSharp, que constaba de tres juegos. A través de sus investigaciones con personas mayores, los neurocientíficos de Posit se dieron cuenta de que uno de los mayores problemas a los que se enfrentaba ese grupo demográfico era el deterioro de su capacidad para conducir, que se debía sobre todo a dos factores: el fallo de la visión periférica y la incapacidad para reaccionar con rapidez en situaciones de conducción más complejas. Conducir siempre se ha asociado a la independencia y, para esta generación del *baby boom*, tener un coche y la libertad de ir adonde sea y cuando sea es algo a lo que dan un gran valor. No poder conducir significa perder la independencia y tener que depender de los demás: es una cuestión de identidad fundamental. Las personas muy independientes renuncian a ello con mucho dolor. Un producto que permitiera a las personas seguir conduciendo durante su jubilación y proteger así su preciada independencia estaba destinado a funcionar bien en el mercado. A través de los tres juegos que formaban parte de DriveSharp, Posit pretendía ampliar la independencia y la libertad de los *baby boomers*. Esta vez, el canal de comercialización sería en asociación con compañías de seguros de coches, con una oferta que equivalía a «apúntate a este juego y recibe un descuento en tu seguro». ¿A qué adulto no le gustan los descuentos? Este producto era un éxito seguro. En consecuencia, el equipo de desarrollo tenía que centrarse en él de inmediato y lanzarlo con rapidez.

Sin embargo, se veían obstaculizados por la continua falta de comunicación entre ellos y sus *stakeholders*. Los responsables del negocio les asignaban tareas sin tener en cuenta lo ocupados que estaban o lo que les habían pedido otras partes. Decían que sí a todo y no cumplían la mayoría de los plazos. Se sentían abatidos. Todo el proceso estaba deteriorando las relaciones entre el personal de la empresa. Tenía que haber una forma mejor que decir constantemente que sí y permitir que todo el mundo creyera que su petición era la más importante. La conversación tenía que desviarse hacia la comprensión de los riesgos empresariales, lo que facilitaría las discusiones sobre la urgencia y el impacto, permitiendo así entender mejor cuándo empezar un trabajo nuevo.

Aunque el objetivo a largo plazo era una organización más madura que pudiera cumplir las expectativas de los clientes y los objetivos de negocio, Janice tuvo que empezar con planes pequeños y realistas. Se centró en los problemas que la gente planteaba en las reuniones retrospectivas. Revisó sus notas e hizo una lista de las fuentes de insatisfacción. Las abordaría una a una.

Una fuente recurrente de insatisfacción del equipo era la «fragmentación». El constante cambio de prioridades hacía que los desarrolladores se vieran continuamente interrumpidos y arrastrados en distintas direcciones. Esto les impedía centrarse y completar el trabajo con alta calidad o a tiempo. Había poca satisfacción y escasa sensación de logro. Janice sabía que era un tema delicado para el equipo, así que se ofreció a aliviar sus quejas «suavizando el flujo» y evitando interrupciones y cambios de dirección.

Janice apunta directamente al punto de dolor emocional (la fragmentación): interrupciones cons-tantes, baja sensación de logro, probablemente baja autoestima, frustración y falta de orgullo por el trabajo realizado. Cuando propone la nueva solución del sistema kanban, se la vende al equipo como un nuevo sistema de «flujo». No utiliza la palabra «Kanban» directamente. Se trata de gente de Scrum, así que evita que se pongan nerviosos al tiempo que les ofrece aliviar su dolor. El buen coaching es humano. El buen coaching siente empatía por la humanidad de las personas implicadas. A veces esto se conoce como «la escuela del Club de la Lucha de Kanban» porque «la primera regla del Club de la Lucha es que nunca se habla del Club de la Lucha».[27] Si al mencionar Kanban se corre el riesgo de generar resistencia, entonces no lo mencione. Aborde un punto débil dolor emocional directamente mediante su propuesta y prosiga.

Tenía que limitar el WIP en todo el sistema, no solo para cada individuo. Sus desarrolladores estaban dispuestos a hacer este cambio. Después de varios meses observando su tablero y viendo la causa y el efecto de limitar el WIP, ahora entendían por qué era necesario y los beneficios que aportaría. Con los límites de trabajo en curso adecuados, Janice podría crear un equilibrio en el que tanto los desarrolladores como los *testers* estuvieran igualmente ocupados, pero nunca sobrecargados. El trabajo fluiría mejor.

Se sentó a discutir todos los cambios propuestos con todos los implicados, incluidos los propietarios de negocio. Necesitaba su apoyo y consenso para seguir adelante. Para muchos, sobre todo los más experimentados, los cambios parecían contraproducentes. Quizás tuvo suerte de que toda la organización comprendiera la función cerebral, la plasticidad y cómo los seres humanos afrontan el cambio. Estaban preparados para seguir un camino que les parecía erróneo, pero que entendían que tenía sentido lógico: su cerebro límbico (su capacidad de percepción sensorial y ajuste de patrones) se oponía, mientras que su córtex prefrontal (su capacidad de encontrar patrones) estaba de acuerdo con el análisis y la lógica de la propuesta.

Lo siguiente que había que abordar era la planificación y priorización disfuncionales. Tenía que incluir orga-nización y colaboración colegiada en el proceso de selección, secuenciación y programación del trabajo.

En aquellos momentos, yo estaba elaborando el manuscrito para el libro azul e intentando codi-ficar las clases de servicio, que habían surgido por primera vez en la aplicación Corbis en 2007, identificando la naturaleza del coste del retraso en un elemento de trabajo que, a su vez, daba lugar a la selección de una clase de servicio para ese elemento. Había cuatro clases de servicio derivadas empíricamente y las había denominado: Urgente, Fecha fija, Estándar e Intangible. Janice me había pedido que la asesorara y ayudara a Posit con sus planes de transición. Así, Posit tuvo acceso por primera vez a un material nuevo y, en aquel momento, inédito, y fue la primera organización en ver la asociación de esquemas de funciones de costes de retraso asignadas a clases de servicio, Figura 8.1. en la página siguiente.

---

27. Basada en el libro homónimo de Chuck Palahniuk, *Fight Club* es una película estadounidense que se ha conver-tido en un clásico de culto. Según uno de sus protagonistas, Edward Norton, examina los conflictos de valores de la Generación X como primera generación criada con la televisión. https://en.wikipedia.org/wiki/Fight_Club

Color	Coste del Retraso	Clases de Servicio y sus Políticas
		Urgente Crítico y con un coste inmediato del retraso; puede superar otros límites de kanban (desplaza otros trabajos).
		Fecha Fija El coste del retraso se incrementa significativamente después de la fecha límite.
		Estándar Incrementando la urgencia, el coste del retraso es superficial pero, acelera antes de nivelarse.
		Intangible El coste del retraso puede ser importante pero no ocurre hasta mucho después, si es que acontece.

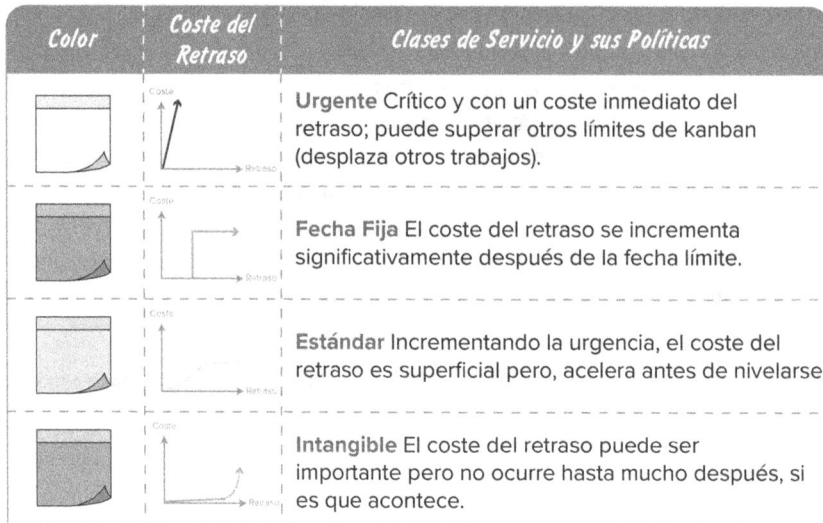

Figura 8.1 Esquemas de las curvas de Coste del Retraso asociadas a las clases de servicio

El concepto era sencillo: pedir a los responsables de negocio que describieran el impacto en el tiempo de una función determinada. Esto permitiría determinar la urgencia. El debate ayudaría a facilitar la programación, así como la clase de servicio requerida una vez seleccionado y comprometido el trabajo. Se informó a los *stakeholders* sobre el concepto y se les pidió que seleccionaran la función de coste del retraso que mejor se ajustara a los riesgos empresariales asociados a la solicitud. Funcionó increíblemente bien. Quizá fue la técnica nueva que Janice introdujo en Posit que más fácilmente se adoptó. Se institucionalizó rápidamente y, años después, seguía utilizándose para evaluar riesgos y seleccionar y programar trabajo.

Las funciones muestran el eje-*y* etiquetado con el concepto abstracto de impacto. Esto facilitó varias formas de evaluar el «coste» relacionado con el tiempo: coste de oportunidad de la pérdida de ingresos, gastos operativos incurridos, suscriptores adquiridos a lo largo del tiempo, impacto en intangibles como la satisfacción del cliente, el valor de la marca, el *mindshare* (popularidad de marca), la confianza del inversor, etc.

Aunque con el paso de los años este conjunto de esquemas se amplió, sigue siendo la forma más sencilla, y posiblemente la más potente, de vincular cualitativamente el coste del retraso a la clase de servicio utilizada para una tarjeta en un sistema kanban. Aunque las técnicas cuantitativas surgieron más tarde y se incluyen en mis clases de formación sobre Enterprise Service Planning disponibles en la Kanban University, son mucho más difíciles de entender, requieren datos de entrada difíciles de adquirir y el uso de software para ejecutar un algoritmo de convolución (operación matemática con dos funciones para obtener una tercera función) con el fin de establecer una función de «coste del retraso probable en el inicio» y, a partir de su derivada, un valor cuantitativo para la urgencia. Por consiguiente, la evaluación cuantitativa del coste del retraso sigue siendo una curiosidad intelectual, mientras que el sencillo enfoque cualitativo mediante esquemas que muestran el impacto a lo largo del tiempo ha demostrado ser eficaz y fácil de adoptar. El hecho de que esta técnica haya prevalecido durante más de una década es un claro indicio de su eficacia y solidez. Algunos análisis matemáticos de datos cuantitativos, realizados en 2018, nos han mostrado que las cuatro curvas originales de los esquemas, de hecho, se corresponden con funciones matemáticas observadas y reflejan con precisión el riesgo del retraso. Por lo tanto, la solidez de las cuatro curvas originales esbozadas no es una casualidad, ahora tenemos una prueba matemática. El examen detallado de esta prueba matemática queda fuera del alcance de este texto, pero se enseña en mis planes de formación sobre Enterprise Service Planning.

Además del coste de los retrasos, el equipo ejecutivo también recibió formación sobre otra taxonomía simple de evaluación cualitativa de riesgos que describe el papel desempeñado en el mercado por parte de una determinada funcionalidad o función. Estos papeles son:

- Requerimientos mínimos (funcionalidades básicas esperadas por los clientes; la omisión es inaceptable)
- Reductores de coste (funcionalidades que ahorran costes [a Posit] en desarrollo, producción o servicio de campo)
- Reglamentario (exigido por un regulador, sujeto a cambios reglamentarios; la omisión es inaceptable)
- *Spoilers* (también conocidos como *Catch Up*, o Funcionalidades Neutralizadoras; copian el diferenciador de un competidor)
- Diferenciador (una funcionalidad nueva, única en el mercado)

Aunque esta taxonomía tenía mucho sentido para el equipo ejecutivo de Posit, formado en escuelas de negocios, ellos la rechazaron. Su argumento fue que esta taxonomía era claramente para mercados más maduros con un conjunto establecido de competidores y con las expectativas de los clientes bien entendidas. Alegaban que Posit estaba en un mercado naciente y emergente y, aunque existían otras empresas de plasticidad cerebral como Lumosity, no eran competidoras directas. Por lo tanto, encontrarían poco o ningún valor en etiquetar características utilizando esta taxonomía. El hecho de saber si algo era o no un requerimiento mínimo o un diferenciador no afectaría a su toma de decisiones. Así que les reté a idear algo mejor, algo más relevante y en sintonía con su negocio y su mercado. Tras una breve reunión, unos quince minutos más tarde, volvieron con su propia taxonomía. Era muy sencilla:

- Mercado Actual
- Nuevo

Reconocieron que necesitaban cubrir el riesgo asignando capacidad en su *portfolio*. Necesitaban mejorar y desarrollar los productos existentes, ampliando y profundizando su alcance en el mercado, al tiempo que debían seguir explorando nuevos mercados y segmentos de mercado mediante una mayor comercialización de su investigación científica fundamental.

Les pregunté un poco más y, tras otra breve conversación, quizá de solo cinco minutos, se llegó al consenso de que la división debía ser 60/40. El sesenta por ciento de las funcionalidades que pasaban por su sistema kanban debían destinarse al desarrollo del mercado existente, mientras que el cuarenta por ciento debía destinarse a la investigación y la introducción de nuevos productos.

Así que se introdujeron dos métodos muy sencillos para facilitar la planificación y la priorización: las solicitudes se clasificarían en función del coste del retraso, y el compromiso se aplazaría hasta el «último momento responsable» antes de que un elemento fuera demasiado urgente, con una clase de servicio adecuada para facilitar el flujo y la entrega; una asignación de capacidad garantizaría una mezcla de trabajo destinada a gestionar la exposición al riesgo en todo su *portfolio* de productos.

Antes, a los responsables del negocio les preocupaba limitar el WIP y aplazar los compromisos. Ahora, con un mejor medio para evaluar el riesgo y un nuevo lenguaje con el que discutir los riesgos de negocio comparables, se sentían cómodos con la introducción de un sistema kanban. Desde 2010, los métodos de evaluación cualitativa del riesgo han sido reconocidos como esenciales para facilitar la implantación exitosa de Kanban y tales prácticas aparecen en los niveles medios 3 y 4 del Modelo de Madurez Kanban.

Hubo un obstáculo más: los desarrolladores se opusieron a la denominación de las clases de servicio, concretamente a la clase de servicio Intangible. Resultó que casi todos los trabajos susceptibles de ser clasificados como de coste diferido por retraso (y por tanto asignados a la clase de servicio Intangible) eran trabajos propuestos por la organización de desarrollo. Se trataba sobre todo de arquitectura de sistemas, mantenimiento de código e infraestructura de sistemas. Se oponían a que su trabajo se etiquetara como de valor «Intangible» y temían que nunca fuera seleccionado.

En respuesta a sus objeciones, Janice entabló una negociación: dos de los diez espacios del búfer de reposición, que se denominarían «Top Ten», se reservarían para artículos de la clase Intangible; además, se cambiaría el nombre de las clases.

En 2009, Julian Everett, entonces el superinteligente arquitecto jefe de los sitios web de la BBC, me convenció de que el coste del retraso podía modelarse como una función lineal. Julian había demostrado que, en conversaciones con responsables de negocio, podía conseguir que declararan un valor de negocio para una función, como un nuevo conjunto de páginas web para la próxima temporada de Dr. Who, y luego determinar un nivel de confianza para ajustar la cifra. El sitio web de la BBC ganaba dinero con la publicidad, por lo que el número de impresiones publicitarias previstas era la métrica para determinar el valor de negocio. Si el responsable de negocio pensaba que un nuevo conjunto de páginas generaría 1,2 millones de páginas vistas (y, por tanto, de impresiones de anuncios) en un año, pero estaba claro que solo confiaba en esta cifra en torno al 75 %, Julian ajustaría 1,2 millones a 900000 y calcularía una tasa mensual de media, creando así una regresión lineal para el valor. En su experiencia, no importaba si el índice de páginas vistas era realmente plano y se agregaba linealmente. Al hacer una selección comparativa entre diferentes oportunidades para el mismo equipo de desarrollo web, encontró que las funciones lineales eran lo suficientemente buenas. Dado que Julian tenía experiencia en el mundo real, mi orientación se basó en sus informes e inicialmente proporcioné a Posit un esbozo de una línea ascendente lineal para la clase de servicio Estándar.

Los doctores en neurociencia fueron lo bastante listos como para rebatir esta idea, argumentando que las funciones típicas del coste del retraso eran «acelerantes» y que, en última instancia, se reducirían en forma de curva en S. Irónicamente, mis primeras orientaciones así lo indicaban, pero la experiencia de Julian había sugerido que las líneas lineales eran suficientemente buenas y mucho más sencillas: la idea del coste del retraso como una tasa constante es atractiva y seductora. La gente de Posit no se lo creía y, en realidad, su intuición era correcta. Quizá en el limitado ámbito de la evaluación comparativa de las características de los sitios web de Julian tuviera sentido, pero el tiempo me ha convencido de que no era una buena orientación general.

La clase de servicio Estándar pasó a llamarse Acelerando, y el esquema utilizado fue como la curva en S que se muestra en la Figura 8.2. Esto significaba que no se utilizaría la palabra «Estándar». Entretanto, existía una objeción emocional a «Intangible», y de ahí que la clase de servicio más baja pasara a denominarse «Estándar» como personalización única y habilitadora de Posit Science.

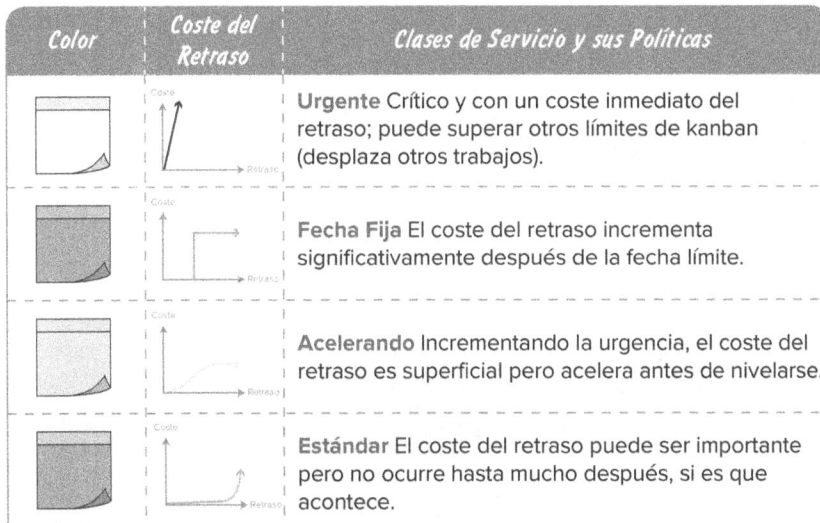

Color	Coste del Retraso	Clases de Servicio y sus Políticas
		Urgente Crítico y con un coste inmediato del retraso; puede superar otros límites de kanban (desplaza otros trabajos).
		Fecha Fija El coste del retraso incrementa significativamente después de la fecha límite.
		Acelerando Incrementando la urgencia, el coste del retraso es superficial pero acelera antes de nivelarse.
		Estándar El coste del retraso puede ser importante pero no ocurre hasta mucho después, si es que acontece.

Figura 8.2 Clases de Servicio en Posit Sience

Todo agente de cambio (todo *coach* de Kanban) debe esperar cierta resistencia a los diseños iniciales. Al igual que Janice, deben estar preparados para dar marcha atrás en un primer momento y poner en práctica algo superficial, algo concebido como un proto-Kanban, y luego ser pacientes, esperar a que todos los implicados interioricen los problemas y a que aumente la motivación para permitir un cambio completo. Del mismo modo, cuando haya oposición a elementos menores, como la denominación de una clase de servicio, hay que estar preparado para negociar y hacer cambios. Si hay una piedra en su camino, prepárese para negociar a su alrededor. Textos como este están aquí para aconsejarle y proporcionarle una guía ilustrativa, no son prescriptivos. Con Kanban tiene la libertad de adaptar y desarrollar sus propias soluciones de flujo de trabajo. Disfrute de esa libertad. No se sienta limitado por las palabras de estas páginas.

Puntos clave

- Lumosity, competidor de Posit Science, se centraba más en el mercado de consumo y desarrolló una plataforma web para sus juegos.

- La letra pequeña de los envases, el sitio web y la publicidad de Lumosity no hace ninguna afirmación clínica de sus productos. Es casi seguro que no están diseñados según los estándares científicos y médicos de los productos Posit Science. Este compromiso permitió a Lumosity ofrecer precios más bajos y ganar una cuota de mercado significativa.

- A medida que pasó el tiempo, la presión empresarial aumentó y Posit Science se volvió más reaccionaria. Aunque la implantación del proto-Kanban les ayudó, se hacía más y más necesario seguir mejorando. El personal estaba cada vez más sobrecargadas y estresadas.

- Pasado el suficiente tiempo, el calor en su «calentamiento global» llegó a ser lo suficientemente severo como para que el equipo aceptara un cambio adicional. Estaban listos para implementar Kanban correctamente.

- Para lograr la aceptación de los límites de WIP y de un sistema kanban *pull*, era necesario proporcionar a los responsables de negocio nuevos medios para evaluar el riesgo empresarial y comprender cómo seleccionar el trabajo, en qué secuencia seleccionarlo y cuándo programarlo.

- Los métodos cualitativos de análisis de riesgos son esenciales para que las empresas adopten Kanban con éxito.

- La asociación de los esquemas (o curvas) de funciones de coste del retraso a clases de servicio se introdujo por primera vez en Posit Science. Resultó muy eficaz y popular entre los ejecutivos de negocios.

- Esté preparado para negociar pequeños detalles del diseño de un sistema Kanban con el fin de obtener la aprobación para seguir adelante; por ejemplo, cambiar las convenciones de nomenclatura de las clases de servicio.

9

Un sistema de flujo

Diseño e implementación de Kanban en Posit Science

«Acabamos de hacer nuestra última iteración[28]. Hemos cambiado a flujo». Janice anunció en su cuenta de Twitter que había comenzado la adopción del nuevo sistema de «flujo» en Posit. El alivio fue tangible. Los angustiosos *sprints* con plazos fijos eran cosa del pasado. Al igual que en la empresa sobre la que había leído, no tenía sentido poner *timeboxes* al trabajo en el contexto de Posit. Los *timeboxes* de tres semanas no eran útiles para los responsables del negocio ni para nadie en el lado de la prestación de servicios. Todo el mundo se sentía desgraciado. El cambio a un sistema de flujo bajo demanda satisfacía mucho mejor las necesidades de todos.

Posit Science: El sistema Kanban

La tabla de la Figura 9.1 resume los cambios realizados desde el sistema proto-Kanban de 2008 al sistema Kanban completo introducido en 2009. Los *sprints* (iteraciones) se sustituyeron por un sistema de flujo bajo demanda con un acuerdo de nivel de servicio (SLA) de veintiún días. El SLA se eligió para que coincidiera con la cadencia anterior de *sprints* de tres semanas. El objetivo era

---

28. La comunidad de desarrollo de software Agile suele referirse a las actividades de equipo con *timeboxes* como «iteraciones». Se trata de un término equivocado, ya que la actividad rara vez es iterativa en el sentido de que el trabajo se revise y mejore con mayor fidelidad como, por ejemplo, una pintura al óleo podría serlo por su artista. En su lugar, el trabajo de desarrollo de software Agile es principalmente incremental y cada «iteración» contiene la finalización de una pequeña pieza (parte de un todo). «Iteración» se utiliza como sinónimo de *Sprint* en la metodología Scrum, considerándose «iteración» una terminología Agile más genérica y no específica de Scrum.

fomentar un desglose del trabajo lo suficientemente pequeño como para completarlo en tres semanas y disipar los temores de que el trabajo llevara más tiempo sin la presión de un límite de *sprint* o
una promesa de entrega específica.

	Antes	Después
Iteraciones	✓	✗ Flujo & SLA
Scrum Master, PO	✓	✓
Planificación de Sprint	✓	✗ Programado, por funcionalidad
Reunión Standup Diaria	✓	✓
Product Owner Accepta	✓	✓
Demo	✓	✓ Calendario
Retrospective	✓	✓ Calendario
Estimación	Por Tarea	Por funcionalidad por SLA
Otros		Flujo de trabajo más detallado
Otros		Límites WIP al flujo de trabajo

Figura 9.1 Resumen de los cambios del proto-Kanban de 2008 al sistema Kanban completo de 2009

*Existe el mito común de que la falta de un compromiso de entrega mediante un plazo determinado,
como una demostración de sprint, conducirá a una falta de concentración, pereza y plazos de
entrega cada vez más largos. De hecho, no existe tal evidencia en más de una década de uso de
Kanban. El miedo lo generan aquellos que venden formación Scrum y coaching para ganarse la
vida y desean disuadir de la adopción de Kanban o que sus ya clientes se pasen a él.*

*Posit utilizó consultores de un conocido proveedor de software de desarrollo Agile como coaches y
asesores, los cuales tenían un largo historial de disuadir activamente de la adopción de Kanban en
las empresas de sus clientes. Irónicamente, utilizaban un sistema Kanban para su propio desarrollo de
software, pero como su producto estaba diseñado para Scrum, no querían que sus clientes lo utilizaran.*

*En Posit había una gran motivación para el cambio. Los consultores ya habían perdido su ar-
gumento sugiriendo que era «falta de disciplina» y culpa de la gente de Posit. Habían perdido
su capacidad de liderazgo y no se les renovaría el contrato. Sin embargo, se debían mitigar los
temores que habían sembrado. Janice lo hizo incluyendo la garantía de entrega de tres semanas
dentro del acuerdo de nivel de servicio.*

Además del SLA de veintiún días, hubo otro cambio en la forma de realizar las estimaciones.
Recordará que habían comenzado con un método de estimación muy precisa, especulando cuántas

horas por persona se necesitaban para cada tarea: este enfoque lo prescribió Ken Schwaber, uno de los dos fundadores de Scrum, en su libro original. En ese momento, este enfoque de la estimación era el preferido de la empresa de consultoría que ayudaba a Posit. En realidad, las estimaciones precisas ofrecían poco valor informativo, ya que tenían una probabilidad muy baja de ser exactas. Cuando introdujeron los cambios proto-Kanban, se alejaron de la precisión para adoptar un enfoque de tamaño de camiseta para las historias de usuario. De este modo se subió un nivel en la jerarquía, ya que las historias suelen consistir en tareas. Por lo tanto, había menos necesidad de análisis, y el enfoque a nivel de historia era más rápido. Esperaban que también tuviera mayor precisión y mejor valor informativo.

Un año más tarde, dejarían de lado la estimación casi por completo y subirían otro nivel de la jerarquía hasta el nivel de las funcionalidades. Por lo tanto, ya no era necesario desglosar las funcionalidades mediante el análisis en historias de usuario antes de comprometerse y decidir seguir adelante con el trabajo. Tras leer los requisitos y explicárselos al equipo, basta con pedir el visto bueno o el voto negativo, lo que requiere unos minutos de debate para establecer un nivel de confianza. Si se confiaba plenamente en que la funcionalidad podría completarse en el plazo previsto, se marcaba como lista para su selección. En caso contrario, se pedía al responsable de negocio que reconsiderara el requerimiento y volviera a someter la tarjeta.

Las funciones de *Scrum Master* y de *Product Owner*, elementos clave en Scrum, no se modificaron. Con Kanban, nadie recibe nuevas funciones, responsabilidades o denominación de su puesto, al menos al principio, y ciertamente no se les impuso ninguna.

Los roles y los nombres del cargo se convierten en elementos clave de la identidad profesional de una persona. Los cambios de rol, de denominación del puesto, o los cambios significativos en las responsabilidades, suelen provocar resistencia y miedo. Existe el temor de ser, al menos al principio, incompetente en el nuevo rol o con las nuevas responsabilidades. Este miedo puede disiparse mediante la formación, el mentoring y una cultura tolerante con el fracaso que ofrezca seguridad personal para la experimentación y el aprendizaje. Sin embargo, la identidad va más allá del miedo a la incompetencia inicial. La identidad proporciona los medios para la autoimagen y para determinar la autoestima. Las habilidades, la competencia y el rol desempeñado también son clave para establecer el estatus en un grupo social. Un nuevo rol o denominación de un puesto ataca directamente el sentido de uno mismo y su autoestima. Los nuevos roles y nombres del cargo tienen efectos tanto psicológicos como sociológicos. Es de esperar que entre el 70 % y el 80 % de las personas sientan recelo e inquietud ante una denominación de puesto nuevo o un nuevo rol con nuevas responsabilidades.

Kanban es el método de «empiece-con-lo-que-hace-ahora». Kanban también le pide «rodee la roca» y evite los obstáculos al cambio (véase el Capítulo 11). Si empieza dando a alguien un nuevo puesto, entonces está empezando por poner un obstáculo en su camino. ¿Por qué hacerlo? Deje que las personas conserven sus roles y denominaciones de puestos actuales hasta que estén preparadas para forjarse una nueva identidad.

Cada uno de los tres equipos Scrum de Posit trabajaría en una funcionalidad a la vez. Se impuso un estricto límite de WIP de una funcionalidad por equipo. Las reuniones de reposición se activarían a demanda cuando un equipo tenía que hacer *pull* de una nueva funcionalidad para empezar. Del mismo modo que se abandonó el concepto de *sprints* de tres semanas, también se eliminó el *sprint planning* cada tres semanas. Eran las temidas y estresantes reuniones con diecisiete asistentes, llenas de emoción y ansiedad. Esto supuso un gran alivio.

Las reuniones de reposición se facilitaron utilizando un pequeño tablero, como se muestra en la Figura 9.2. Tiene cuatro zonas: Top Ten, In-Progress, Done y Leyenda.

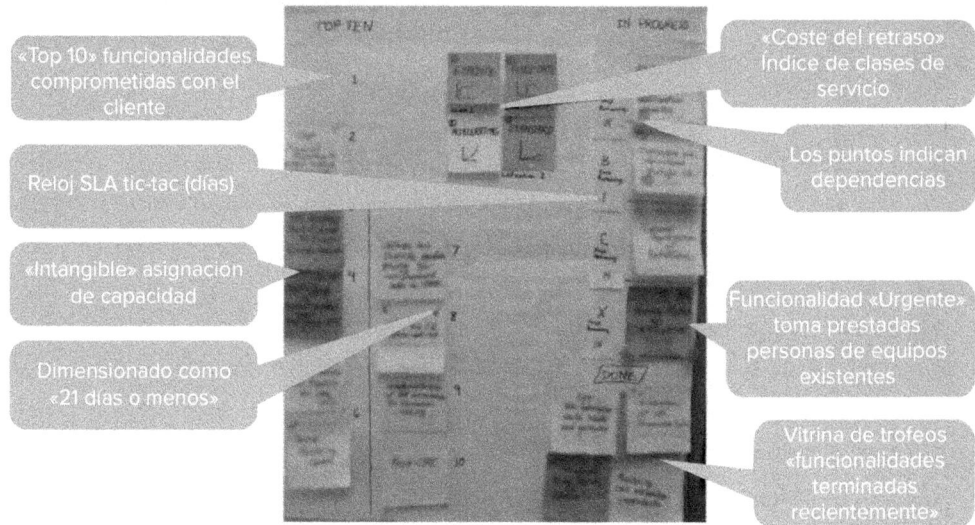

Figura 9.2 Tablero de la reunión de reposición de Posit Science

La Top Ten muestra la cola de entrada. En este caso, se trata de una cola numerada del 1 al 10. Sin embargo, el trabajo no se extraía necesariamente de la cola en estricto orden de prioridad. Debido a la naturaleza del negocio de Posit, había mucha especialización y heterogeneidad entre sus empleados y el trabajo por realizar. En consecuencia, sus tres equipos Scrum no eran homogéneos en el conjunto de sus habilidades. Cuando un equipo terminaba una funcionalidad y estaba listo para empezar otra, el primer elemento en la cola podría no haber sido su mejor elección para ellos. Entonces examinarían de forma descendente la cola hasta que encontraran la primera coincidencia acorde a sus habilidades. Así que Posit puso en marcha una cola de entrada casi FIFO en lugar del búfer de entrada (a veces llamado «supermercado» en la literatura de *Lean*) implementado en Microsoft y Corbis.

Los Top Ten tienen una asignación de capacidad de dos espacios para trabajos de clase de servicio Intangible.

In-Progress muestra las funcionalidades en curso para cada uno de los tres equipos Scrum, nombrados solo como A, B y C. No tenían nombres. Esto es una indicación de que la cohesión social era a nivel de todo el departamento, y la gente no se identificaba fuertemente con los equipos más pequeños a los que fueron asignados. Los equipos eran conocidos como equipos Scrum a pesar de la implementación de Kanban y la desvinculación de las cadencias de planificación, el *lead time* y la entrega, junto con la eliminación de los *sprints* con intervalos de tiempo.

Los números debajo de la letra del equipo muestran el número de días transcurridos de su SLA de veintiún días. La imagen muestra lo que ha desencadenado la reunión de reposición: el equipo B ha completado una funcionalidad y ha cogido el elemento 1 del Top Ten. Los artículos del 2 al 10 deberían ahora subir una posición, y en la reunión en curso se seleccionará un nuevo elemento para la posición número 10.

Las funcionalidades en curso también están marcadas con adornos. Los círculos de colores indican las dependencias entre parejas (elementos que deben entregarse juntos): mismo color, misma entrega. Las pequeñas etiquetas fluorescentes indican problemas de bloqueo y señalan que el SLA puede estar en riesgo.

Done es la vitrina de trofeos. Ofrece un espacio para los logros alcanzados recientemente. Done proporciona tiempo para la reflexión y la sensación de logro. Done comunica a los responsables de negocio «lo que hemos hecho por usted recientemente» y el valor que se está entregando con regularidad.

La Leyenda muestra las clases de servicio, los colores de las tarjetas, los esquemas de la función del coste del retraso asociados a cada una y cualquier asignación de capacidad u otras políticas relacionadas con las clases de servicio. En este caso, las partidas Expedite (Urgente) están limitadas a una, y las Intangibles tienen un mínimo de dos.

El tablero parece mostrar un cuarto equipo, X. Esto en realidad representa el carril Expedite en el tablero. No había un equipo dedicado a las solicitudes Expedite. En su lugar, se permitía que una función con clase de servicio Expedite rompiera el límite WIP. Sin embargo, no se adelantaba por completo al trabajo existente. Se formaba un equipo multifuncional para completar la solicitud. Estas personas procedían de cualquiera de los otros tres equipos. Suponiendo que ningún equipo se deshiciera completamente, se seguiría trabajando en las funciones en curso.

No todos los elementos de Scrum fueron eliminados. Como ya se ha mencionado, los roles de *Scrum Master* y *Product Owner* se mantuvieron, al igual que la *daily scrum*, aunque en realidad se convirtió en una reunión diaria de Kanban.

Las demostraciones, las retrospectivas y la aceptación del *Product Owner* también se mantendrían. Las demostraciones y retrospectivas se programaron cada tres semanas exactamente a la misma hora y en que se habían hecho los *sprints* de Scrum. Sin cambios. La aceptación se explica en detalle más adelante, en relación con la implementación del tablero Kanban que se muestra en la Figura 9.5. La aceptación del *Product Owner* continuó. Sin embargo, se convirtió en una actividad bajo demanda, con el trabajo representado en una columna en el tablero, como se muestra en la Figura 9.3. Las responsabilidades del *Product Owner* no cambiaron.

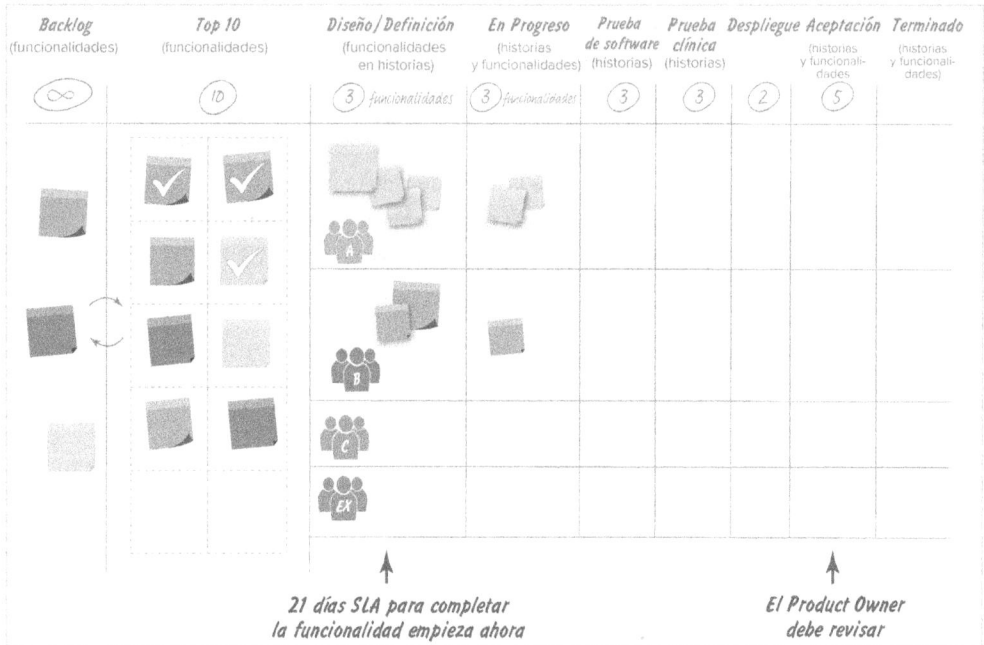

Figura 9.3 Diseño del nuevo tablero kanban «sistema de flujo» de Posit

La Figura 9.3 muestra el diseño del nuevo sistema y tablero Kanban. A partir de un *backlog* de funcionalidades, se seleccionarán las diez mejores para su entrega. La cola Top Ten presenta una innovación interesante: un compromiso asíncrono en dos fases. En los ejemplos de Microsoft y Corbis, el compromiso es sincrónico, en el sentido de que tanto los clientes como la organización de entrega están representados en la reunión, y el acuerdo es mutuo. El cliente dice: «Quiero que esto se haga a continuación», y el servicio de entrega dice: «En ese caso, lo haremos a continuación para ti». El diseño de Posit elimina este compromiso sincrónico. En su lugar, en las reuniones de reposición, los responsables del negocio eligen nuevos artículos para el Top Ten, mientras que los equipos de entrega no tienen que comprometerse con ninguno de ellos. El punto de compromiso se produce cuando uno de los equipos Scrum hace *pull* de una funcionalidad hacia la columna de Diseño/Definición. Solo entonces hay un compromiso por ambas partes y el reloj empieza a correr con un acuerdo de nivel de servicio de veintiún días.

Un compromiso asíncrono tiene algunas ventajas. Es especialmente útil cuando resulta difícil organizar reuniones en las que participen todos los *stakeholders*. Sin embargo, suele ser representativo de una cultura de un bajo capital social, con menos confianza y menos colaboración. Hemos llegado a reconocer que el compromiso asíncrono es típico de las organizaciones que maduran del Nivel 2 al Nivel 3 en el Modelo de Madurez Kanban. Parte de la Magia de Kanban descrita en capítulos anteriores es poco probable que suceda si no puedes reunir tanto a las personas del *upstream* como del *downstream* y hacer que se pongan de acuerdo sobre compromisos específicos.

En Posit, el ritmo medio de entrega era de una funcionalidad por semana. Por consiguiente, el WIP más los Top Ten representaba unos tres meses de trabajo. Algunos elementos puede que tuvieran que esperar diez semanas o más antes de ser seleccionados y *pulled* en el tablero Kanban. Algo de lo que está en el Top Ten se espera que se entregue y, por lo tanto, puede producirse una señal de avance para marketing, relaciones públicas, o incluso el tiempo para preparar la entrega tan pronto como un elemento entra en el Top Ten. Sin embargo, los elementos no están comprometidos en última instancia y no han generado ningún impacto en el *downstream*. En consecuencia, se permitía al propietario de un elemento Top Ten cambiarlo durante las reuniones de reposición por otro que considerara de mayor urgencia e importancia.

Así, el Top Ten proporciona un medio para la llegada de la señal hacia adelante evitando el compromiso total. Facilita conjuntamente los periodos de preaviso y el compromiso diferido. El concepto de un compromiso asíncrono en torno al búfer de entrada ha aparecido posteriormente en otras implementaciones. Sami Honkonen informó[29] de una versión que utilizaba un calendario visual para indicar las entradas que debían iniciarse en una semana concreta con hasta trece semanas de antelación.

Estos compromisos asíncronos en torno al búfer de entrada son predecesores del sistema de programación dinámica que se utiliza actualmente: el Enterprise Service Planning, el enfoque utilizado para la gestión de dependencias de las implementaciones Kanban a escala empresarial.

El tablero Posit Kanban cuenta con una fila para cada uno de los equipos Scrum, con una fila adicional para las solicitudes urgentes. El tablero tiene dos niveles. Una funcionalidad ocupa un carril, pero una funcionalidad se divide en historias, que se muestran como las tarjetas más pequeñas en el tablero. Las historias son hijas de la funcionalidad «padre». Las historias fluyen a través del tablero. Una vez completada la prueba de software, normalmente toda la funcionalidad pasa a las pruebas de validación clínica.

Recordemos que Posit sufría un problema similar al de Microsoft: tenían trabajadores haciendo trabajo comprometido y también haciendo análisis de *upstream*. Los trabajadores realizaban varias tareas a la vez en el punto de compromiso del flujo de trabajo. Esto ya no ocurre. En el nuevo diseño, el análisis de las historias se aplaza hasta después del compromiso. Esto significa efectivamente que los equipos de Posit estaban siguiendo el enfoque «sin estimaciones» que vimos por primera vez con Microsoft.

Esto, naturalmente, crea el peligro de que las funcionalidades sean simplemente demasiado grandes para cumplir con el SLA de veintiún días. Y de nuevo, vemos que Posit utilizó una estrategia que vimos por primera vez en Microsoft, la solución del «fraude de tarjetas de crédito». Dejaban entrar en el sistema cosas que podían ser demasiado grandes y esperaban detectarlas rápidamente, en uno o

---

29. Desgraciadamente, Sami ha retirado la entrada del blog en el momento de escribir estas líneas, y no existe ninguna referencia alternativa fiable.

dos días. Sin embargo, a diferencia de Microsoft, anteponían una pequeña solicitud de información para reducir la probabilidad de que algo demasiado grande entrara en el sistema. En Microsoft, la probabilidad, históricamente, había sido solo del 2 %. Lo cual era casi insignificante. Por lo tanto, no había necesidad de tal solicitud de información por adelantado. En Posit, se pensaba que la probabilidad de que un elemento fuera demasiado grande para completarlo en tres semanas era muy superior al 2 %. De ahí que fuera necesario recabar más información antes de comprometerse.

Fíjese en que algunos elementos del Top Ten tienen marcas de verificación. Esto indica que los desarrolladores de software (el servicio de entrega) creen que la funcionalidad puede completarse en veintiún días. Naturalmente, este planteamiento no será infalible al cien por cien, pero el porcentaje que se escape debería ser pequeño, quizá tan pequeño como el 2 % de más en el caso de estudio de Microsoft. Por lo tanto, al igual que en la historia de Microsoft, el equipo de desarrollo estaba facultado para señalar las funcionalidades que consideraba demasiado grandes si las descubrían después de empezar a trabajar.

A diferencia de Microsoft, donde una norma de gobierno inamovible obligaba a desviar todo lo demasiado grande a un gran proyecto con presupuesto de gastos de capital, Posit tenía tres opciones:

- **Hacerlo de todos modos.** Lo queremos. Lo necesitamos. Tiene cierta urgencia. No nos importa si tarda más de tres semanas.
- **Recortarlo.** Invitar a los responsables de negocio a inspeccionar las historias analizadas e indicar cuáles de ellas consideran excesivas, si es que hay alguna.
- **Desecharlo.** Devolverlo a la lista de pendientes y pedir a los responsables de negocio que vuelvan a pensar en algo más sencillo.

La Figura 9.4 muestra la revisión en 2009 del formulario de solicitud de funcionalidades que los responsables del negocio utilizaban para enviar nuevas funcionalidades al *backlog*. Introduce una petición obligatoria de nueva información sobre el coste de los retrasos y la clase de servicio requerida, mientras que relega la antigua información sobre el caso de negocio a un plano meramente opcional. No se pide a los responsables del negocio que abandonen su forma actual de hacer las cosas, simplemente se les pide una información sencilla y adicional que es valiosa pero que no resulta pesada de proporcionar. Este enfoque representa el cambio evolutivo en acción: el coste de los retrasos es la nueva especie que se introduce en el entorno, mientras que la evaluación del retorno de la inversión es la especie dominante; juntas competirán para ver cuál es la solución más adecuada. Cabe esperar que la solución más apta sobreviva y prospere, mientras que la alternativa menos apta debería debilitarse y caer en desuso.

A las seis semanas de la introducción, ninguno de los responsables de negocio rellenaba la sección opcional de retorno de la inversión del formulario. El coste del retraso y los debates en las reuniones de reposición, aproximadamente semanales, bastaban para tomar decisiones de selección, secuenciación y programación de buena calidad. La sección inferior del formulario se había convertido en una reliquia evolutiva, ¡un órgano vestigial del flujo de trabajo de Posit! Un año después, cuando capturamos el formulario de un documento de Microsoft Word como parte de la recopilación de pruebas para este caso de estudio, la sección inferior seguía allí. A pesar de que no se había utilizado en un año, nadie la había retirado, ni siquiera se había hablado de retirarla. El cambio evolutivo tiende a dejar evidencias, cosas que han dejado de utilizarse y que pueden resultar difíciles de explicar más adelante.

Figura 9.4 Formulario de solicitud de funcionalidades en Posit Science, a mediados de 2009

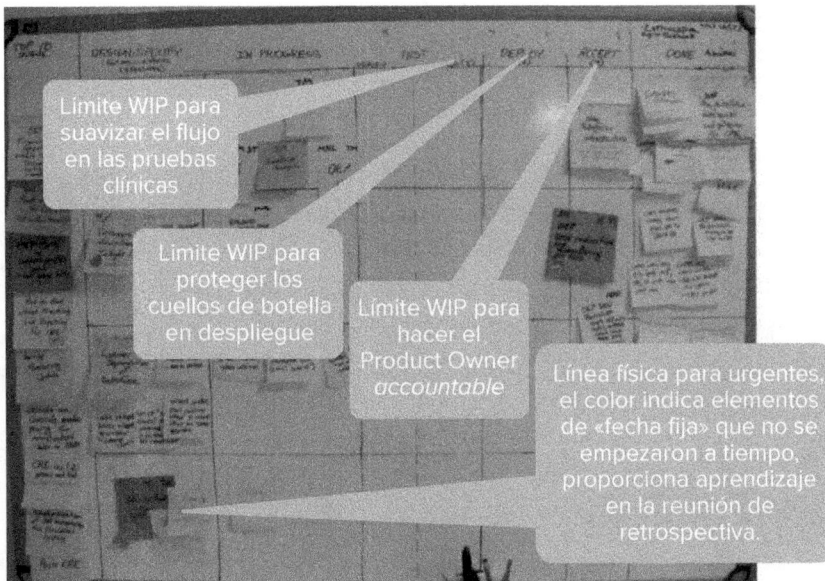

Figura 9.5 Fotografía comentada del tablero kanban de Posit Science a mediados de 2009

La Figura 9.5 es una fotografía del tablero real, tomada en 2009. La fotografía tiene anotaciones que destacan algunos elementos interesantes del diseño y la implementación del sistema y el tablero Kanban.

La funcionalidad en el carril Expedite es naranja, una tarjeta de clase de servicio de fecha de entrega fija. Cabe destacar que originalmente no se trataba de una solicitud urgente. Dado que la posición física de la tarjeta en el carril Expedite indica a todo el mundo que este artículo debe ser acelerado, el color no es importante para comunicar este hecho a efectos operativos. En cambio, si se deja la tarjeta naranja original y no se sustituye por una tarjeta Expedite blanca[30], en realidad se comunica que «esta característica tuvo que ser acelerada porque no pudimos iniciarla con suficiente antelación». Se trata de un mensaje educativo increíblemente poderoso, y es probable que catalice debates de mejora. Es justo el tipo de estresor suave que el Método Kanban necesita.

Las pruebas clínicas, etiquetadas como «QA» en el tablero, tienen un límite de WIP de columna. Esto nos dice que las pruebas clínicas son un servicio compartido que sirve a cada uno de los tres equipos Scrum, así como al equipo de Expedite, si lo hay. Si los *testers* clínicos se incorporasen dentro de los equipos Scrum en la formación interfuncional prescrita por Scrum, no habría límite WIP en la columna, al igual que vemos en la columna anterior para las pruebas de software.

También hay una columna con WIP límite en Deploy (Despliegue). Empaquetar el código para la producción era una función especializada, y solo una persona en la empresa tenía permiso para liberar código a producción (para algunos lectores más jóvenes, puede ser difícil de entender el concepto de «*Golden Code*», que se liberaba en un CD-ROM dorado regrabable que a su vez se pasaba a una instalación de producción que fabricaba los CD). Los costes de transacción de la producción eran elevados, y era importante que la configuración del disco fuera perfecta antes de la producción. Como tal, esta función en Posit era un cuello de botella potencial; el límite WIP estaba ahí para proteger el cuello de botella de la sobrecarga.

También hay una columna con límite de WIP en Acceptance (Aceptación). David Hoffman desempeñó el papel de *Product Owner* en el proceso Scrum. Se supone que el *Product Owner* debe hacer muchas cosas, una de las cuales es aceptar el producto entregado, asistiendo a cada retrospectiva y demostración del *sprint*. Sin embargo, el problema del calentamiento global en Posit (se estaba acabando el dinero) estaba consumiendo el tiempo de los ejecutivos. En consecuencia, David no asistía a las retrospectivas y no aceptaba el trabajo terminado. Esto estaba enviando una muy mala señal a los desarrolladores. Era desmoralizador. Parecía que a sus jefes no les importaba. Estas personas trabajaban duro, a menudo horas heroicas, y estaban poniendo todo de su parte (con frecuencia sacrificando su vida social y familiar, incluso su salud) para cumplir las promesas y dar a la empresa una oportunidad de éxito, solo para descubrir que a la dirección ejecutiva no parecía importarle. Al mismo tiempo, David era consciente de ello y sabía que era un mal comportamiento.

---

30. En realidad, Posit utilizó el rosa fuerte para Urgente (*Expedite*), pero no era lo convencional. Al utilizar este caso de estudio con fines de formación, lo hemos cambiado a blanco, reservando el rosa para los temas de bloqueo. Aunque no es históricamente exacto, esto evita confundir a los nuevos en el método.

Metafóricamente, David era un hombre de mediana edad que se da cuenta de que no está en la misma forma física que cuando tenía veinte años. Se da cuenta de que tiene sobrepeso y está en baja forma física, así que se hace socio de un gimnasio. Al principio es estupendo, pero poco a poco su decisión de ir al gimnasio se desvanece y vuelve a engordar. Para contrarrestar esta falta de autodisciplina, se apunta a un entrenador personal. Le cuesta 80 dólares por sesión, dos a la semana. Programa sus citas con el gimnasio en su calendario laboral con media hora de antelación y contabiliza los costes de transacción que supone ir y volver del gimnasio y cambiarse, ducharse, etcétera. Protege ese tiempo. Va a todas las sesiones. ¿Por qué? Porque perdería 80 dólares cada vez que faltara.

Así que David habló con Janice y le pidió que le ayudara a tener más disciplina para aceptar el trabajo terminado. Comprendió lo importante que era enviar las señales correctas al equipo de desarrollo. Janice discutió con él si la aceptación era necesaria o no. ¿Tenía que aprobar el trabajo terminado? Este es otro uso de un concepto importante de Kanban: la aceptación era una política explícita, y Janice cuestionaba su validez. Vimos a Dragos plantear retos similares en la historia de la Ingeniería de Mantenimiento del XIT. Sin embargo, tras reflexionar, se acordó que la aceptación seguía siendo importante en muchos sentidos y que debía mantenerse por motivos de gobernanza, gestión de riesgos y moral del personal.

La solución fue dar a la aceptación un límite WIP. Una idea tan sencilla y, sin embargo, tan poderosa. ¡La simplicidad es poderosa!

Si David no se presentaba y no aceptaba el trabajo terminado, poco a poco el tablero kanban se llenaría de trabajo. Los límites WIP impedirían al equipo sacar nuevas funcionalidades, y poco a poco el equipo se quedaría inactivo. El Día del Juicio Final se produce cuando todo el equipo queda inactivo y el tablero se llena de trabajo bloqueado. La imposición de un límite WIP a una dependencia externa crea un escenario potencial de Día del Juicio Final. Llamamos a esto un «escenario del Dia del Juicio Final» debido a la incómoda conversación que es probable que ocurra a continuación y la posibilidad de que el agente de cambio, el defensor de Kanban, se encuentre con que están empaquetando su oficina y buscándole un nuevo empleo. Imponer un límite WIP a una dependencia externa es una opción peligrosa. ¿Qué pasa si la parte externa no coopera y llega el Día del Juicio Final? Por lo tanto, los límites WIP en las dependencias no son para principiantes. Sin embargo, en este caso, Janice contaba con la circunstancia atenuante de que David Hoffman, la dependencia externa, estaba colaborando. No tenía intención de defraudar a nadie, y el Día del Juicio Final nunca debería ocurrir. El límite WIP y sus consecuencias estaban ahí para ejercer una suave presión para que David actuara a tiempo. Es más, David tenía que pasar por delante del tablero desde su despacho cuando iba a por una taza de café. Iba a verlo varias veces al día. No iba a poder olvidarse de la aceptación de funcionalidades pendientes.

Por supuesto, todo funcionó como estaba previsto y se recuperó una cantidad considerable de capital social.

Posit entregaba nuevas funcionalidades a sus clientes de negocio a medida que se completaban, una cada semana de media. Se hacía *pull* de un nuevo trabajo cuando se entregaba una funcionalidad existente, y todo fluía sin problemas. Fue una verdadera victoria para Janice y un gran alivio tras tres años de vivir en el caos y sentirse culpable por la incapacidad de hacerlo todo mejor. Siempre pensó que los problemas no estaban en las personas (científicos, desarrolladores y *testers* clínicos), sino en el sistema en el que trabajaban, que simplemente no estaba adaptado a la naturaleza del entorno en el que vivían. También se sintió inmensamente aliviada de que se hubieran eliminado las horribles reuniones de planificación cada tres semanas. La introducción de Kanban le permitió lograr un mayor equilibrio en su vida. Se liberó de una buena dosis de estrés y ansiedad.

Posit Science: posdata

A principios del verano de 2009 se publicaron los esperados resultados del estudio de la Clínica Mayo[31]. Alentadoramente, los investigadores descubrieron que el software potenciaba el cerebro de formas no relacionadas con el entrenamiento. En lugar de aprender simplemente a repetir como loros lo que habían practicado, los participantes mejoraron sus resultados en una serie de funciones cerebrales. Lo que Posit había conseguido era realmente extraordinario. Ese mismo verano lanzaron DriveSharp. Uno de sus juegos, Road Choice, rebautizado posteriormente como DoubleDecision[32], resultó especialmente beneficioso. El reconocimiento llegó en un momento en que crecía el debate sobre si los juegos cerebrales aportaban los beneficios que sus creadores afirmaban.

Janice tenía grandes planes para muchas mejoras más, pero se le acabó el tiempo. Posit no había conseguido aumentar su flujo de caja con la rapidez suficiente, por lo que era necesario un importante recorte. Se mantuvo a los investigadores neurocientíficos, pero se despidió a todo el grupo de desarrollo de productos. Janice pasó a trabajar en otra empresa de juegos en Berkeley, California.

Posit se había resistido a entrar en el mercado de consumo. Su identidad como científicos que fabrican productos de grado médico dominaba su toma de decisiones, su estrategia y sus opciones de inversión. Mientras tanto, su competidor Lumosity se había lanzado al mercado de consumo y había conseguido un presupuesto de marketing mucho mayor, esencial para vender algo que pocos consumidores entendían todavía, y había desarrollado un producto basado en web disponible mediante una suscripción asequible. Arrasaron en el mercado.

31. http://www.brainhq.com/world-class-science/published-research/impact-study
32. http://www.nature.com/news/a-little-brain-training-goes-a-long-way-1.12924

Los fundadores de Lumosity, al igual que Posit, habían supuesto que gran parte de su mercado serían los *baby boomers*. Pero cuando analizaron los datos de sus usuarios, descubrieron que los juegos atraían mucho más a los veinteañeros y treintañeros, la generación milenial. Al darse cuenta, empezaron a dirigirse a ellos. El resultado fueron millones de nuevos usuarios cada año.[33]

Posit demostró resistencia. La decisión de reducir la plantilla llegó lo suficientemente pronto como para evitar el colapso y mantenerse a flote. Sobrevivieron con una base de costes muy reducida y se recuperaron unos años más tarde con el lanzamiento de su propia plataforma web, BrainHQ[34]. En la actualidad, ofrece una amplia gama de juegos adecuados para un público más amplio a precios mucho más asequibles, a menudo sacados al mercado como «marca blanca» y vendidos bajo otras marcas, como AARP.

Aunque Janice tuvo que abandonar la escena del aeróbic cerebral, nunca abandonó la escena de Kanban. Kanban cambió su vida. En 2011, se mudó a Seattle y fundó la Kanban University,[35] una organización de formación licenciada, y poco después se hizo cargo de la Kanban Conference y el negocio asociado de planificación de eventos.[36] Janice sigue siendo una figura muy respetada en la comunidad Kanban tras su contribución durante más de una década, desde 2008 hasta 2018.

---

33. http://www.inc.com/magazine/201312/robin-schatz/from-research-lab-to-market-leader-in-no-time.html

34. http://www.brainhq.com/news/posit-science-launches-brainhq

35. Originalmente Lean Kanban University Incorporated

36. Pasó por varios cambios de nombre, empezando por Lean & Kanban Conference en 2009, luego Lean Software & Systems Conference, y más tarde Lean Kanban Conference.

Puntos clave

- Si el concepto de Kanban encuentra resistencia, considere no llamarlo Kanban en absoluto. Esto se conoce como la «Escuela del Club de la Lucha del *Coaching* Kanban» porque no se habla de Kanban.

- Debido a la gran afinidad con Scrum en Posit, el nuevo proceso se introdujo como «sistema de flujo».

- Se eligió el término «sistema de flujo», ya que abordaba directamente un punto de dolor. Una importante fuente de insatisfacción procedía de las constantes interrupciones y la falta de fluidez en el trabajo de desarrollo. La nueva solución se posicionó para atacar directamente este problema.

- Abordar las preocupaciones emocionales es un medio para conmover a la gente y llevarla a la acción.

- La reposición se realizaba a demanda, sin una cadencia regular, y se hacía *pull* de cada elemento individualmente.

- Se reservó capacidad para el trabajo de la clase de servicio Intangible para garantizar que se realizaba.

- Se eligió un SLA de veintiún días para ajustarse a la cadencia existente de tres semanas para los *sprints* de Scrum.

- La reposición utilizó un compromiso asíncrono en dos fases. Esto permitía a los desarrolladores extraer trabajo del búfer de entrada sin tener que volver a consultar a los propietarios del negocio.

- El compromiso asíncrono, como se observa en Posit, se asocia a las organizaciones que pasan del nivel de Madurez 2 al 3 en el Modelo de Madurez Kanban.

- El tamaño del búfer de entrada, junto con el compromiso asíncrono, permitió la señalización anticipada de «lo que está por venir», al tiempo que seguía apoyando el compromiso diferido hasta el «último momento responsable».

- Las funciones de *Scrum Master* y de *Product Owner* no se modificaron.

- También se mantuvieron las demostraciones y las retrospectivas, con la misma cadencia de tres semanas.

- Se mantuvo la aceptación del *Product Owner*, pero se introdujo explícitamente en el flujo de trabajo, se visualizó en el tablero y se le asignó un límite WIP.

- El tablero kanban de Posit Science visualizaba dos niveles de jerarquía de requisitos: funcionalidades divididas en historias de usuario.

- Había tres equipos utilizando un tablero, y cada equipo utilizaba un carril (o fila) específico del tablero.

- Había un carril adicional para el trabajo de clase de servicio Expedite (Urgente). No había un equipo dedicado a este trabajo. Se tomaban personas de los tres equipos dedicados en función de las necesidades para trabajar en solicitudes urgentes.

- La información tradicional sobre el negocio se convirtió en una reliquia evolutiva, ya que el coste de los retrasos lo sustituyó como medio para seleccionar y programar el trabajo.

- El tablero kanban de Posit Science también incorporaba elementos de diseño para dos servicios compartidos y un recurso de capacidad limitada (o cuello de botella).

10

Almuerzo en Hibiya, cena en Anthony's

El rol del *Service Delivery Manager*

Mi epifanía Kanban llegó al salir de los Jardines del Palacio Imperial, poco antes de la hora de comer del 9 de abril de 2005. Era mi cumpleaños y, para celebrarlo, mi familia japonesa política me invitó a comer *sushi*. Atravesamos la Puerta Este y cruzamos el puente sobre el foso en dirección a la estación de Otemachi, a dos manzanas de distancia. Allí tomamos un tren a Hibiya.

Salimos de la estación de Hibiya por el lado norte de Yurakucho y pasamos por delante de un bloque de edificios de oficinas hasta encontrar la torre que buscábamos. No se diferenciaba mucho de las demás de este céntrico distrito de negocios de Tokio, pero en su interior había un restaurante de *sushi* de buena calidad y reputación, a un precio asequible para el bolsillo de la clase media. Se consideró adecuado para una legítima celebración de cumpleaños del honorable cuñado (yo) sin quebrar el banco ni avergonzar a la tarjeta de crédito en una tímida retirada. Al entrar en el atrio y descender por la escalera, adentrándonos bajo tierra, recuerdo que parecía más luminoso que la luz del día. Un adorno de agua en la pared que cubría varias plantas desde el nivel más profundo del sótano hasta el atrio a ras de suelo estaba aparentemente iluminado con tubos de luz diurna. Desprendía un resplandor cálido, acogedor y alegre. El sonido del agua era relajante. Al fondo, el techo del segundo nivel del sótano era más bajo y el pasillo no estaba tan bien iluminado, pero era correcto para los estándares de cualquier centro comercial o área de comidas cubierta. Aquí estaban todos los restaurantes: un largo pasillo de unos cuatro metros de ancho frente a nosotros. A ambos lados había puertas separadas unos diez metros. La oferta de comida era variada. La primera vitrina a nuestra derecha contenía una selección de réplicas de *sushi* de cera. En un atril, a un ángulo de 45º con respecto a la puerta, había un menú. Habíamos llegado. Entramos, apartando a un lado las cortinas colgantes.

«¡*Irashaimase*!», fue la llamada para darnos la bienvenida.

Nos recibió reverencialmente una joven. Se inclinó hacia delante, sonrió y señaló la puerta con la mano abierta. Nos explicó que estaban llenos, pero que podíamos esperar fuera. Momentos antes, habíamos pasado junto a una fila de sillas de comedor colocadas a lo largo de la pared, lejos de la puerta, en dirección a la escalera. Le dio el menú a mi cuñado y tomamos asiento. Me alegré de quitarme un peso de encima —literalmente—, pues mi hija pequeña seguía atada a mi pecho. Se la pasé a su madre. Mi hija mayor se sentó a mi lado repitiendo: «¿Vamos a comer *sushi* ahora?». «¿Es este el restaurante?».

Esperamos un tiempo considerable. Tres mujeres jóvenes se unieron a nosotros, sentándose en los asientos contiguos al mío. Mi mujer, su hermana y su cuñado pasaron un buen rato mirando la carta de *sushi*. Era poco más que una tarjeta de puntuación en la que el cliente marca cuántas piezas desea. Examinaron la carta al detalle, como si estudiaran la forma y las probabilidades de una carrera de caballos. Se debatía cada opción y se seleccionaba a los posibles ganadores. Afortunadamente, esta forma de diversión nos hizo pasar el tiempo mientras esperábamos.

Pasaron unos veinte minutos hasta que apareció una segunda mujer y nos dijo que ya podíamos sentarnos. La seguimos hasta una mesa en un rincón. Todas las mesas tenían privacidad mediante un biombo de papel. Técnicamente, nuestra mesa no estaba en un rincón, pero lo parecía. Éramos seis en total: cuatro adultos, una niña de dos años y un bebé. Teníamos cinco sillas: dos a cada lado y una quinta en un extremo. El otro extremo estaba pegado a la pared. Nuestro bebé estaba en el regazo de su madre. Nos sentamos. Mi otra hija ocupó una silla junto a su madre, en la esquina. Yo me senté al final, en el pasillo. Después de todo, yo era el cumpleañero, el centro de atención. Mis suegros me hicieron un regalo: un buen juego de papel de escribir japonés. ¿Quizá me estaban recordando que volviera a pintar? Es un regalo de primera y típico de Tokio. Es pequeño, ligero, fácil de empaquetar y guardar, difícil de romper, de muy buena calidad y probablemente muy caro. «¿Vamos a comer *sushi* ahora?», preguntó la vocecilla desde la esquina.

Nadie nos había tomado nota. Parecía que el menú era solo para divertirnos. Mi cuñado seguía sosteniéndolo como si fuera un boleto de apuestas para una carrera de caballos que está en suspenso porque la puerta de salida falló, dejando a un animal atrapado en el mecanismo mientras los comisarios de carrera intentan frenéticamente liberar a la bestia y restablecer la salida. Una joven nos trajo agua y toallas. Pasaron al menos cinco minutos más antes de que un joven en edad universitaria, alto y delgado, fresco como el *sashimi*, se acercara, se inclinara amablemente y se ofreciera a tomar nuestro pedido. Mi cuñado se lo entregó y le habló brevemente, señalando la sección de varios del pedido en la que había escrito en *katakana* (caracteres japoneses para palabras extranjeras): California roll. El camarero asintió y se marchó. La señora que había traído el agua volvió con cerveza: dos botellas grandes de Sapporo y cuatro vasos pequeños.

«¡*Kanpai*!» Clink, clink, clink, clink.

Pasó el tiempo.

La cerveza desapareció. Los vasos pequeños se reponían varias veces de las botellas grandes.

Pasó más tiempo.

«¿Ya está listo el *sushi*?» «¡Quiero mi *sushi*!»

«¡Quiero mi *sushi*!»

A alguien le estaba entrando hambre. Parecía que había pasado mucho tiempo desde el picnic de media mañana en los Jardines del Palacio Imperial. Estuvimos charlando. Como familia, teníamos mucho sobre lo que ponernos al día. La expectación iba en aumento. «¿Vendrá pronto mi *sushi*? Quiero mi *sushi*».

Llegó un gran plato blanco cuadrado de *sushi*, traído por otro miembro del personal. Se hizo un espacio. Nuestro camarero lo bajó por encima de mi hombro. Al hacerlo, observé que no había ningún California roll en el plato.

Cuando se dio la vuelta, la familia miró el plato; algo iba mal. Mi cuñada se volvió hacia su marido y le dijo: «*Han-bun, ne*?» (japonés más bien femenino, que significa «media medida, ¿no?»).

Para los no iniciados, el japonés es un idioma muy difícil de aprender, no solo por la gramática y los tres alfabetos, sino también por las diferentes formas de hablar. Está la forma educada. Está la forma muy educada. Hay formas reservadas para hablar con los miembros de la casa real y otra para el Emperador. Y luego están las formas informales y la forma utilizada para hablar con los niños. En las formas informales, hombres y mujeres hablan de forma diferente. Por eso, la antigua forma tradicional de que un hombre aprenda una lengua extranjera —para encontrar una novia que sea hablante nativa e imitarla— no es aconsejable para la lengua japonesa. De lo contrario, los chicos acaban hablando como chicas, lo que a los nativos les hace mucha gracia.

«¡*Mmm. So*!», respondió mi cuñado forma de hablar masculina para «¡Sí, precisamente!».

Solo nos trajeron la mitad de nuestro pedido. La sorpresa fue considerable. Se llamó al camarero. Llegó una camarera muy educada, haciendo una reverencia profunda y frenética. Nos explicó que todos los cocineros de *sushi* estaban a tope. No esperaban estar tan ocupados hoy, sábado, y no tenían personal suficiente. Como consecuencia, se dieron cuenta de que la gente tenía hambre y, para mantenerlos contentos y hacerles la comida lo más agradable posible, primero servían la mitad de cada pedido. Lo hacían con todo el mundo.

Se trataba claramente de una buena táctica. Comprendieron que la entrega de valor en un restaurante proviene, al menos en parte, de la entrega de comida. Entregando la mitad, ponían algo de valor en manos del cliente más rápidamente.

En realidad, se trataba de una táctica multitarea, que en la mayoría de las circunstancias de los servicios profesionales es una mala idea: significa que hay más trabajo en curso. Si pensamos en una comida como un proyecto de cliente, cada proyecto individual tarda más en completarse porque el personal está cambiando de tarea de un proyecto a otro. En general, es mejor ordenar los proyectos o las tareas de los proyectos para que se realicen como un flujo de una sola pieza en un orden estrictamente priorizado o dependiente. El tiempo necesario para completar cualquier tarea o proyecto es menor.

Si, por ejemplo, los cocineros de *sushi* se hubieran concentrado únicamente en nuestro pedido, lo habrían completado rápidamente mientras los demás esperaban. La mesa de al lado habría esperado un poco más antes de recibir su pedido completo. La siguiente aún más. Nadie querría ser la última mesa en ser servida. El tiempo total de espera podría no haber estado dentro de los niveles de tolerancia de los clientes: no habría sido *fit-for-purpose*.

Con la táctica de satisfacer la mitad del pedido, el *lead time* inicial de cualquier pedido se reduce a la mitad. Así, una mesa que podría haber esperado cincuenta minutos por su pedido completo recibe la mitad de su pedido en veinticinco minutos. En estas circunstancias, la táctica funciona, porque el restaurante entiende a su cliente y sus niveles de tolerancia. El cliente no necesita todo el pedido de una vez: necesita algo de tiempo para comer y disfrutar de la primera parte de la comida. La táctica de la media ración funcionará siempre que la otra mitad llegue a tiempo, cuando el cliente esté listo para consumirla. Esta táctica de trabajar en lotes pequeños y transferirlos al cliente bajo demanda o *just in time* es muy eficaz y minimiza la cantidad de existencias a la espera de ser procesadas en un momento dado: dos lotes más pequeños proporcionan *sushi* más fresco para consumir cuando se necesita.

Ahora imaginemos que emitimos tarjetas kanban equivalentes, por ejemplo, al número de cocineros de *sushi* que hay en la cocina. Para trabajar en un pedido, este debe estar asociado a una tarjeta. Los demás pedidos simplemente se ponen en cola, en una cola FIFO. Cuando un cocinero termina un pedido, coge el siguiente, asignando la tarjeta kanban del pedido que acaba de terminar al nuevo pedido tomado de la cola FIFO. Un sistema de tarjetas kanban evitaría la multitarea y la posibilidad de que se preparasen demasiadas comidas simultáneamente. Un sistema kanban acortaría el tiempo de preparación de cualquier pedido al evitar demasiadas multitareas. Los sistemas de este tipo son habituales en la comida rápida. Un cocinero puede preparar un número limitado de hamburguesas o sándwiches de desayuno a la vez, mientras que otros pedidos se ponen en cola, a menudo sujetos a una cuerda o polea de alambre, según el orden de entrada. De este modo, el cocinero puede realizar una sola tarea, los tiempos de espera en la cocina son cortos y el cliente recibe la comida recién hecha. Todo el restaurante funciona a la velocidad a la que el cocinero puede hacer hamburguesas, freír huevos o cortar *sushi*.

«¡Quiero mi *sushi*!», exclamó mi hija de dos años. Para ella, a esa edad, todo *sushi* era un California roll. No había otro tipo de *sushi* en su universo. Podía ver claramente que no estaba en el plato. Por lo tanto, no había *sushi*. Solo un plato de pescado sobre arroz.

Estaba enfadada y frustrada. Empezó a cantar —afortunadamente en inglés— ¡QUIERO *SUSHI*! ¡QUIERO *SUSHI*! Golpeaba suavemente la mesa con los puños cerrados. El ruido de fondo del restaurante y las pantallas de papel impidieron que nadie se percatara realmente de que había una crisis pendiente relacionada con la clienta más pequeña, escondida en un rincón.

Estoy seguro de que todos los padres que lean esto sienten empatía. Reconocen la escena. Al leerla, te encoges de miedo anticipando lo que va a ocurrir a continuación.

Por otro lado, era un restaurante de *sushi* serio. Se notaba, porque el *sushi* se servía con jengibre, pero sin *wasabi*. Así se evitaba que los bárbaros insultaran más al cocinero. El cocinero prepara con cariño cada pieza para tu deleite. Tiene la cantidad justa de *wasabi*. Además, es de mala educación mojar el *sushi* en demasiada salsa de soja, pero esto es una habilidad que lleva años dominar. Por eso, los bárbaros tienen una salida: bañar los *nigiri* en soja antes de comerlos.

Le ofrecimos a la pequeña *tamago* (huevo) *nigiri*. El *tamago sushi* no lleva *wasabi*. Confundió el trozo cuadrado de tortilla con un trozo de queso. «No quiero queso». Peló el «queso» de la parte superior y se lo pasó a papá. «Cómete mi queso. No quiero queso». Muy bien. El arroz la mantuvo contenta durante un rato.

El plato que tomamos estaba lleno de *nigiri* de distintas variedades: había *unago* (anguila) y *unagi* (anguila a la plancha), había uno especial de 3 piezas todo para mí (un regalo de cumpleaños), había *sake* (salmón), *maguro* (atún) y *toro* (atún graso); *tako* (pulpo) y *saba* (caballa). Aunque parezca mucho, no fue demasiado entre cuatro.

La cerveza se acabó. Como era la hora de comer, no pedimos más. En su lugar llegó té verde.

Vaciamos el plato: nuestros estómagos aún no estaban llenos. Charlamos y pasamos el tiempo. El segundo pedido tardó en llegar al menos el mismo tiempo que el primero. Si uno se para a pensar en el mecanismo de colas que se utiliza en la barra de *sushi*, esto es totalmente explicable. Mientras tanto, mi hija estaba impaciente. Llevaba toda una semana de vacaciones hablando del *sushi*. Como la mayoría de los niños, vivía para comer, y la comida era siempre el plato fuerte de cualquier viaje. «¿Qué tal el zoo?» «Comimos una ensalada deliciosa en la cafetería». «¿Qué tal el vuelo?» «La azafata me dio bombones». «¿Qué tal Japón?» «Fuimos a un restaurante de *sushi*, ¡pero no hicieron mi *sushi*!».

La espera era demasiado larga porque no había suficientes cocineros de *sushi* para satisfacer la demanda. Preparar *sushi* para todas las mesas del restaurante, incluso medio pedido, llevaba más tiempo que la tolerancia de los estómagos de los clientes. La dirección del restaurante no había sido capaz de anticiparse a la demanda. Sin embargo, podría decirse que la popularidad del restaurante era previsible, dada su proximidad al Palacio Imperial y la abundante floración de los árboles de los alrededores. A pesar de ser sábado, la dirección podría haber dispuesto el mismo número de empleados que en un día laborable. Pero no fue así. Como la plantilla de cocineros de *sushi* era inferior a la necesaria para satisfacer la demanda, los cocineros no pudieron abastecer el restaurante completamente lleno con la suficiente rapidez.

En realidad, había dos opciones de gestión en esta situación: el restaurante podía elegir llenar todos los asientos, maximizando la demanda, o podía elegir sentar solo a tantas mesas como los cocineros pudieran atender. En otras palabras, sentar a una mesa solo cuando hubiera una tarjeta kanban (teórica) disponible. Esto último mejora el servicio al cliente una vez que los clientes están sentados, pero puede que haya que esperar más tiempo fuera. Por eso, puede que algunos clientes se vayan a otro sitio donde la espera sea más corta. Al sentar a todos los que pueden, la dirección evita el miedo a perder clientes que de otro modo se marcharían, pero se arriesga a tener una reputación de mal servicio. Anteponen el beneficio a corto plazo al servicio al cliente.

Finalmente, apareció otro camarero con un plato de aspecto similar al anterior: blanco, cuadrado y del mismo tamaño que el primero. ¿Cuántos camareros habíamos conocido? ¿Cuatro? ¿Cinco? Había perdido la cuenta. ¿Cuántos empleados trabajaban allí? No lo tenía claro. No podía ver todo el espacio. No parecía haber ninguna regla establecida sobre quién servía a quién. Me dio la impresión de conocer a todo el equipo.

Nuestro nuevo camarero bajó el plato.

Mi hija contuvo la respiración.

Antes de que el plato llegara a la mesa, exclamó: «¿Dónde está mi *sushi*?» y rompió a llorar desconsolada e incontroladamente. El camarero se quedó boquiabierto. Era demasiado joven para tener hijos. No tenía ni idea de lo que acababa de pasar. Mi cuñado se lo explicó entre gritos. Salió corriendo. Nuestra mesa era ahora el centro de atención de todo el restaurante.

Volvió otro camarero. Estaba seguro de que había sido el primero en tomarnos nota. Hubo muchas reverencias, disculpas y explicaciones. Mi cuñado me tradujo. No podían, o más bien no querían, hacernos el California roll. Esnobismo japonés. Realmente era un restaurante de *sushi* serio. Nuestro cocinero de *sushi* era demasiado orgulloso para hacer *maki* californiano.

Siguieron algunas negociaciones y se fue. Nos harían un derivado alternativo, *nori maki*. Así que ahora los cocineros nos estaban haciendo un pedido urgente para compensar su error. Como ya sabíamos que estaban a tope, y nuestra larga espera era testimonio de ello, nuestra solicitud acelerada significaba que otros tendrían que esperar aún más. El servicio al cliente se resintió una vez más.

A nuestra pequeña, más calmada ahora, le pedimos que esperara una vez más: el *sushi*, le aseguramos, estaba al caer. ¡De verdad que sí!

Seguimos comiendo.

Los japoneses comen el *sushi* siguiendo un orden establecido: primero los *nigiri* (piezas individuales) y después los *maki* (rollos). La sopa de miso se utiliza para acompañar el *maki*. Como se trataba de un restaurante de *sushi* serio, sabían que querríamos comer en ese orden, así que el segundo plato estaba lleno sobre todo de rollos que iban desde cosas sencillas como el pepino *kappamaki* (pepino) a pescados crudos más aventureros como el *tekkamaki* (atún).

Apareció un plato pequeño con algo parecido a un California roll. Tenía aguacate y pescado. En señal de protesta, el cocinero había dejado un rastro de mayonesa en forma de serpentina por encima de los trozos, ¡su última protesta contra la grosería!

Lo raspamos. A mi hija le pareció extraño. Nunca había visto *sushi* con salsa amarilla. Al principio se mostró escéptica, pero al final se lo comió, *maki* en mano, con una amplia sonrisa en la cara.

◆ ◆ ◆ ◆

Autoorganización

Entonces, ¿qué había pasado en ese serio restaurante de *sushi* en Hibiya? ¿Quién gestionaba nuestro almuerzo?

La respuesta era sencilla: ¡nadie! Este restaurante se organizaba solo.

Se dejó que los cocineros de *sushi* se autoorganizaran. Gestionaban una cola de pedidos con tarjetas de puntuación. No recibían instrucciones de nadie; se limitaban a hacer el *sushi* por encargo siguiendo unas reglas básicas, como *nigiri* primero y *maki* después. Eran una función de elaboración de *sushi*.

Alguien sentaba a los clientes, alguien tomaba los pedidos de bebidas, alguien anotaba los pedidos de comida, alguien entregaba los pedidos a la mesa, alguien más recogía los platos de la mesa. El restaurante tenía un conjunto de funciones perfectamente definidas, cada una de ellas autoorganizada y activada por determinadas señales, como los clientes que hacían cola fuera esperando a sentarse o los pedidos de *sushi* en una tarjeta de puntuación enganchada a un carrusel junto a la barra de *sushi*. Había una clara división del trabajo entre todas las tareas: sentarse, esperar, servir, preparar el *sushi* y las bebidas. Lo que se había perdido era el contexto del pedido del cliente. Nadie se preocupaba de aportar valor al cliente. Nadie se tomaba la molestia de entender por qué había un pedido especial de un California Roll. Incluso si lo hubieran hecho, es casi seguro que ese contexto se hubiera perdido en los traspasos entre funciones. No había forma de comunicar el propósito del cliente ni los riesgos para el negocio asociados a un pedido. El California roll no estaba en el menú. Era un pedido especial. No había muchos niños de dos años que solo comieran

California rolls. Nadie previó su importancia. Y, por lo tanto, nadie lo entendió cuando al final esa niña tuvo un ataque de nervios.

El verdadero problema era que nadie era responsable de nuestro proyecto de almuerzo. Nadie era responsable de la prestación del servicio. El concepto de prestación de servicio no existía en la organización.

Alguien tenía que defender al cliente. Alguien tenía que ser el responsable de aportar valor al cliente. Alguien tenía que apropiarse del contexto de los requisitos del cliente. En Kanban, hemos llegado a llamar a ese papel el *service delivery manager*.

◆ ◆ ◆ ◆

Mi segunda epifanía relacionada con Kanban llegó de forma tan inesperada como la primera. Esta vez en una hermosa, cálida y soleada tarde en el restaurante Anthony's Pier 66, en el paseo marítimo de Seattle, en agosto del mismo año. Contrastar el servicio en Anthony's con el que había experimentado en Tokio reveló la necesidad de una función explícita en las implementaciones de Kanban: la función del *service delivery manager*.

Service delivery manager

Los visitantes habían llegado a la ciudad: Brian O'Byrne y Martin Hogan, de Statesoft, una *start-up* con sede en Dublín, me visitaban en Microsoft, mientras que Robert Holler y Michael Leeds, de Version One, una empresa con una popular herramienta de seguimiento del trabajo realizado con la metodología Agile Scrum, hacían visitas comerciales por la zona. Conocía a Brian de la época en que trabajé en Dublín en 1999, mientras que a Robert lo conocía de los foros de debate *online* sobre desarrollo Agile de software, y llegué a conocerlo mejor en 2005, cuando juntos nos colamos en la famosa fiesta de Rally Software en la conferencia Agile de Denver. Siendo Rally el principal rival de Version One en el seguimiento de Scrum, Robert no estaba en su lista de invitados a la fiesta. Aquella noche de finales de verano de 2005, había aceptado reunirme con todos ellos para cenar, pensando que dos grupos de fundadores de dos pequeñas empresas que venden herramientas para desarrolladores tendrían mucho en común. Anthony's era una de mis opciones favoritas cuando tenía invitados en la ciudad. En esas noches de verano, tiene unas vistas espectaculares de la bahía de Elliott, con el ir y venir de los transbordadores y los cruceros. Si el tiempo está despejado, hay una vista espectacular del monte Rainier, de 4000 metros de altura y todavía cubierto de nieve incluso en verano, contra el primer plano de los rascacielos del centro y los estadios deportivos que albergan a los Seattle Seahawks y los Seattle Mariners, mientras el sol se pone y el cielo se tiñe de rojo hacia el oeste sobre el Puget Sound y la silueta de las Olympic Mountains. Así pues, Anthony's es un lugar estupendo, pero sus vistas por sí solas no lo convierten en un lugar *fit-for-purpose*. No continuaría yendo a menos que el servicio y la comida también fueran buenos.

A las 11.00 de la mañana de un soleado y despejado día de agosto, llamé al restaurante desde la mesa de mi oficina. Pedí reservar mesa para cenar esa noche. La joven al otro lado me preguntó a qué hora. Le dije que a las 18.00. Me respondió: «No podemos a las 18.00, pero puedo ofrecerle a las 17.45 o a las 18.15». Opté por la última hora y le dije que seríamos cinco. Envié un correo electrónico a mis amigos para confirmar la cita; deberían reunirse conmigo en el bar del restaurante sobre las 18.00.

Esa tarde, llego el primero. Subo las escaleras desde la entrada principal hasta el mostrador del restaurante, en la planta superior. Me reciben tres caras sonrientes. Digo mi nombre y me confirman la reserva. Sé que llego pronto, así que tomo asiento en el bar. Miro las mesas del restaurante. No está lleno. Los camareros no están ocupados. Están casi todos junto al atril. ¿Por qué no nos habrán sentado a las 18.00? Pido un gin-tonic y me siento en el bar. Los chicos de Version One llegan al cabo de diez minutos. Estoy a punto de pedirles una copa cuando llegan también los chicos irlandeses, así que volvemos inmediatamente al mostrador. Nos acompañan a nuestra mesa, una mesa estrecha, grande y redonda situada en un ventanal esquinero con unas vistas espectaculares de 180 grados.

«¿Cómo están esta noche, caballeros? Me llamo Andy, voy a ser su camarero». Me mira: «¿De dónde son?», pregunta, detectando claramente un acento. Le tomo el pelo con un «¡Ballard!» (un barrio de Seattle a unas cinco millas al norte del restaurante). Sonriendo, me pregunta de dónde soy realmente. Recorre la mesa y se queda gratamente impresionado por la diversidad geográfica reunida ante él: uno de California, otro del estado de Georgia y dos más de Irlanda.

«¿Y qué os trae por aquí esta noche? ¿Cena de negocios?»

«Todos están en la ciudad por negocios, pero esta noche solo vamos a ponernos al día y pasar el rato».

«¡Muy bien entonces! Una noche maravillosa para ello. Y tienen la mejor mesa, así que disfrútenla».

Nos explicó de memoria todas las especialidades del día. Pedimos un vino. Unos minutos más tarde, llegó un camarero y nos sirvió un Chardonnay local del estado de Washington. Andy volvió instantes después para comprobar que todo era de nuestro agrado y que estábamos contentos con nuestra elección. Nos tomó nota de la comida. Yo había pactado compartir los mejillones tailandeses con Michael como aperitivo. Los mejillones tailandeses eran una especialidad de la casa en Anthony's. ¡Buenísimos!

A medida que pasaba el tiempo, veíamos unas pocas mesas sentadas cada quince minutos más o menos. Siempre había mesas vacías. Casi todo el mundo en el restaurante estaba en una fase diferente de su comida. ¿Qué estaba ocurriendo? La dirección del restaurante entendía su función limitante: la cocina y los chefs. Así que escalonaron la llegada de los comensales en intervalos de quince minutos. Solo sentaban a dos o tres mesas cada quince minutos y, como resultado, limitaban el trabajo en curso en la cocina a un nivel manejable para los chefs. Equilibraban la demanda en cada momento con su capacidad de suministro. Habían programado las llegadas y el asiento de los clientes para facilitar el flujo. Como el tamborilero en un gran barco, la recepción tocaba el tambor una, dos o tres veces cada quince minutos, y todo el sistema del restaurante seguía su ritmo.

Anthony's evitó todos los errores que experimenté en Tokio. Andy fue nuestro camarero durante toda nuestra visita. Entendió nuestro contexto. Se tomó el tiempo de conocernos un poco. Sabiendo de dónde éramos y por qué estábamos visitando Seattle y Anthony's, desarrolló una estrategia para nuestro servicio. Andy entendió el propósito de nuestra visita, y adivinó a partir de eso nuestros criterios de aptitud para una comida exitosa. Tomó nuestros pedidos y entendió sutilezas como que yo compartiría los mejillones con Michael como aperitivo porque media ración para cada uno sería suficiente como entrante. Andy se aseguró de que nuestra cena fuera un éxito, y le recompensamos con una buena propina. El servicio fue siempre rápido, y cada plato parecía aparecer casi tan pronto como se retiraban los platos del servicio anterior.

Anthony's es una operación *lean* y eficiente. Los camareros abogan por el cliente, mientras que las funciones en la parte de atrás nunca están sobrecargadas. Andy fue nuestro *service delivery manager* durante la velada. El flujo de nuevos clientes se restringió en el punto de entrada con un sistema de programación que acomoda a los clientes en turnos de quince minutos y nunca sobrecarga el sistema con demasiados clientes que llegan a la vez. El resultado es un restaurante que funciona como un sistema integrado con capacidad suficiente para garantizar un buen servicio al cliente de principio a fin. Anthony's está organizado para ofrecer rápidamente platos de buena calidad. Esto les permite pasar por la mesa y cubrirla una y otra vez a lo largo de la velada. El flujo fluido, que frena la demanda en el punto de entrada y permite un servicio rápido, eficiente y preciso, hace de Anthony's un restaurante popular con una reputación estelar. Sigue siendo un negocio sólido y rentable mientras escribo esto en 2023, dieciocho años después de la velada en cuestión.

◆ ◆ ◆ ◆

Podemos aprender de esta historia de dos restaurantes que la autoorganización de las responsabilidades funcionales no es suficiente: tiene que haber un contexto, una comprensión de quién es el cliente y de cuál es el motivo por el que frecuenta nuestro servicio. El contexto ayuda a programar, priorizar y satisfacer las necesidades reales del cliente. La comunidad de desarrollo de software Agile lleva más de veinte años obsesionada con la autoorganización. Sin embargo, no puede valerse por sí misma de forma aislada. La autoorganización es útil para avanzar con agilidad cuando está enmarcada en un contexto, que proporciona un propósito compartido, una comprensión de las necesidades del cliente, sus deseos, expectativas, criterios de adecuación y tolerancia a la variación y a los errores. Sin contexto ni defensa del cliente, la autoorganización puede solo servir a sí misma.

Comprender el propósito del cliente nos ayuda a entender su tolerancia en cuanto al *lead time* y otros aspectos del servicio: ¿Quiere un camarero hablador o un servicio discreto y silencioso? Al comprender el propósito de la visita del cliente, el camarero puede decidir el tamaño adecuado del lote: ¿El cliente lo quiere todo junto o quiere que le sirvan cada plato por separado? ¿Tienen prisa? ¿O apreciarán un ritmo más pausado, tiempo para hablar, disfrutar de su vino, quizá una segunda botella y el postre a continuación?

Alguien tiene que ser el propietario de la entrega de valor al cliente y asumir la responsabilidad del flujo en la cadena de valor. Vimos que Anthony's valoraba claramente el flujo y equilibraba la demanda con la capacidad de suministro, marcando el ritmo de llegada de nuevos clientes y sentando solo a un máximo de tres mesas cada quince minutos.

En Kanban, comprender el valor para el cliente y asumir la responsabilidad del flujo y la entrega con respecto a las expectativas es el papel del *service delivery manager*. Sin alguien que desempeñe ese papel, las implementaciones de Kanban tienden a ser superficiales y a pequeña escala y a limitarse a equipos de individuos o funciones; rara vez visualizan un flujo de extremo a extremo. Cuando el *service delivery manager* está presente, se entiende al cliente, y el propósito del cliente y los riesgos asociados a ese propósito se convierten en consideraciones fundamentales en el diseño del sistema y el tablero Kanban. Con el contexto del cliente, vemos implementaciones profundas con un sistema *pull*, reuniones de reposición en las que participa el cliente, límites de WIP en todo el tablero y utilización de ideas avanzadas como la asignación de capacidad para cobertura de riesgos, la creación de tipos de riesgos y las clases de servicio.

En *Kanban*, no describía ningún rol. Kanban era el método de «empieza por lo que haces ahora», y no se necesitaban nuevas funciones, posiciones o nombres de cargos. Sin embargo, no me di cuenta de la necesidad del *service delivery manager*. No lo veía porque esa función ya existía en todas nuestras implantaciones de referencia: Dragos desempeñaba ese papel en Microsoft XIT Ingeniería de Mantenimiento; Darren Davis, Diana Kolomiyets y Daniel Vacanti desempeñaban ese papel en Corbis; Janice Linden-Reed desempeñaba ese papel en Posit Science; Eric Landes desempeñaba ese papel en Robert Bosch, y Rob Hathaway desempeñaba ese papel en IPC Media. No fue hasta más tarde, mucho más tarde, después de haber visto muchas implementaciones superficiales a nivel de equipo, cuando empezamos a buscar lo que faltaba. Con el tiempo, surgieron pruebas contundentes con casos de estudio como el de Christoph Achouiantz en Sandvik, donde había puesto en marcha más de cincuenta implementaciones de Kanban a nivel de equipo sin ningún flujo de extremo a extremo. Con el tiempo, Christoph se dio cuenta de que en Sandvik existían tantos silos que no bastaba con identificar al cliente y comunicar su contexto en las tarjetas de Kanban: tuvo que crear el título y el cargo de *delivery manager* para centrar la atención en el flujo y en la prestación del servicio. De ahí que este libro contenga nuevas orientaciones: si ya existe una persona responsable de recibir el pedido del cliente y de garantizar que fluya sin problemas y se entregue a tiempo, la antigua orientación se mantiene; no se necesitan nuevos roles cuando se introduce Kanban. Si, por el contrario, no hay una sola persona responsable de garantizar la coordinación de extremo a extremo, desde el pedido del cliente hasta la entrega, entonces ese rol es necesario para que surja un sistema Kanban profundo, significativo y totalmente funcional, y el nombre de ese rol es el de *service delivery manager*.

En la comunidad de desarrollo de software Agile, y en menor medida en la comunidad DevOps, la respuesta inmediata a la disfunción descrita en el ejemplo del restaurante Hibiya es sugerir una reorganización en equipos multidisciplinares. Si siguieran este consejo, el restaurante se organizaría en «equipos de proyecto de almuerzo»: cada equipo estaría formado por un acomodador, un camarero, un ayudante de camarero y un chef de *sushi*. Tal vez formaríamos a nuestros camareros como camareros y ayudantes de camarero y reduciríamos cada equipo a una simple pareja: la parte delantera del restaurante (de cara al cliente: sentar a los clientes, tomar pedidos y servir) y la parte trasera (el chef). Asignaríamos mesas fijas a cada pareja de equipos de *sushi* para evitar conflictos de recursos y peleas por las mesas cuando se sentaran los clientes. El equipo permanecería unido y trabajaría en un solo proyecto a la vez o en varias mesas, pero dentro de los límites de su capacidad.

En primer lugar, cuando se describe así, es evidente que ese consejo de «formar equipos interfuncionales» es ridículo y carece de sentido en algunos contextos. No vemos restaurantes organizados de esa manera. Por tanto, no es una orientación de uso general.

En segundo lugar, simplemente ese no es en absoluto el método Kanban. Kanban consiste en utilizar la visualización y promover la cooperación entre individuos y entre funciones para ofrecer valor al cliente. Un equipo puede formarse en torno a un propósito —un objetivo compartido—, pero esa formación puede ser dinámica, virtual y efímera y no requiere ninguna reorganización o reestructuración formal. Kanban es el método «empieza por lo que haces ahora», no es el método «primero, reorganízate en equipos multidisciplinares». Kanban no comparte la agenda del desarrollo Agile de software de formación de equipos multidisciplinares. Kanban se basa en la creencia de que se puede invocar la colaboración comunicando el propósito y creando un entorno que fomente el trabajo cooperativo hacia un objetivo compartido. No hay necesidad de reorganización. El papel del *service delivery manager* es un elemento clave para que funcione. Mientras haya un «Andy» (el defensor del cliente, el *service delivery manager* para nuestro proyecto de cena), puede haber un trabajo en colaboración eficaz, puede haber fluidez, puede haber clientes satisfechos y puede haber una prestación de servicios *fit-for-purpose*.

Deje de reorganizarse. Empiece a colaborar con un propósito compartido. Convierta al *service delivery manager* en el guardián de ese propósito.

Puntos clave

- El método Kanban considera la reorganización como un enfoque de último recurso para el cambio y la mejora, y prefiere promover la colaboración orientada al servicio entre las unidades organizativas existentes.

- Comprender el propósito o los objetivos del cliente y comunicarlo de forma transparente con un elemento de trabajo solicitado por el cliente, es fundamental para el Método Kanban.

- La comprensión del propósito del cliente permite la unidad y la alineación a lo largo y ancho de un flujo de trabajo en el que intervienen múltiples funciones.

- En los casos en los que aún no haya nadie responsable de recibir el pedido de un cliente y garantizar que el pedido progresa y se entrega al cliente dentro de sus expectativas y de los umbrales de idoneidad, debería introducirse el rol del *service delivery manager*.

- Lo ideal es que el *service delivery manager* sea un miembro del personal ya existente.

- En circunstancias extremas, el *service delivery manager* puede ser un nuevo puesto creado con ese título o una variación del mismo, como «*delivery lead*», «*delivery manager*» o «*delivery director*».

- La autoorganización a nivel de equipo o departamento no es suficiente para garantizar un buen servicio al cliente y clientes realmente satisfechos.

- El Método Kanban no comparte la agenda de las metodologías Agiles de desarrollo de software de formar equipos multidisciplinares, prefiriendo en su lugar la promoción de la colaboración y cooperación interfuncional hacia un objetivo común o compartido.

11

Sé cómo el agua

La filosofía detrás del Método Kanban

En mayo de 2009, Joe Campbell publicó un breve blog[37] que tuvo un profundo impacto en la dirección del Método Kanban y su comunidad: sugirió que «Kanban debería ser como el agua». Esto era una referencia a la filosofía y las enseñanzas del difunto Bruce Lee, el famoso artista marcial y estrella de cine que estudió filosofía en la Universidad de Washington, en Seattle. Fue enterrado en Seattle, y es una curiosa coincidencia que el trabajo de Lee con las artes marciales chinas contenga algunos paralelismos interesantes con mi propio trabajo con Kanban, ambos conjuntos de ideas originados en Seattle.

Artes marciales chinas

Tradicionalmente, las artes marciales chinas se enseñan como un conjunto de movimientos, conocidos como *kata*, cada uno de los cuales se practica individualmente. Una colección de *katas* se conoce como un estilo con un patrón, y esta colección suele tener un nombre. El nombre es efectivamente una marca, o un identificador, con el que se describe la colección de movimientos y el estilo de lucha asociado al creador: el gran maestro o *shifu*. Wikipedia enumera más de 100 estilos de artes marciales chinas con patrón, divididos en tradicionales (a menudo con dos o tres mil años de antigüedad) y modernos (sobre todo de los últimos 150 años). Tienen nombres como Mantis Religiosa del Sur, Puño de la Serpiente, Puño del Tigre Negro y Puño del Mono. Análogamente, un

---

37. Titulado originalmente *«Kanban should be like water»*, el post parece haber sido editado posteriormente para simplificar el título a *«Be like water»*. https://joecampbell.wordpress.com/2009/05/13/be-like-water/

estilo con patrón, una colección de *katas*, puede compararse con un proceso o metodología definidos, una colección de prácticas, roles, responsabilidades y flujos de trabajo.

Lee utilizó el agua metafóricamente para sugerir que podía adoptar cualquier forma, que podía adaptarse a sus circunstancias. Si viertes agua en una taza, se convierte en la taza. Es fluida: puede adoptar cualquier forma. Quería que sus seguidores tuvieran un estilo fluido y adaptable, que se acercaran a las artes marciales sin una mentalidad fija, sin un deseo de conformarse con seguir un estilo establecido, sino que adaptaran y evolucionaran su propio estilo único. En este sentido, la filosofía de Lee coincide exactamente con la del Método Kanban. En lugar de seguir un proceso o metodología prescriptivos, hay que empezar con lo que se hace ahora y adaptar y evolucionar el proceso para alcanzar un objetivo concreto o servir a un propósito específico.

Con Kanban, quería que la gente se liberara de la idea de que los procesos y las metodologías de desarrollo de software deben instalarse en una organización y que esta debe adaptarse para seguirlos. En su lugar, las organizaciones deben desarrollar sus propios procesos y flujos de trabajo únicos, de forma que adapten la solución disponible más adecuada a sus propias circunstancias, a los riesgos que gestionan y a los resultados que se esperan de ellas. En lugar de seguir un estilo prescrito, desarrolle una forma de trabajar que sea *fit-for-purpose* y le permita cumplir tanto las expectativas del cliente como las de los *stakeholders*, los responsables del negocio, las autoridades reguladoras, etc.

La epifanía que había tenido mientras trabajaba como directivo en Sprint en 2002, donde cada departamento de nuestra unidad de negocio tenía su propio único grupo de clientes y gestionaba un único conjunto de riesgos, significaba que no tenía sentido que los cuatro grupos de desarrollo orientados al cliente tuvieran que seguir los mismos procesos. El hecho de que todos utilizaran tecnologías y herramientas de desarrollo similares era irrelevante; la naturaleza del trabajo, la urgencia, el coste del retraso y otros riesgos empresariales eran diferentes. Estaba claro que el concepto de «proceso estándar» seguido por cada departamento era inadecuado. Las herramientas y las tecnologías no deben dictar el proceso a seguir, sino que lo deben hacer los riesgos empresariales. Por eso, mientras que la guía de Lee sobre artes marciales se enfrentaba a unos 3 000 años de convenciones y «buenas prácticas» establecidas, mis consejos se enfrentaban a más de cuarenta años de convenciones y «buenas prácticas» establecidas en ingeniería de software y quizá a más de noventa años de pensamiento establecido en ingeniería industrial y procesos de control de la calidad.

Rodear la roca

En *Striking Thoughts*, su colección de pensamientos filosóficos, publicada póstumamente por su esposa Linda, Bruce Lee dedica una sección entera al agua. El agua, observó, fluye alrededor de la roca. La roca es un obstáculo en su camino, pero en lugar de golpearla e intentar apartarla, el agua simplemente fluye a su alrededor. La roca es una metáfora de la resistencia: en el caso de Lee, la resistencia es la del oponente en combate. En lugar de golpear al oponente de frente utilizando una fuerza excesiva, el consejo de Lee era rodear la roca, evitar la resistencia: ser fluido y adaptarse a los ataques del oponente, o a sus defensas, utilizar un enfoque oblicuo en lugar de directo. Es posible que los antiguos oficiales militares que lean esto reconozcan similitudes con su doctrina de procesos y métodos utilizados para el combate a gran escala basada en las enseñanzas de la *Auftragstaktik*, la guerra de maniobras o *Mission Command*.

Para nosotros, la piedra es la resistencia al cambio que se produce cuando un profesional siente amenazada su identidad, su estatus social, su competencia, su dignidad o el nivel de respeto que inspira entre sus compañeros y entre su comunidad profesional cuando se proponen cambios en los procesos y las formas de trabajar. El planteamiento tradicional de aplicar un proceso o metodología definidos siempre va a levantar ampollas, a agitar las defensas emocionales naturales, lo que se traduce en una resistencia obstinada y en inercia. En cambio, la filosofía de «empezar donde se está ahora» y hacer evolucionar los procesos para que se adapten mejor a las circunstancias y a los objetivos es un enfoque diseñado para reducir la resistencia y evitar la reticencia emocional que se provoca con tanta facilidad.

Lee desglosó las artes marciales en los primeros principios. Había cuatro rangos de combate:

- *Kicking* (dar patadas)
- *Punching* (golpear con los puños)
- *Trapping* (atrapar o parar)
- *Grappling* (luchar cuerpo a cuerpo)

E (inicialmente) 5 *Ways of Attack*[38] (Cinco Formas de Ataque):

- *Single Direct Attack* (SDA)
- *Attack by Combination* (ABC)
- *Progressive Indirect Attack* (PIA)
- *(Hand) Immobilization Attack* (HIA)
- *Attack by Drawing* (ABD)
- *Single Angle Attack* (SAA)

Lee animó a sus seguidores a tomar prestadas prácticas de donde les pareciera conveniente y predicó con el ejemplo adoptando maniobras de parada de la esgrima con espada. En este caso, Lee eligió deliberadamente un deporte europeo y añadió estas prácticas extranjeras a las artes marciales chinas, empujando deliberadamente los límites y mostrando un comportamiento liberal en una comunidad muy tradicional y conservadora.

---

38. Lee añadió más tarde una sexta forma de ataque dividiendo el *Single Attack* en *Single Direct Attack* y *Single Angle Attack*. Sin embargo, las 5 *Ways of Attack* (Cinco Formas de Ataque) se habían establecido como un nombre propio y, por lo tanto, el nombre se mantuvo. Que las 5 *Ways of Attack* tengan seis formas es un ejemplo de cambio evolutivo en acción. Las «*Ways of Attack*» como nombre propio son una reliquia evolutiva.

Lee siguió utilizando el agua como inspiración, con el vaso medio lleno. Vertía parte del agua y decía a la gente que «absorbiera lo que fuera útil» y desechara el resto. En otras palabras, si hay prácticas que le resultan útiles, que le gustan, que le funcionan, quédeselas; y si hay otras que no producen los resultados que espera, que le resultan difíciles de ejecutar, que le parecen difíciles, o caras, o poco fiables, descártelas. Cada artista marcial debe adaptar su propio estilo, su propia forma de luchar. No debe sentirse constreñido por los patrones de estilos ni por la necesidad de ajustarse a un conjunto de prácticas definidas.

Los amigos y discípulos de Lee en Seattle le pedían que se diera un nombre a su enfoque. Al principio, Lee lo rechazó; era, dijo, «el camino sin camino». En otras palabras, era un método para desarrollar un estilo de lucha que no seguía ningún estilo pautado y que no tenía «ninguna limitación como limitación», que adoptar una práctica novedosa o cualquier práctica existente de otros enfoques de las artes marciales de cualquier parte del mundo también era apropiado. Por lo tanto, no podía tener un nombre. Temía que al darle un nombre los practicantes se acercaran a él con la mentalidad fija de un estilo con patrones y trataran de copiarlo. En lugar de eso, quería que la gente pensara por sí misma, tomara sus propias decisiones y adaptara su propio estilo. En Seattle, a menudo se hacía referencia a su método como «lucha callejera», pero esta no era una marca adecuada sobre la que construir un negocio de enseñanza. Lee decidió llamar a su método Jeet Kune Do, «el camino del puño interceptor», por una maniobra de atrapar (o parar) que era una de sus favoritas. Luego jugó con las mentes de la gente sugiriendo que los seguidores podían eliminar el puño interceptor de su práctica y seguir siguiendo el Jeet Kune Do, el camino sin camino, que no tiene ninguna limitación como limitación.

Las similitudes con el método Kanban son asombrosas. Kanban sugiere que empiece con lo que hace ahora, pero que no se case con ninguna práctica específica. Puede descartar las que no te funcionen y adoptar otras de otros lugares que puedan funcionar mejor. Kanban le pide que descomponga lo que hace en estos elementos fundamentales:

- Piense en términos de servicios.
- Vea su organización como una red de servicios interdependientes.
- Identifique los tipos de trabajo: las solicitudes realizadas de cada servicio, que representan los elementos de trabajo entregables al cliente: los tipos de elementos de trabajo.
- Mapee el flujo de trabajo para identificar la serie o secuencia de actividades utilizadas para descubrir nueva información o nuevos conocimientos que representen el flujo de trabajo de valor añadido para cada servicio.
- Identifique los puntos de decisión: reconocer que los flujos de trabajo del conocimiento consisten principalmente en una serie de decisiones, y la toma de decisiones requiere información, por lo que un flujo de trabajo consiste en una secuencia, o serie, de pasos de recopilación de información que permiten la toma de decisiones.

Se produce sin embargo un punto de rendimiento decreciente en el que dedicar más tiempo y energía a recopilar información no mejora significativamente la toma de decisiones ni cambia el resultado de una decisión.

- Comprenda la capacidad de cada servicio para procesar el trabajo: entienda su capacidad de entrega en términos de volumen, plazos de entrega, calidad y predictibilidad, y compare (o equilibre) la demanda con su capacidad de suministro.

- Identifique las políticas: comprenda las políticas utilizadas para orientar y tomar decisiones, incluidas las decisiones de selección sobre elementos de trabajo basadas en los riesgos asociados a cada solicitud, como su coste del retraso. Son estas decisiones las que controlan el flujo.

- Desarrolle una disciplina de triaje: una capacidad para decidir en qué trabajar ahora (o inmediatamente), qué debe esperar hasta más tarde (y si es más tarde, cuándo), y qué no hacer en absoluto: desarrollar una capacidad para decir no basándose en el valor y el riesgo.

Su proceso emergente, evolucionado y adaptado a sus circunstancias únicas, debe consistir en prácticas, tanto las ya existentes como las adoptadas recientemente, que representen uno o más de estos elementos fundamentales. Por ejemplo, una práctica de comprobación produce información. Esta información puede utilizarse para tomar una decisión sobre si el elemento de trabajo tiene la calidad suficiente para pasar al siguiente paso del flujo de trabajo.

En 2009, este método de desarrollo de procesos y flujos de trabajo únicos para mejorar la prestación de servicios, utilizando un marco consistente en sistemas kanban virtuales, visualización, métricas y mecanismos de *feedback*, necesitaba un nombre. Para que el método se comunicara, se enseñara, se aprendiera, se adoptara y se aplicara con coherencia, necesitaba una marca o un nombre con el que se pudiera hacer referencia a él y describirlo. Mientras escribía el libro azul, decidí que el elemento único e inusual, el elemento «pegadizo» de lo que hacíamos, lo que la gente recordaba, lo notable que a menudo sorprendía y hacía abrir los ojos, era el uso de sistemas kanban virtuales. En la conversación general, la gente había empezado a referirse simplemente a los conceptos y al enfoque como «kanban». En una frase que podría haber se formulado mejor como «Así que, para mejorar nuestra prestación de servicios de TI, hemos adoptado el uso de sistemas kanban virtuales»; en su lugar, se había adoptado una forma abreviada más sucinta: «Estamos utilizando Kanban para los servicios de TI». Parecía natural, entonces, denominar oficialmente lo que estábamos haciendo como el Método Kanban.

Puntos clave

- Tanto el Método Kanban como la filosofía de las artes marciales de Bruce Lee tienen su origen en Seattle, Washington.

- «Sé cómo el agua» se aplica a ambas cosas: en lugar de empujar contra un obstáculo, rodéalo, como hace el agua con las rocas.

- En TI, la «roca» es la resistencia al cambio.

- Siguiendo con la metáfora del agua, Lee diría a la gente que «absorba lo que le sea útil» y deseche el resto.

- En las artes marciales o en el desarrollo de software, en lugar de seguir un proceso o metodología prescriptivos, hay que empezar con lo que se hace ahora y adaptar y evolucionar el proceso para alcanzar un objetivo concreto o servir un propósito específico.

- El Método Kanban le pide que descomponga su trabajo en elementos fundamentales: vea su organización como una red de servicios interdependientes; identifique los tipos de trabajo; mapee el flujo de trabajo; identifique los puntos de decisión; comprenda la capacidad de cada servicio para procesar el trabajo; identifique las políticas, y desarrolle una disciplina de triaje.

- En 2009, el método de desarrollo de procesos y flujos de trabajo únicos para mejorar la prestación de servicios, utilizando un marco compuesto por sistemas kanban virtuales, visualización, métricas y mecanismos de *feedback*, necesitaba un nombre. Como los sistemas kanban virtuales eran el factor unificador, lo llamé Método Kanban.

12

Codificando el Método

Una breve definición de Kanban

Hemos llegado a un punto en esta historia en el que ya es posible codificar un método para que otros puedan copiarlo y producir resultados similares. La historia hasta ahora nos lleva a 2009, y al punto en el que me senté a escribir el libro azul. El punto en el que tuve que preguntarme, ¿qué es exactamente el Método Kanban?

El significado de «Kanban»

Kan-ban es tanto una palabra tanto china como japonesa. Puede tener varios significados dependiendo de cómo se escriba en japonés. Los japoneses tienen tres sistemas de alfabeto: *kanji*, adaptado de los caracteres chinos; *hiragana*, la escritura original japonesa; y *katakana*, una forma más moderna y angular del *hiragana* que se utiliza para expresar palabras adoptadas de lenguas extranjeras al japonés. Escrito en *kanji*, *Kan-ban*, 看板, significa señal o tablero (en inglés americano, literalmente, '*shingle*'[39]). Se suele utilizar para referirse a los letreros que colgaban en el exterior de las tiendas medievales o los talleres de artesanos. En chino, solo existe la forma de pictograma (*kanji*). Generalmente se interpreta como un verbo y, por tanto, se traduciría como «mirar el tablón (o señal)». En este sentido, la viñeta de Pujan Roka que aparece en la Figura 12.1 tenía todo el sentido del mundo para un público chino, aunque es posible que se preguntaran por qué la gente mira hacia otro lado en vez de hacia el tablero.

---

39. La expresión *«to hang out your shingle»* (colgar tu cartel) sigue siendo de uso común en inglés americano y se entiende como «abierto para negocio». Este uso es arcaico en el inglés británico.

Figura 12.1 Viñeta de estilo manga realizada por Pujan Roka para la portada del libro azul

Cuando se escribe en *hiragana* (かんばん, kan-ban se refiere a una pequeña ficha (en inglés americano, la palabra *tally* es el mejor equivalente y sigue siendo de uso común, sobre todo con respecto a los sistemas de colas, por ejemplo, en la zona de espera de un transbordador de coches). Taiichi Ohno fue pionero en el uso de estas fichas o tarjetas de señalización y la empresa fabricante Toyota lo adoptó a finales de la década de 1940 para limitar las existencias en una fábrica y señalar la producción en función de la demanda de los clientes. Esta técnica creó lo que se conoce como sistema kanban. El término «kanban» no se adoptó hasta principios de los años 60, cuando Toyota estaba siendo auditada para el Premio Deming[40]. Cuando hablamos de kan-ban en este texto, nos inspiramos en este último significado, expresado en *hiragana*.

Lo que estamos haciendo en el Método Kanban debería llamarse, con razón, «kan-ban virtual», ya que el mecanismo para limitar el WIP y señalar las actividades *upstream* para el trabajo de desarrollo del conocimiento o el descubrimiento de información suele implementarse indirectamente a través de la visualización de los llamados límites kanban, o mediante el uso de implementaciones virtuales en el software donde el código es consciente de un límite kanban para un paso dado en un flujo de trabajo.

Aunque el número de significados diferentes de la palabra ha causado confusión a menudo durante estos últimos quince años, tal confusión parece innecesaria. Ya en 2007, el tablero kanban se convirtió en una parte fundamental del Método, y aunque las tarjetas virtuales de señalización kanban o las fichas de un sistema kanban puedan haber

---

40. Kōichi Shimokawa et al., *The Birth of Lean: Conversations with Taiichi Ohno, Eiji Toyoda and Other Figures Who Shaped Toyota Management* (Cambridge, MA: Lean Enterprise Institute, 2009).

sido su precedente, ambas herramientas (el tablero y las tarjetas de señalización) han demostrado su utilidad y ahora se consideran fundamentales para todo el Método, ya que ambos significados de «kanban» son relevantes. Parece inútil discutir qué significado tiene mayor importancia.

¿Qué es un sistema kanban?

Se pone en circulación un número de kanban (o tarjetas) equivalente a la capacidad (acordada) de un sistema. Una tarjeta representa un trabajo. Cada tarjeta actúa como un mecanismo de señalización. Un nuevo trabajo solo puede iniciarse cuando hay una tarjeta disponible. Esta tarjeta libre se asigna a un nuevo trabajo y permanece con él mientras el trabajo fluye por el sistema. Cuando no hay más tarjetas libres, no se puede iniciar ningún trabajo adicional. Cualquier trabajo nuevo debe esperar en una cola hasta que haya una tarjeta disponible. Cuando un trabajo se completa, su tarjeta se desprende y se recicla. Con una tarjeta ahora libre, se puede iniciar un nuevo trabajo en la cola.

Este mecanismo se conoce como sistema *pull* porque el nuevo trabajo se introduce en el sistema solo cuando hay capacidad para gestionarlo, en lugar de introducirse en el sistema en función de la demanda. Un sistema *pull* no puede sobrecargarse si la capacidad, determinada por el número de tarjetas de señalización en circulación, se ha fijado adecuadamente.

En los Jardines del Palacio Imperial, analizados en el Capítulo 1, los propios jardines son el sistema: los visitantes son el trabajo en curso, y la capacidad está limitada por el número de tarjetas de admisión en circulación. Los visitantes recién llegados solo acceden cuando hay entradas disponibles para repartir. En un día normal, esto nunca es un problema. Sin embargo, en días de gran afluencia, como un festivo o un sábado durante la temporada de floración de los cerezos, el parque se llena. Cuando se han repartido todas las entradas, los nuevos visitantes deben hacer cola fuera, al otro lado del puente, y esperan a que se reciclen las tarjetas de los visitantes que se van. El sistema kanban es un método sencillo, barato y fácil de aplicar para controlar la afluencia de público limitando el número de personas que pueden entrar en el parque. Esto permite a los guardas del parque mantener los jardines en buen estado y evitar los daños causados por el exceso de tráfico peatonal y la masificación.

¿Qué es el Método Kanban?

El Método Kanban es a la vez un enfoque de gestión codificado para los servicios profesionales —diseñado para mejorar el servicio y la satisfacción del cliente— y un enfoque evolutivo de mejora destinado a ofrecer un cambio institucionalizado: mejoras en la cultura, en la madurez organizativa y en los resultados empresariales y económicos que se arraigan y son capaces de sobrevivir a los cambios de personal, directivos, líderes y clientes.

Hemos llegado a reconocer tres agendas que se suelen tener como motivación para que la gente adopte Kanban. Estas son:

- Sostenibilidad
- Orientación al servicio
- Supervivencia

Sostenibilidad

El deseo es evitar sobrecargar tanto a las personas como a la organización y permitir un ritmo sostenible. El enfoque tiende a ser interno, y los objetivos están relacionados con aliviar problemas tales como el agotamiento del personal, la rotación de personal, la mala calidad, la falta de compromiso de los empleados y un entorno de trabajo estresante, al tiempo que se mejora el orgullo por el trabajo realizado.

Orientación al servicio

El enfoque es hacia el exterior, más altruista y orientado a un propósito. El objetivo al adoptar Kanban es el deseo de satisfacer a los clientes actualmente insatisfechos: cumplir sus expectativas y lograr una prestación de servicios adecuada a sus fines. Cuando se dirige una empresa de servicios, uno se da cuenta de que es esencial pensar en términos de servicios, ver a su organización como una red de servicios interdependientes y reconocer que, para cada servicio de esta red, se puede desplegar un sistema Kanban para mejorar la prestación de servicios.

Supervivencia

A menudo encontramos esta motivación entre los líderes de empresas familiares multigeneracionales y empresas privadas en las que los gestores profesionales tienen la misión de preservar el patrimonio de la empresa para las generaciones futuras. El deseo es crear una empresa más innovadora, con una cultura más liberal, que esté dispuesta a asumir riesgos y reconozca que el cambio y la modernización son esenciales para la supervivencia. Sabiendo que los cambios a gran escala conllevan riesgos significativos para la supervivencia a corto y medio plazo, la dirección reconoce que la organización necesita dotarse de un ADN que le ayude a evolucionar y a seguir siendo competitiva en un mundo que cambia rápidamente. Por lo tanto, se favorece entusiasma el cambio incremental y evolutivo en lugar del cambio drástico, diseñado y gestionado, un cambio humano que respete el pasado y a las personas que forman parte de la empresa ahora.

Un cambio que es humano

Kanban proporciona un cambio que es humano. Una organización adopta Kanban porque valora a sus clientes y desea satisfacer sus necesidades, al tiempo que valora a sus trabajadores y los trata con respeto. Las organizaciones que adoptan Kanban creen que es posible crear una triple *win-win-win:* clientes satisfechos, trabajadores que se sienten realizados gracias a la autonomía, la maestría y el sentido del propósito, y los mejores resultados económicos que complacen a los inversores y *stakeholders*, como donantes o contribuyentes, con un mecanismo incorporado para evolucionar, adaptarse, mantener la competitividad y seguir siendo importantes en un mundo en constante cambio, de mercados volubles e incertidumbre económica.

Los sistemas kanban son el núcleo del cambio evolutivo

El Método Kanban utiliza los sistemas kanban como el impulsor clave o catalizador del cambio. Los sistemas kanban permiten una prestación de servicios predecible; al mismo tiempo, también crean cierta tensión y estrés que motiva el cambio. Ellos, junto con una serie de mecanismos de *feedback* para la reflexión y la acción, llamados Cadencias Kanban, son la clave del Método Kanban; permiten un sistema repetible para la agilidad empresarial en una amplia variedad de industrias de servicios profesionales y del trabajo del conocimiento.

Kanban aplicado a los servicios profesionales

Cómo implementar Kanban se examina con más detalle en el Volumen 2, *Implementando Kanban*; en este punto vamos a da una breve visión general.

El uso de «tableros kanban», como se les conoce (en la Figura 12.2 se muestra un ejemplo), es una técnica adoptada por la comunidad de desarrollo de software Agile *Extreme Programming* a principios de siglo. Los *extreme programmers* empezaron a escribir sus requisitos de software, conocidos como «historias de usuario», en tarjetas y a fijarlas en un tablero o en la pared, a la vista de todos. Los tableros que mostraban estas «tarjetas de historias» se conocían como *card walls*. Como se comenta en el Capítulo 4, las *card walls* de *Extreme Programming* se adoptaron y adaptaron a Kanban a partir de 2007. Un tablero kanban permitía una mayor comprensión del flujo de trabajo y de cómo funcionaba un proceso. Lo que diferencia inmediatamente un tablero kanban de una *card wall* de *Extreme Programming* es el flujo de trabajo. *Extreme Programming* solo tenía estados simples como *Backlog, In-progress* y *Done*. Los tableros kanban suelen tener más de una actividad en una serie de pasos de descubrimiento de conocimientos o información que conforman todo un flujo de trabajo de prestación de servicios.

Dado que uno de los significados de kanban en japonés es señal, o tablero, es fácil ver por qué en gran medida el término *card wall* ha dejado de utilizarse. Algunas herramientas de software para el seguimiento de las actividades de trabajo del conocimiento, como Azure Devops de Microsoft, simplemente se refieren a ellas como «tableros» con el subproducto Azure Boards. Cada tarjeta del tablero representa un único elemento de trabajo.

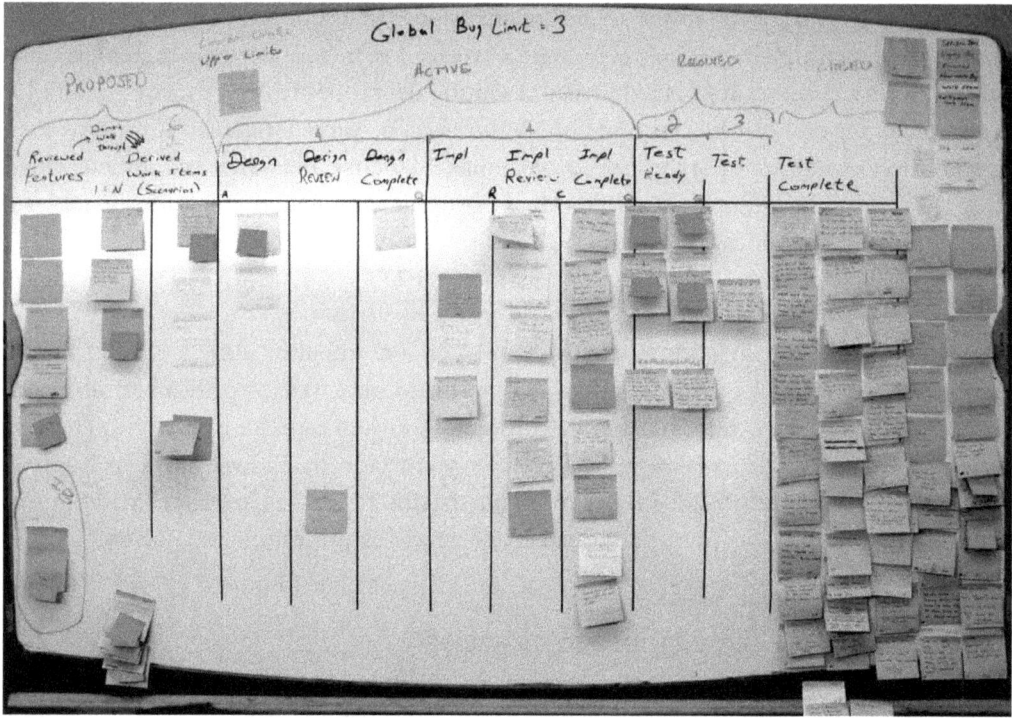

Figura 12.2 Una *card wall* de Kanban (cortesía de SEP)

Beneficios de Kanban

Hay varias razones para adoptar un sistema kanban. Cada una tiene una causa y un efecto sencillos y explicables.

Prevención de la sobrecarga

En primer lugar, para evitar sobrecargar a los trabajadores, utilizamos un sistema kanban para establecer un límite de WIP que refleje una capacidad razonable. Al impedir eficazmente el crecimiento del trabajo en curso — evitando que se inicie un nuevo trabajo sin completar o abandonar el trabajo inacabado existente— se frena la demanda en el flujo de trabajo y se equilibra con el ritmo de finalización. Esto permite un ritmo de trabajo sostenible. La demanda se equilibra con la capacidad (para entregar el trabajo terminado).

Al permitir que los trabajadores se centren en una o pocas solicitudes de servicio a la vez, se reduce el estrés y la calidad del trabajo suele mejorar. Los individuos pueden lograr un equilibrio entre trabajo y vida personal, y esto debería permitirles seguir trabajando a un ritmo constante produciendo trabajo de alta calidad indefinidamente. Los sistemas kanban permiten el ritmo sostenible que yo buscaba a principios de la década de 2000 (como se describe en el Capítulo 1).

Compromiso diferido

Un sistema kanban también nos permite aplazar el compromiso. Al limitar la cantidad de trabajo en curso, un sistema kanban nos anima a empezar a trabajar cuando estamos seguros de que el cliente realmente quiere recibir la entrega, y la escasez creada por un límite de trabajo en curso nos anima a empezar a trabajar solo poco antes de saber que tenemos que entregarlo. El efecto es que aplazamos el compromiso tanto como sea razonablemente posible, lo que nos permite elegir otro trabajo que puede ser más urgente. Los sistemas kanban fomentan la adopción de lo que en la literatura *Lean* se denomina «el último momento responsable». El compromiso diferido significa que el trabajo propuesto sigue siendo opcional y no comprometido hasta que se introduce en el sistema cuando hay una señal de que existe capacidad para empezar algo nuevo.

El compromiso diferido está cambiando las reglas del juego en las industrias del trabajo del conocimiento. Con demasiada frecuencia, los trabajadores se quejan no solo de la sobrecarga de trabajo, sino del constante cambio de prioridades, al mismo tiempo que el nuevo trabajo que se introduce es aparentemente más importante que el trabajo existente, solo para que las prioridades vuelvan a cambiar más tarde y se inicie aún más trabajo nuevo. Los sistemas kanban obligan a poner fin a este comportamiento. El compromiso diferido significa que se pide a los *stakeholders* del negocio que piensen muy detenidamente si realmente quieren algo o no. La implicación es que, una vez comprometido e introducido en el sistema kanban, el trabajo no debe descartarse ni devolverse al grupo de solicitudes de trabajo opcionales a la espera de ser seleccionadas. Este giro provoca un cambio significativo en la forma de gestionar el riesgo en las empresas tecnológicas y centra el debate en cómo seleccionar los elementos de trabajo para el desarrollo y la entrega.

Visibilidad de los problemas

Como verá, los sistemas kanban también sacan rápidamente a la luz los problemas que impiden el flujo de trabajo y perjudican el rendimiento económico de un servicio. Los sistemas kanban desafían a una organización a centrarse en resolver esos problemas para mantener un flujo constante de trabajo. Al proporcionar visibilidad sobre los problemas de calidad y proceso, pone en evidencia el impacto de los defectos, los cuellos de botella, la variabilidad y los costes de transacción y coordinación de las transferencias de lotes. El simple hecho de limitar el trabajo en curso con kanban fomenta una mayor calidad y un mayor rendimiento. La combinación de un mayor flujo y una mejor calidad ayuda a acortar los plazos de entrega y a mejorar la predictibilidad y el cumplimiento de las fechas de entrega. Al establecer una frecuencia de entrega regular y cumplirla sistemáticamente, los sistemas kanban ayudan a generar confianza en los clientes y a lo largo de todo el flujo de trabajo, incluidos otros departamentos, proveedores externos y socios *downstream* dependientes.

Crecimiento cultural

Al hacer todo esto, los sistemas kanban contribuyen a la evolución cultural de las organizaciones. Al exponer los problemas, centrar a la organización en su resolución y eliminar sus efectos futuros, el Método Kanban completo facilita la aparición de una organización altamente colaborativa, de gran confianza, altamente empoderada y en mejora continua.

Mejora de la satisfacción del cliente

Se ha demostrado que Kanban mejora la satisfacción del cliente mediante la prestación de servicios regulares, fiables y de alta calidad de bienes intangibles como software, planos arquitectónicos, campañas publicitarias, material de diseño, fotografía, planos, código de sitios web, textos editoriales, etcétera. También se ha demostrado que mejora la productividad y la calidad, al tiempo que acorta los tiempos de entrega y mejora la puntualidad. Además, hay pruebas de que Kanban es un catalizador fundamental para el surgimiento de una empresa más ágil y flexible, ya que instala una capacidad evolutiva que, a medida que madura, permite a una empresa moverse con rapidez, pivotar y maniobrar conforme cambian los mercados y las condiciones económicas fluyen y retroceden.

Mejora continua

Los sistemas kanban son convincentes por su capacidad para eliminar la sobrecarga de trabajo, controlar los efectos de la variabilidad en el flujo de trabajo y gestionar el riesgo mediante los beneficios del compromiso diferido y los cambios que fuerzan al replantear la forma de seleccionar el trabajo, asignar el capital y gastar el efectivo. Los sistemas kanban mejoran el funcionamiento de una empresa. Esto por sí solo constituye un argumento de peso para su adopción. Sin embargo, yo no conocía la reputación de los sistemas kanban como instrumentos para impulsar la mejora incremental de los procesos. En 2007 no sabía que Taiichi Ohno, uno de los creadores del *Toyota Production System*, había dicho: «Los dos pilares del sistema de producción Toyota son el *Just in Time* y la automatización con un toque humano, o la autonomía. La herramienta utilizada para hacer funcionar el sistema es kanban». En otras palabras, kanban es fundamental para la cultura *kaizen* (mejora continua) de Toyota. Es el mecanismo que impulsa la mejora continua. He llegado a darme cuenta que esto también es cierto con los sistemas kanban virtuales aplicados a los servicios profesionales, a las actividades de los trabajadores del conocimiento.

Las seis prácticas generales de Kanban

El Método Kanban define un conjunto de prácticas de alto nivel o abstractas necesarias para crear un mecanismo de cambio evolutivo y mejorar de la prestación de servicios en las organizaciones. Estas seis prácticas generales se extrajeron de la observación de implementaciones exitosas de Kanban en una serie de organizaciones entre 2007 y 2009. Se hizo evidente que las seis prácticas generales eran comunes, necesarias y suficientes para crear resultados positivos con cierta confianza y predictibilidad. Estas son:

- Visualizar
- Limitar el *Work-In-Progress*
- Gestionar el flujo
- Hacer políticas explícitas
- Implementar mecanismos de *feedback*
- Mejorar colaborativamente, evolucionar experimentalmente (utilizando modelos y el método científico)

Las implementaciones específicas tendrán sus propias prácticas para la visualización, la limitación del WIP y la gestión del flujo. También tendrán su propio conjunto único de políticas explícitas y una selección de mecanismos de *feedback* inspirados en el conjunto esencial de ejemplos genéricos conocidos como Cadencias Kanban, y sus propios métodos para identificar e implementar oportunidades de mejora basadas en el conjunto predeterminado de modelos y enfoques de distintos ejemplos descritos en el Volumen 2, *Implementando Kanban*.

Prácticas Operativas frente a Prácticas de Gestión

Algunos de los primeros trabajos de otros autores, aparecidos sobre todo entre 2008 y 2010, se centraban únicamente en las tres primeras prácticas generales: visualizar, limitar el WIP y gestionar el flujo. Esto condujo a muchas implementaciones poco profundas y centradas en la prestación del servicio. El cambio evolutivo y la cultura de mejora continua (*kaizen*) no solían surgir en estas implementaciones.

Uno de los objetivos de un sistema kanban, y algo necesario para permitir la agilidad empresarial, es el empoderamiento de los trabajadores para que actúen por iniciativa propia y tomen sus propias decisiones. El empoderamiento es un elemento necesario para que una organización se mueva con rapidez y actúe con agilidad. Por tanto, es necesario formar a las personas en cargos directivos para que piensen en términos de sistemas y, como líderes, diseñen sistemas de trabajo que permitan a los trabajadores tomar muchas de sus propias decisiones. Lo que faltaba en aquellas implementaciones poco profundas que solo seguían las tres primeras prácticas generales era el pensamiento sistémico necesario para crear empoderamiento: no se producía un cambio en el comportamiento de las personas en cargos directivos. En consecuencia, he agrupado el conjunto original de seis prácticas generales en dos grupos de tres: las Prácticas Operativas, diseñadas para ser puestas en práctica por los trabajadores, por iniciativa propia, y las Prácticas de Gestión, que proporcionan orientación y responden a la pregunta «¿Qué hacen las personas en cargos directivos?».

Las Prácticas Operativas:

* Visualizar
* Limitar el *Work-In-Progress*
* Gestionar el flujo

Las Prácticas de Gestión:

* Hacer políticas explícitas
* Aplicar mecanismos de *feedback*
* Mejorar colaborativamente, evolucionar experimentalmente (utilizando modelos y el método científico)

Este último conjunto es necesario para impulsar el cambio evolutivo. La labor de los gestores consiste en crear un sistema que sea capaz de hacer emerger un comportamiento para adaptarse y evolucionar hasta lograr una prestación de servicios *fit-for-purpose*.

Principios de Kanban

Antes de llegar a Kanban, como se describe en el Capítulo 1, había estado trabajando en la síntesis de algunas ideas que combinan la metodología de desarrollo de software *Feature-Driven Development* con la *Theory of Constraints* y el *Lean Product Development*. O, dicho de otro modo, sintetizando el trabajo de Peter Coad, Jeff de Luca, Eli Goldratt y Donald Reinertsen. Mi primer intento apareció en mi libro *Agile Management for Software Engineering* en 2003. Continué desarrollando este pensamiento, introduciendo el trabajo de W. Edwards Deming (y otros de la comunidad de *Statistical Process Control*, como Donald Wheeler) durante el año siguiente, publicando estas nuevas integraciones a través de mi blog o en presentaciones en conferencias. Fue esta versión ligeramente más desarrollada la que Donald Reinertsen conoció por primera vez cuando, como menciona en el Prólogo a *Kanban*, me sugirió que me centrara en el tamaño de los lotes y en reducir, o incluso limitar, el trabajo en curso, y que los sistemas kanban eran una forma interesante de controlar la variabilidad no deseada.

Empecé a desarrollar una serie de principios que sustentaban mi pensamiento, mi filosofía sobre gestión. Enseñé estos principios en mis programas de formación durante algunos años sin nombrarlos explícitamente. Tampoco se me ocurrió codificarlos en *Kanban* en 2010. Ahora, escribiendo en 2023, parece un buen momento para corregir ese fallo. Estos principios proporcionan una base fundamental para todo lo que siguió con Kanban. Yo los llamo los Principios de Flujo, los Principios de Prestación de Servicios y los Principios de Gestión del Cambio.

Los Principios del Flujo

Los Principios de Flujo sustentan mi trabajo en teoría y prácticas de gestión desde hace más de 20 años. Son tan fundamentales que siempre he dado por sentado que estaban presentes y hasta hace poco no intenté escribirlos o codificarlos. Estos principios subyacen a las ideas publicadas en mi primer libro, *Agile Management for Software Engineering*, donde sinteticé conceptos de *Managing the Design Factory* de Donald Reinertsen, de la *Theory of Constraints* de Eli Goldratt, en particular de su libro *The Goal*, y del *Feature-Driven Development*, un proceso ligero del ciclo de vida del desarrollo de software considerado una de las metodologías *"Agile"* originales. Ver el flujo en bienes intangibles, servicios profesionales, y actividades de trabajo del conocimiento, abrió la puerta a una nueva forma de gestionar que ha cambiado el mundo del trabajo moderno, mucho más allá de la adopción del Método Kanban.

Los Principios del Flujo son:

- Las empresas de bienes intangibles (servicios profesionales) pueden gestionarse de forma algo similar a las empresas de bienes físicos, tangibles.
- Representar los bienes intangibles con artefactos tangibles: hacer visible el trabajo y los flujos de trabajo invisibles.
- Controlar y limitar el «inventario» de bienes intangibles.

Los Principios de Prestación de Servicios

El Método Kanban estaba impulsado por principios fundamentales y por el objetivo de mejorar la prestación de servicios y permitir cambios institucionalizados que se arraiguen y sobrevivan más allá de los períodos de atención e intervención deliberada de la dirección y permanezcan de tal manera que sobrevivan a los cambios de personal tanto a nivel individual de colaboradores como de dirección. Cuando las personas en cargos directivos se marchan o cambian de objetivo, los cambios que han introducido deberían permanecer. Este es el concepto de «institucionalización». Además, hay principios que utilicé al desarrollar el método y su guía, y al impulsar su adopción en todo el mundo.

La mejora de la prestación de servicios (en la división de TI de Microsoft) fue la motivación original para adoptar los sistemas kanban. Si la entrega es errática, impredecible, de mala calidad o simplemente tarda demasiado, y el flujo de trabajo tiene poca eficacia, entonces Kanban debería ser de ayuda.

Los Principios de Prestación de Servicios son:

- Comprender las necesidades y expectativas de sus clientes y centrarse en cumplirlas.
- Gestionar el trabajo; dejar que los trabajadores se autoorganicen en torno a él.
- Evolucionar sus políticas de gestión para mejorar los resultados de los clientes y del negocio.

Los Principios de la Gestión del Cambio

A partir de 2002, busqué un enfoque evolutivo del cambio. El cambio evolutivo necesita un estímulo o estresor que provoque el debate y motive el cambio. Necesita un mecanismo de *feedback* para evaluar los problemas y proponer cambios, y necesita actos de liderazgo para asumir el riesgo de promulgar cambios y mantenerlos el tiempo suficiente para garantizar su éxito.

Ahora lo llamamos **Modelo de Cambio Evolutivo:**

- Estresor
- Mecanismo de *feedback*
- Acto de liderazgo

Aunque hay muchas prácticas que pueden actuar como estresores, limitar el trabajo en curso con un sistema Kanban es un medio excelente para introducir dicho estrés. Las métricas como los diagramas de flujo acumulado y los histogramas de plazos de entrega, junto con las Cadencias Kanban como la Revisión de la Entrega del Servicio, proporcionan los mecanismos de *feedback*. Por lo tanto, el Método Kanban codifica y prescribe dos de los tres elementos necesarios para el cambio evolutivo y crea las oportunidades (las reuniones y las revisiones) para fomentar los actos de liderazgo necesarios para invocar la acción que crea la mejora. Se trata de las Prácticas de Gestión del Método Kanban las que impulsan la mejora evolutiva.

Podemos verlo ilustrado en la viñeta de la portada: es evidente que el grupo está sometido a cierta tensión; el trabajo no fluye y, por su conversación, no todo va bien en la prestación de sus servicios. Utilizan la Reunión Kanban delante del tablero para reflexionar sobre cómo van las cosas (su mecanismo de *feedback*) y luego hace falta un acto de liderazgo por parte del cuarto personaje, que dice: «¡Hagamos algo al respecto!» para proporcionar la Magia de Kanban, para catalizar el cambio, tomar la iniciativa y hacer que suceda. Fue un descuido y una omisión en *Kanban*: no le di importancia al liderazgo para impulsar el cambio evolutivo y, en consecuencia, omití el tema en el texto. Si hay un único fallo en ese libro, fue el de no reconocer la necesidad del liderazgo y dedicar parte de la narración a posibilitarlo.

«Las personas no se resisten al cambio, se resisten a ser cambiadas.» — Peter Senge

«Toda política es local.» — Tip O'Neill

«Si toda política es local, entonces todo cambio es personal.» — David Anderson

---

Al reconocer que la organización, la colaboración y el liderazgo son fenómenos sociológicos, y que para hacer que las cosas pasen («*getting things done*») en la empresa hacen falta grupos de personas que cooperen entre ellos, es posible pasar por alto el hecho de que todo cambio, aunque se produzca en grupos de personas —en organizaciones—, es percibido e interpretado personalmente por los individuos. El estudio de cómo los individuos afrontan el cambio forma parte de la psicología social.

Los individuos pueden encontrarse en uno de estos cuatro estados en relación con el cambio:

- **Estabilidad:** feliz, sin motivación para cambiar.
- **Inercia:** infeliz, pero temeroso y resistente al cambio.

- **Incremental:** (podría llamarse mejor Evolutivo) dispuesto a aceptar cambios normativos en las prácticas y formas de hacer las cosas, siempre que estos cambios no afecten a la estructura y a la jerarquía social.
- **Dramáticos (o Estructurales):** cambios en la identidad, el rol, el estatus social, el nivel de dignidad, respeto o reconocimiento; provocan crisis psicológicas que conducen a la resistencia y a la inercia.

Casi toda la gestión tradicional del cambio (y en particular la de las metodologías de procesos de ingeniería de software y los métodos Agile que prescriben nuevos procesos, roles, responsabilidades y cooperación) perturba la estructura social, invocando crisis psicológicas en respuesta a una amenaza a la identidad percibida. Nuestro objetivo con el Método Kanban es superar la inercia y liderar un cambio incremental y evolutivo mediante el uso de pequeños cambios percibidos como normativos por naturaleza: nuestro objetivo es evitar la «roca» de la amenaza identitaria y el cambio social estructural dramático. Si lo conseguimos, podremos progresar. Como diría cualquier atleta de élite, como Dragos Dumitriu en sus primeros años: «Toda pequeña mejora sigue siendo una mejora».

Sabiendo que Kanban debe «ser como el agua», reconociendo que «el agua fluye alrededor de la roca» y sabiendo que la roca es la resistencia emocional al cambio invocada por las amenazas a la identidad y el dramático cambio social estructural, desarrollé los principios de gestión del cambio del Método Kanban.

Los Principios de la Gestión del Cambio son:

- Empezar con lo que se hace ahora:
  - Entendiendo los procesos actuales, tal y como se utilizan
  - Respetando los roles, responsabilidades y títulos existentes
- Acordar la búsqueda de la mejora continua a través del cambio evolutivo.
- Fomentar los actos de liderazgo a todos los niveles.

La esencia de un liderazgo eficaz del cambio

También reconocí que todo esto no valía la pena si la gente no era capaz de replicar mis resultados con Kanban y liderar el cambio de forma efectiva. Inspirado por mi jefe a finales de los 90, el creador de *Feature-driven Development* y gran líder de importantes proyectos de TI, Jeff De Luca, creé la esencia de la marca para mi negocio, la Kanban University.

Orientación pragmática, accionable y basada en evidencias

- **Pragmático:** Es posible conseguirlo.
- **Accionable:** Se sabe lo que hay que hacer.
- **Basado en evidencias:** Nunca enseñamos nada ni ofrecemos orientación alguna a menos que ya hayamos observado que funciona.

Estos valores fundamentales han guiado el desarrollo del Método Kanban desde el principio. Atribuyo, en gran parte, la solidez del Método Kanban, y su eficacia en el mercado, a estos valores subyacentes. Kanban funciona porque siempre nos hemos centrado en promover una orientación pragmática, accionable y basada en evidencias. Es más difícil de hacer: lleva tiempo reunir las evidencias. La orientación se extrae y se abstrae de la experiencia del mundo real. Las orientaciones a gran escala, como el Modelo de Madurez Kanban, han requerido unos quince años de desarrollo, y mucho tiempo y la energía de muchas personas para llevar a cabo los experimentos, reunir las evidencias, informar de los resultados, contar las historias, escribir los casos de estudio y presentar los informes de experiencias para que otros los analicen, busquen patrones recurrentes, encuentren los elementos comunes y los codifiquen. Cambiar el mundo de la gestión del cambio ha sido un proceso largo y costoso que ha necesitado de mucha paciencia.

Los Valores de Kanban

En enero de 2013, Mike Burrows publicó su observación de que Kanban era un método sustentado por una colección de valores: un credo. Estos valores definen la cultura organizativa en la que Kanban puede prosperar. El trabajo de Mike cambió Kanban y cambió su carrera, ya que centró su pensamiento en el cambio impulsado por los resultados y la conducción del cambio cultural a través de los valores. Esto condujo a su propio corpus de trabajo y enfoque para el liderazgo del cambio organizacional, conocido como *Agendashift*. Mike identificó y definió nueve valores específicamente asociados con el método Kanban. Más recientemente, a través del trabajo con el Modelo de Madurez Kanban, Teodora Bozheva y yo aumentamos la lista con el fin de reflejar la cultura corporativa que determinamos que era necesaria para obtener cada uno de los resultados definidos en los siete niveles de nuestro modelo de madurez organizativa. La lista completa de valores ahora asociados con Kanban es:

- Logro
- Colaboración*[41]
- Transparencia*
- Toma de la iniciativa
- Actos de liderazgo
- Conocimiento del cliente
- Cambio evolutivo
- Flujo*
- Narrativa
- Respeto*

---

41. * Denota uno de los nueve Valores Kanban originales definidos por Mike Burrows y descritos en su libro *Kanban From the Inside* de 2014.

- Comprensión (interna)*[42]
- Acuerdo*
- Equilibrio*
- Servicio al cliente *[43]
- *Fitness for Purpose*
- Liderazgo a todos los niveles *[44]
- Resultados a corto plazo
- Comprensión (externa)
- Unidad y alineamiento
- Enfoque empresarial
- Competitividad
- Cercanía con el cliente
- Toma de decisiones basada en datos
- Equilibrio más profundo
- Equidad
- Desarrollo del liderazgo
- Cumplimiento normativo
- Igualdad de oportunidades
- Experimentación (tolerancia al fracaso)
- Perfeccionismo
- Movilidad social
- Congruencia
- Supervivencia a largo plazo
- Tolerancia y diversidad

Esta lista ampliada refleja los valores organizativos que creemos que son necesarios para obtener los resultados empresariales deseables asociados a niveles crecientes de madurez organizativa, a la escala empresarial, y a la longevidad de una organización. Esta larga lista va más allá de lo que se necesita simplemente para adoptar Kanban.

Véase en el Apéndice A una breve explicación de los nueve valores organizativos originales que surgieron del trabajo de Mike con Kanban.

Mike destiló su lista de Valores Kanban retrospectivamente a partir de la observación y la práctica de Kanban. Representan la realidad observada más que un experimento teórico.

---

42. Originalmente documentado como «Comprensión» y posteriormente dividido en las subcategorías de «interno» y «externo», reflejando el nivel de empatía observado en organizaciones de diferentes niveles de madurez.

43. Originalmente documentado como «Enfoque al cliente»

44. Originalmente documentado simplemente como «Liderazgo».

Nos ofrecen algo más que una visión de la finalidad y el significado de Kanban también nos proporciona un medio para determinar la idoneidad de su adopción en una organización. ¿Comparten estos valores usted, su equipo, su departamento, su unidad de negocio y su organización en general? Si no todos, ¿cuántos? La alineación de los valores compartidos entre Kanban y la organización que lo adopta es un predictor de éxito y un indicador anticipado de la profundidad de la implementación que podría lograrse. Cuantos más valores se compartan con Kanban, más fácil debería ser su adopción y mayores beneficios cabría esperar.

Esta observación dio lugar al mantra del Modelo de Madurez Kanban:

Los resultados siguen a las prácticas.
Las prácticas siguen a la cultura.
La cultura sigue a los valores.
Por tanto, lidere con valores.

El liderazgo es el ingrediente secreto

La viñeta que aparece en la portada de *Kanban*, que se muestra en la Figura 12.1, se diseñó para captar plenamente la esencia del método. Muestra claramente la visualización. ¿Quizá podría mostrar más claramente la limitación del trabajo en curso? Pujan Roka, el dibujante, lo omitió por simplificación. En retrospectiva, creó un resultado interesante. La viñeta representa una aplicación proto-Kanban. Refleja lo que ahora podríamos llamar una organización en transición del Nivel de Madurez 2 al Nivel de Madurez 3. Mientras que el libro original de Kanban fue diseñado para enseñar a las organizaciones cómo implementar una prestación de servicios fiables, predecibles y adecuados a lo que ahora llamamos Nivel de Madurez 3, en realidad la industria era mucho más superficial. La viñeta reflejaba con mayor exactitud un lugar de trabajo típico en 2010.

Vemos a un pequeño equipo discutiendo sobre el flujo de trabajo, lo que implica que se está gestionando. Es evidente que existen algunas políticas que controlan el trabajo. Algunas de estas políticas pueden ser explícitas, por ejemplo, el uso de colores debe indicar algo sobre el trabajo y cómo debe tratarse. Sin embargo, también se da a entender que algunas políticas son implícitas y quizá podrían mejorarse. El *tester* de la viñeta está ocioso, lo que sugiere una falta de políticas de trabajo flexibles, mientras que el analista parece tener demasiado trabajo en curso, y quizá algunas políticas no se cumplen o no se aplican adecuadamente. Toda la viñeta y la reunión que tiene lugar ilustran un ciclo de *feedback*. Y el trabajo expuesto en el tablero, junto con los globos de diálogo, indican que en el desarrollo existe un cuello de botella, por lo que nos vemos obligados a introducir el uso de un modelo en nuestra comprensión del flujo de trabajo y de los problemas que lo aquejan.

La viñeta capta muy bien las seis prácticas generales del Método Kanban, pero el personaje de la derecha de la imagen nos muestra el aspecto más importante necesario para que el Método Kanban funcione. Al sugerir: «Hagamos algo al respecto», ilustra un pequeño acto de liderazgo. No se contenta con escuchar los informes de sus colegas. ¿Quizás estos informes muestran un patrón que se repite durante varios días o semanas? En la reunión de hoy ya ha oído suficiente, es hora de actuar. Lo verdaderamente interesante es lo que ocurre a continuación. Esto se describe como una «reunión de seguimiento», que se describirá en su totalidad en el Volumen 2, *Implementación de Kanban*. En la literatura formal de *Lean*, una reunión espontánea de este tipo que desemboca en una acción para mejorar el flujo se conoce como «círculo espontáneo de calidad» o «evento *kaizen*».

Un grupo de personas interesadas, quizá con varias funciones, se reunirán y discutirán lo que ven. Puede que se pregunten por qué el *tester* está inactivo. Podrían confirmar que el desarrollador está constantemente sobrecargado y no tiene tiempo libre. Podrían observar la acumulación de tarjetas de análisis completadas a la espera de desarrollo y llegar a la conclusión de que la función de desarrollo es un cuello de botella. A continuación, podrían cuestionar las políticas existentes. Podrían preguntar al desarrollador si hay trabajo que cree que podrían hacer otros. ¿Quizás confiaría en un *tester* para hacer un trabajo de menor riesgo, menos novedoso y más repetitivo? Entonces se puede acordar que sería aceptable que los *testers* desocupados ayudaran realizando trabajo de desarrollo en, digamos, tarjetas azules, ya que estas tarjetas representan trabajo cuyo riesgo es lo suficientemente bajo como para que los desarrolladores profesionales no se opongan a que alguien de otra función lo complete. En otras palabras, se trata de un cambio que no amenaza su identidad ni su lugar en la jerarquía social; tampoco afecta al estatus, respeto o reconocimiento otorgado a los desarrolladores, ni socava la dignidad de los *testers* a los que se pide que realicen las tareas de desarrollo de menor riesgo. Y así, la política se modifica y, poco a poco, las barreras entre las funciones laborales y las líneas de demarcación entre los roles se erosionan. La mano de obra se vuelve un poco más flexible gracias a la polivalencia, y el nivel de capital social (o confianza) aumenta entre los trabajadores de este sistema.

Lo que ocurre en las reuniones de seguimiento muestra la compleja naturaleza de la prestación de servicios del trabajo del conocimiento y los efectos emergentes que son habituales cuando se aplica plenamente el Método Kanban.

Puntos clave

◆ Kanban reconoce tres agendas comunes para las personas que adoptan el método: sostenibilidad, orientación al servicio y supervivencia.

◆ El Método Kanban recibe su nombre del uso de sistemas kanban, que limitan el trabajo en curso y crean una tensión positiva que cataliza el cambio.

◆ Los sistemas kanban son un ejemplo específico de los sistemas conocidos genéricamente como sistemas *pull*.

◆ Un sistema kanban se compone de tarjetas kanban (o tarjetas de señalización), en las que una tarjeta kanban representa una unidad de capacidad dentro del sistema.

◆ Kanban es una palabra tanto china como japonesa y tiene diferentes significados en diferentes contextos tanto si se escribe en japonés utilizando el sistema *kanji* de caracteres chinos como en el alfabeto japonés *hiragana*. Todos los significados posibles son pertinentes para el Método Kanban: «señal», «tablero visual» o «cartel», «mirando al tablero» (el significado chino) y «tarjeta de señalización» o «marca»; todos representan aspectos del Método Kanban.

◆ Los sistemas kanban se utilizan para evitar la sobrecarga de trabajo del personal, y son un proceso o sistema de trabajo que abarca todo un flujo de trabajo o cadena de valor.

◆ El alivio de la sobrecarga tiene como efecto secundario la mejora de la calidad.

◆ Los sistemas kanban también se utilizan para aplazar el compromiso y evitar iniciar demasiados trabajos.

◆ El compromiso diferido engloba el concepto *Lean* de «último momento responsable».

◆ El compromiso diferido provoca un cambio de enfoque, empuja la gestión de riesgos hacia arriba y cataliza la demanda de mejores medios para evaluar y gestionar los riesgos empresariales asociados a las solicitudes de trabajo.

◆ Los sistemas kanban provocan un enfoque en el flujo de trabajo.

◆ Los sistemas kanban contribuyen a la evolución cultural de las organizaciones y facilitan la aparición de la colaboración, altos niveles de confianza, empoderamiento de los trabajadores y mejora continua.

◆ Kanban mejora la satisfacción del cliente gracias a una entrega más rápida, predecible y puntual, con una calidad mejorada.

◆ El Método Kanban consta de seis prácticas generales: prácticas operativas de visualización, limitación del WIP y gestión del flujo, y prácticas de gestión para explicitar las políticas, aplicación de los mecanismos de *feedback*, y mejora colaborativa y evolución experimental.

◆ El Método Kanban se basa en tres conjuntos de principios:
  - Los Principios del Flujo: las empresas de bienes intangibles pueden gestionarse de forma similar a las empresas de bienes físicos; hacer visible el trabajo y los flujos de trabajo invisibles, controlar y limitar el «inventario» de bienes intangibles.
  - Los Principios de la Prestación de Servicios: comprender y enfocarse en las necesidades y expectativas de sus clientes; gestionar el trabajo, dejar que la gente se autoorganice en torno a él; evolucionar sus políticas de gestión para mejorar los resultados para el cliente y para la empresa.
  - Los Principios de la Gestión del cambio: empezar con lo que se hace ahora, comprendiendo los procesos actuales, tal como se practican realmente y respetando los roles, responsabilidades y títulos laborales existentes; obtener el acuerdo para perseguir la mejora a través del cambio evolutivo; fomentar los actos de liderazgo a todos los niveles.

◆ El Modelo de Cambio Evolutivo consta de un factor estresor, un mecanismo de reflexión y un acto de liderazgo.

◆ Para marcar la diferencia en el mundo y crear un cambio que arraigue, la orientación Kanban debe ser pragmática, accionable y basada en pruebas.

◆ Retrospectivamente, Mike Burrows observó que Kanban encapsulaba un sistema de valores, un credo. Inicialmente, definió nueve valores:
  - Colaboración
  - Transparencia
  - Flujo
  - Respeto
  - Comprensión
  - Acuerdo
  - Equilibrio
  - Foco en el cliente
  - Liderazgo

◆ Más recientemente, durante los trabajos sobre el Modelo de Madurez Kanban, este conjunto de valores se amplió para cubrir las motivaciones de las adopciones muy superficiales, o personales, de Kanban, así como las implementaciones muy profundas en organizaciones muy maduras.

◆ El cambio impulsado por valores se ha convertido en una parte fundamental de la orientación del *coaching* de Kanban y se ilustra mejor en el mantra del Modelo de Madurez Kanban:

- Los resultados siguen a las prácticas.
- Las prácticas siguen a la cultura.
- La cultura sigue a los valores.
- Por tanto, lidere con valores.

◆ Se necesita liderazgo para impulsar las mejoras.

◆ El liderazgo es el ingrediente secreto del Método Kanban.

◆ En *Kanban* no se prestó suficiente atención al liderazgo, una omisión desafortunada.

13

Modelo de Madurez Kanban

Mapeo de patrones en la implementación de Kanban con los niveles de madurez organizativa[45]

Trabajando con Teodora Bozheva, reconocimos que había muchos patrones diferentes de implementación de Kanban y, a partir de las evidencias de casos de estudio, informes de experiencias, anécdotas de la comunidad y observaciones realizadas al visitar a los clientes, parecía haber una correlación entre la complejidad de una implementación de Kanban y la madurez de la organización. Estos patrones se explican en detalle en el Volumen 2, *Implementando Kanban*.

Los tres pilares del modelo de madurez Kanban

La Figura 13.1 ilustra los 3 pilares del modelo, enfocado a los resultados, que se logran mediante prácticas a su vez facilitadas por la cultura, y todo ello impulsado por un enfoque gestionado del cambio evolutivo. El modelo de madurez organizativa se construye en torno a resultados observables, ilustrados en la siguiente sección a través de la experiencia del cliente.

---

45. Una versión de este capítulo apareció por primera vez como apéndice en Anderson, David J, y Alexei Zheglov. *Fit for Purpose: Synthesizing Customer Experience and Strategy for Accelerated Business Results,* 3ª ed. Seattle: Blue Hole Press, 2023.

Aquellas cosas que las
personas valoran y se
refieren a ellas como
principios o normas (escritas
o no escritas) que justifican
comportamientos y prácticas

«cómo vivimos»

- Actividades rutinarias
- Patrones observables de
  interacciones
- Prácticas establecidas y regulares
  de Kanban
- Hábitos

«cómo hacemos las cosas»

- Resultados demostrados
- Beneficios observables externamente
  (valorados por el cliente)
- Beneficios observables internamente
  (organizacionales)

«cómo de efectivos somos»

Cultura · Prácticas · Resultados · Evolución Gestionada

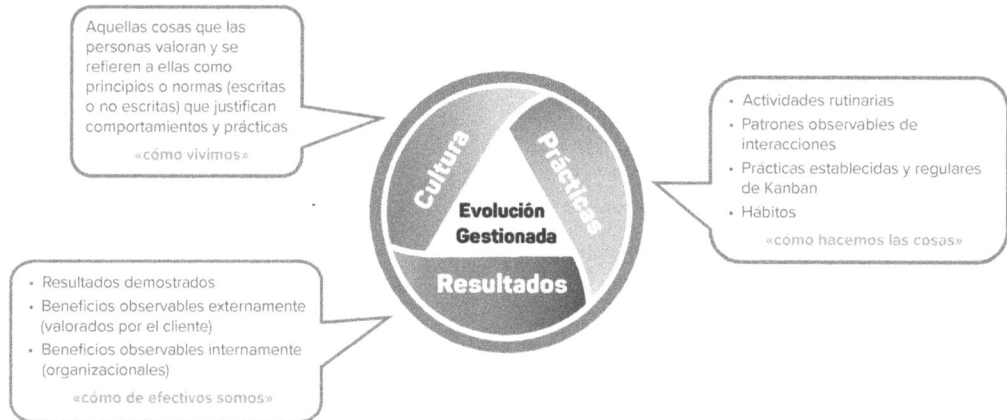

Figura 13.1 Los tres pilares del KMM

El modelo de madurez organizativa

Construimos un modelo de madurez organizativa y demostramos que las implementaciones de Kanban están impulsadas por la madurez organizativa. El diseño de sistemas Kanban, tableros y tarjetas vienen impulsados por las necesidades de la organización, y esas necesidades varían a medida que la organización madura. A medida que mejora la madurez de la organización, surgen cambios relacionados con el comportamiento empresarial, el liderazgo, la gestión de riesgos, la cultura organizativa y, en última instancia, los resultados empresariales que se derivan y se correlacionan con los diferentes niveles de madurez de la empresa. La implementación de Kanban siempre refleja la madurez de la organización que lo implementa. Si la organización se preocupa mucho por la gestión de riesgos, entonces el diseño del tablero Kanban y sus tarjetas reflejan la necesidad de visualizar la información de riesgo y cubrir los riesgos.

Nuestro modelo de madurez organizativa es una adaptación actualizada y evolutiva del trabajo de varias fuentes anteriores, como Philip Crosby, Gerald R. Weinberg y el Modelo de Madurez de Capacidades (y su sucesor, el Modelo de Integración de Madurez de Capacidades) del Software Engineering Institute de la Universidad Carnegie Mellon. El modelo tiene siete niveles de madurez numerados del 0 al 6, siendo 0 el más bajo y 6 el más alto. En general, preferimos de superficial a profundo en lugar de bajo a alto. La literatura anterior tendía a utilizar de bajo a alto. Por lo tanto, ambos conjuntos de etiquetas son de uso común. Tendemos a dibujar el modelo de arriba a abajo, de superficial a profundo; una visualización de bajo a alto se dibujaría mejor de abajo a arriba.

Como muestra el modelo, la mayoría de las empresas deben aspirar al Nivel de Madurez 4 para mostrar resistencia, robustez y capacidad de gestión del riesgo que les permita tener grandes posibilidades de supervivencia a largo plazo.

Lo que sigue es una breve visión general de los siete niveles del modelo, ilustrada con una descripción de cómo podría manifestarse en una pizzería. Este ejemplo se ha elegido deliberadamente como ejemplo de la industria de servicios, pero, de forma igualmente deliberada, algo muy diferente de los servicios de TI típicamente asociados con Kanban. También se incluyen gráficos de tableros Kanban típicos en los niveles 0 a 5 para ilustrar los patrones de implementación de Kanban. Hay muchos más ejemplos de implementaciones de tableros kanban en el Volumen 2, *Implementando Kanban*, y en mi libro con Teodora Bozheva, *Kanban Maturity Model: A Map to Organizational Agility, Resilience, and Reinvention*[46] o en el sitio web en kmm.plus.

Es importante reconocer que es la organización la que madura; la implementación de Kanban simplemente refleja la madurez de la organización. La implementación de Kanban refleja lo que valoran, los riesgos que gestionan y la naturaleza de su toma de decisiones. En los niveles de madurez más bajos esto tiende a ser simple y homogéneo, mientras que en los niveles de madurez más altos tiende a ser sofisticado, abarcando una variedad significativa.

Nivel de madurez 0: Inconsciente

Nivel de madurez 0	Inconsciente
Caracterización	A mi manera o cada cliente tiene su mascota.
Liderazgo	Abdicado
Rasgos del carácter del líder	Autenticidad
Valores culturales	Logros (individuales)
Servicio	Plantilla de personas que saben hacer pizza
Proceso	Los empleados compiten por atender los pedidos de los clientes y por los recursos, como el espacio en el mostrador, ingredientes y acceso a los hornos.
Experiencia del cliente	Depende totalmente de la persona que toma el pedido y prepara la pizza. No hay confianza en la empresa como sistema.

Todos los empleados del restaurante actúan de forma independiente. Todos saben hacer pizza. El personal compite por recibir el pedido de un cliente y, a continuación, compiten por recursos como el espacio en el mostrador, los ingredientes y el acceso a los hornos para poder servir el pedido. La experiencia del cliente depende totalmente de quién le atienda, y los clientes a menudo desarrollan una preferencia por un miembro concreto del equipo, eligiéndolo como su pizzero favorito. Los clientes esperan para hacer su pedido a su cocinero favorito, ya que no confían en los sistemas del restaurante.

---

46. Anderson, David J., y Teodora Bozheva. *Kanban Maturity Model: A Map to Organizational Agility, Resilience, and Reinvention*, 2ª ed. Seattle: Kanban University Press, 2020.

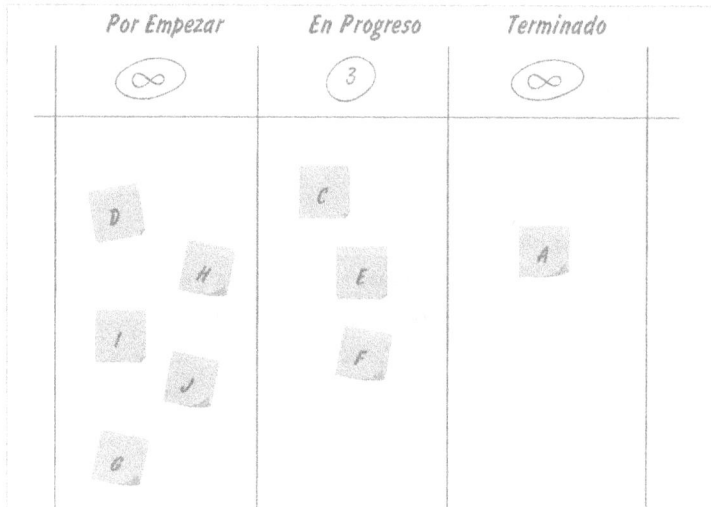

Figura 13.2 Ejemplo de un tablero kanban individual (Nivel de Madurez 0)

Nivel de madurez 1—Enfocada en el equipo

Nivel de madurez 1	Enfocada en el equipo
Caracterización	Nunca lo mismo dos veces
Liderazgo	Egoísta
Rasgos del carácter del líder	Confiable
Valores culturales	Colaboración, iniciativa, transparencia
Servicio	Depende en gran medida de las personas implicadas: hay variaciones en el método de preparación, horneado y entrega; problemas con la exactitud de los pedidos, y problemas con el sabor y la calidad.
Proceso	Es emergente pero inconsistente: con frecuencia, las pizzas no son del tipo adecuado, o les faltan ingredientes, o son de mala calidad en el momento de la entrega, o los plazos de entrega varían dramáticamente hasta un nivel inaceptable.
Experiencia del cliente	El vendedor no es fiable ni confiable.

Trabajar en este restaurante es como formar parte de un equipo. Sin embargo, el método de preparación, horneado y entrega de la pizza, la precisión en el cumplimiento de los pedidos y la calidad y el sabor de la pizza dependen en gran medida de la persona que la elabora. Nuestros procesos están emergiendo, pero siguen siendo inconsistentes. A menudo, la pizza es del tipo equivocado, le faltan ingredientes, es de mala calidad en el momento de la entrega o el *lead time* depende en gran medida de la persona que la entrega. La experiencia de los clientes los lleva a concluir que este restaurante es muy poco fiable.

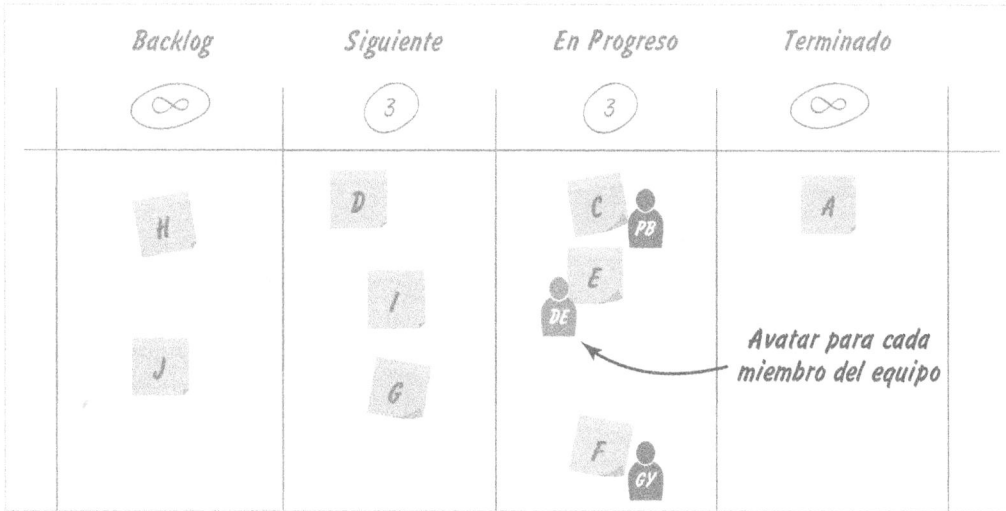

Figure 13.3 Tablero de equipo kanban típico (Nivel de Madurez 1)

Nivel de madurez 2—Orientada al cliente

Nivel de madurez 2	Orientada al cliente
Caracterización	Nunca el mismo resultado dos veces
Liderazgo	Tribal
Rasgos del carácter del líder	Carisma
Valores culturales	Conocimiento del cliente, cambio evolutivo, flujo, liderazgo, narrativa, respeto, comprensión de los procesos internos
Servicio	Depende del supervisor, gerente o propietario a cargo: las pizzas entregadas pueden tener ligeros problemas de calidad, a veces son del tipo equivocado, están ligeramente quemadas o les faltan ingredientes.
Proceso	Los procedimientos definidos se siguen ahora de forma consistente
Experiencia del cliente	Depende totalmente del supervisor al cargo

Se trata de un negocio de reparto de pizzas en proceso de maduración focalizado en sus clientes. El método de preparación, horneado y entrega de la pizza es ahora consistente, y ahora se siguen sistemáticamente los procedimientos definidos. Sin embargo, la pizza entregada depende en gran medida de que el cocinero principal o el encargado participen en el proceso. Si no están presentes, la pizza entregada puede ser de un tipo equivocado, faltarle algún ingrediente o estar ligeramente quemada. Por tanto, la percepción del cliente es que la fiabilidad del restaurante depende del supervisor de turno. Los clientes ajustan su comportamiento en consecuencia.

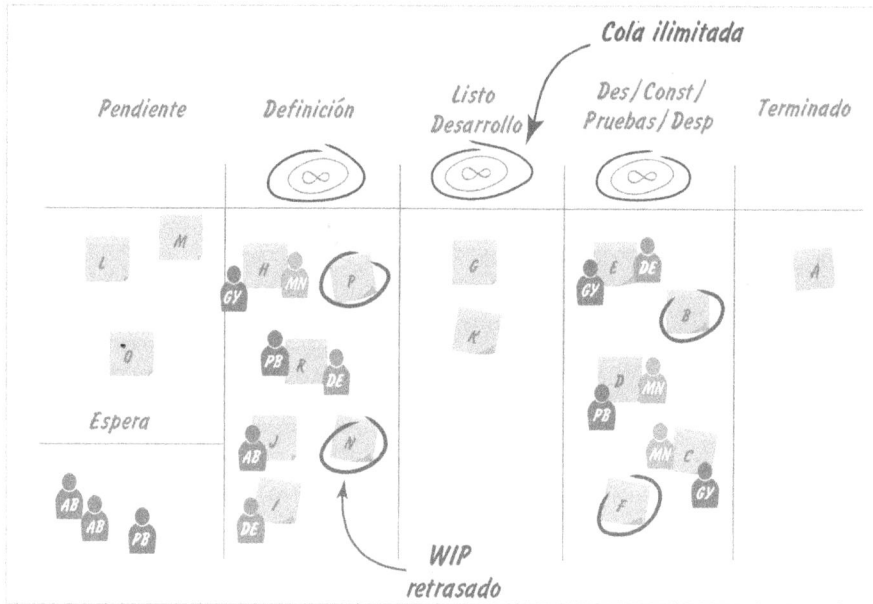

Figure 13.4 Tablero kanban del flujo de trabajo de servicios (Nivel de Madurez 2)

Nivel de madurez 3—Apta para el propósito

Nivel de madurez 3	Apta para el propósito
Caracterización	Clientes siempre contentos; "se acabaron los héroes".
Liderazgo	Orientado al propósito
Rasgos del carácter del líder	Altruismo
Valores culturales	Acuerdo, equilibrio, servicio al cliente, apta para su propósito, liderazgo a todos los niveles, resultados empresariales a corto plazo, comprensión de la cadena de suministro externa y de la demanda de los clientes, unidad y alineación
Servicio	Consistencia: las pizzas entregadas se ajustan a las expectativas, son del tipo correcto con los ingredientes adecuados y casi siempre están calientes, sabrosas y son de buena calidad en el momento de la entrega. Tiempo para mejorar: tiempo y espacio para pensar en cambios en el menú, necesidades dietéticas especiales, apertura de nuevos locales, desarrollo de ofertas especiales
Proceso	Los procedimientos definidos se siguen de forma consistente, independientemente del personal o los supervisores que trabajen en un día o turno determinado.
Experiencia del cliente	El vendedor es fiable y confiable, pero aún no tiene una empatía profunda con sus clientes ni entiende el motivo de su visita.

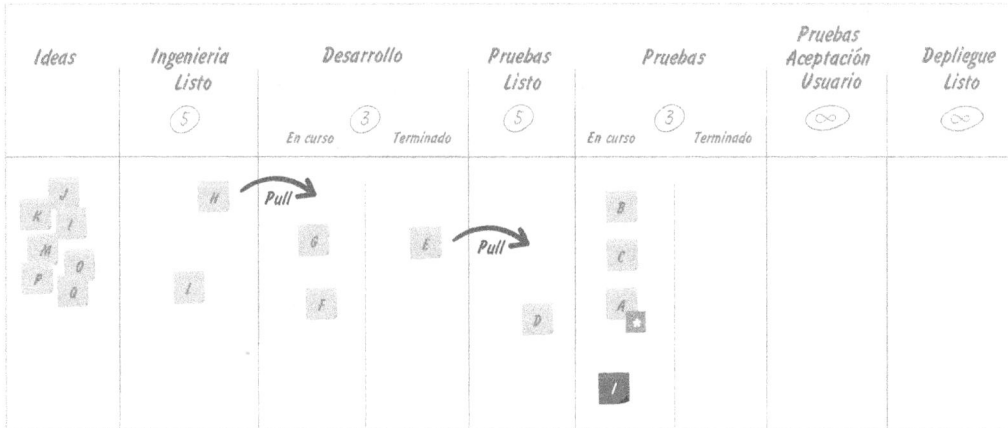

Figure 13.5 Tablero de flujo de trabajo de servicios mostrado con un sistema kanban virtual de extremo a extremo (Nivel de Madurez 3)

Esta sofisticada pizzería del centro de la ciudad tiene un servicio de entrega a domicilio o a la oficina. Su método de preparación, horneado y entrega de pizzas es consistente y los procedimientos definidos se siguen sistemáticamente, independientemente de la noche de la semana que sea, de quién trabaje esa noche o de si está el encargado.

En general, la pizza entregada coincide con el pedido, es de alta calidad y cumple las expectativas de prestación del servicio. La percepción del cliente es que el restaurante es fiable y confiable. Como el proceso y los resultados son consistentes, el propietario del restaurante tiene tiempo para pensar en hacer crecer su negocio: abrir restaurantes en otros lugares, ofrecer pizzas para personas con restricciones dietéticas o desarrollar menús especiales que diferencien a este restaurante de sus competidores.

Sin embargo, aunque esta organización de Nivel de Madurez 3 puede cumplir los pedidos dentro de lo esperado, todavía no se les da bien entender por qué los clientes los eligen a ellos o qué expectativas adicionales pueden tener. Venden muchas pizzas Margherita básicas para entregar en oficinas después de las 5 de la tarde los jueves por la noche, pero nadie se ha molestado en pensar en ello ni en preguntarse por qué. Aún no han conseguido intimar con el cliente y la capacidad para anticiparse a la demanda y a las expectativas aún no ha evolucionado.

Nivel de madurez 4—Protegida de riesgos

Nivel de madurez 4	Protegida de riesgos
Caracterización	Todo el mundo es feliz; «afronta con elegancia los imprevistos».
Liderazgo	Gestor de riesgos
Rasgos del carácter del líder	Empatía, pragmatismo, integridad
Valores culturales	Enfoque empresarial, competitividad, intimidad del cliente, toma de decisiones basada en datos, equilibrio profundo, equidad, desarrollo del liderazgo, cumplimiento normativo
Servicio	Varias clases de servicio para clientes con necesidades y riesgos diferentes • Personal óptimo • Éxito económico • Anticipación
Proceso	Se adapta con elegancia a los altibajos de la demanda. Los costes se controlan estrictamente sin afectar a la capacidad de entrega ni a la satisfacción del cliente. Resultados económicos sólidamente predecibles.
Experiencia del cliente	La satisfacción del cliente es invisible: siempre está ahí y los clientes han llegado a darla por sentada. La empresa se anticipa a las necesidades y la demanda de los clientes; entiende el «por qué» y el motivo de su visita. Marca respetada.

Se trata de una pizzería y un servicio de entrega a domicilio maduros. Se ha ampliado con éxito más allá de un único local. El propietario dirige un negocio de éxito económico ofreciendo varias clases de servicio, como un menú de entrega exprés. Sus locales hacen frente con éxito a los altibajos de la demanda y comprenden la naturaleza cíclica de su negocio. Cuentan con el personal óptimo la mayor parte del tiempo y sus costes están estrictamente controlados sin que ello afecte a su capacidad de entrega ni repercuta en la satisfacción del cliente. Tienen una marca muy respetada y una rentabilidad sólidamente predecible.

Venden muchas pizzas Margherita básicas para entregar en oficinas de negocios a partir de las 17.00 los jueves por la noche, y saben por qué: los jueves es la noche en que los compañeros salen juntos del trabajo. Los viernes, la gente tiene planes para el fin de semana, pero los jueves por la noche pueden permitirse quedarse hasta tarde una o dos horas. Una pizza Margherita es el acompañamiento perfecto para un vaso de cerveza o un refresco, lo justo para quitar el hambre al final de una jornada de trabajo. Como saben por qué piden sus clientes, pueden anticiparse a esta demanda: ¡no es suerte! También pueden prever cuándo disminuirá la demanda, cuándo se reducirá por completo o cuándo se trasladará a otra noche de la semana. Si tienen que introducir un nuevo tipo de queso porque el utilizado hasta ahora ya no se produce, estudian las preferencias de sus clientes, ofreciéndoles pizzas con varios tipos alternativos de queso para averiguar cuál les gusta más.

En el Nivel de Madurez 4, la satisfacción del cliente es invisible: siempre está ahí. Los clientes aprenden, simplemente, a darla por sentada.

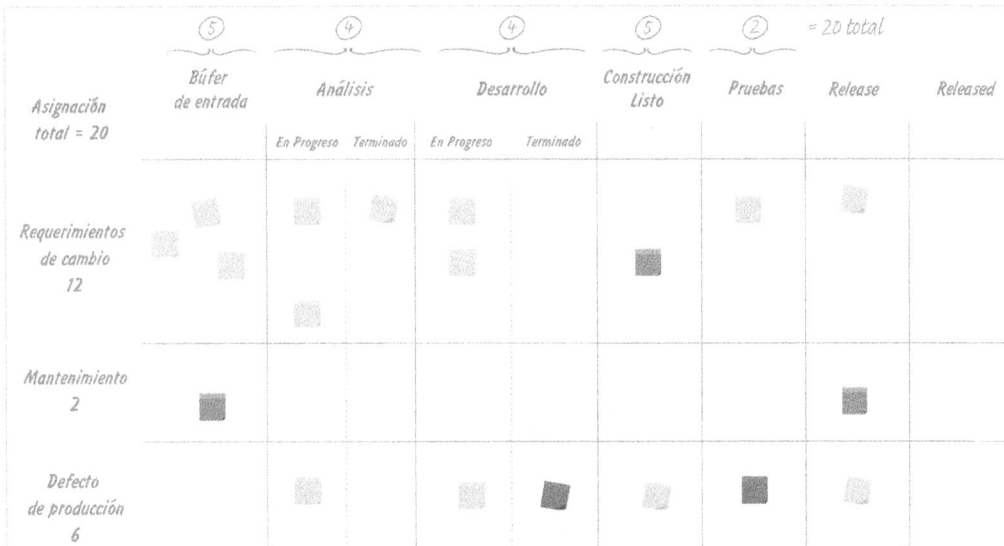

Asignación total = 20	Búfer de entrada (5)	Análisis (4)		Desarrollo (4)		Construcción Listo (5)	Pruebas (2)	Release	Released = 20 total
		En Progreso	Terminado	En Progreso	Terminado				
Requerimientos de cambio 12	▧ ▧	▧	▧	▧ ▧		▧	▧	▧	
		▧							
Mantenimiento 2	▧							▧	
Defecto de producción 6		▧		▧	▧		▧	▧	

Figure 13.6 Tablero de flujo de trabajo multiservicio con estrategia de asignación de capacidad de cobertura de riesgos aplicada por tipo de trabajo (Nivel de Madurez 4)

Nivel de madurez 5—Líder del mercado

Nivel de madurez 5	Líder del mercado
Caracterización	Simplemente el mejor
Liderazgo	Perfeccionista implacable
Rasgos del carácter del líder	Humildad
Valores culturales	Igualdad de oportunidades, experimentación, perfeccionismo, movilidad social
Servicio	Los mejores del mercado por región geográfica o idioma o región étnica/cultural o por sector empresarial, industria vertical o tecnología
Proceso	El mejor diseño. La mejor implementación. La mejor prestación de servicios y experiencia del cliente.
Experiencia del cliente	Los clientes presumen de los productos y servicios y abogan por ellos, presentándolos proactivamente a otros.

Este restaurante está considerado como el mejor de toda el área metropolitana. Los residentes presumen de él ante los visitantes. Insisten en que probar su pizza gourmet en el restaurante o a domicilio es un rito de iniciación necesario. Sus pizzas destacan en el diseño (tienen el mejor menú), la ejecución (su masa y corteza son legendarias y siempre se hornean a la perfección) y el servicio de entrega a domicilio (eficaz, con conductores educados, bien formados y uniformados que se aseguran de que la pizza llegue siempre en perfectas condiciones).

Figure 13.7 Tablero que implementa una sofisticada estrategia de flexibilidad en el equipo además de un flujo de trabajo multiservicio con cobertura de riesgos (Nivel de Madurez 5)

Nivel de madurez 6—Construida para sobrevivir

Nivel de madurez 6	Construida para sobrevivir
Caracterización	Reinvención gestionada
Liderazgo	Hacker cultural y gestor de identidades
Rasgos del carácter del líder	Sentido del deber
Valores culturales	Congruencia, supervivencia a largo plazo, tolerancia y diversidad
Servicio	Ante un acontecimiento de nivel de extinción o una perturbación provocada por una nueva tecnología, los dirigentes reflexionan profundamente sobre la identidad y el propósito de la empresa y la motivación fundamental para que siga existiendo.
Proceso	Reinvención realizando movimientos laterales o adyacentes, amplificando las capacidades existentes, adoptando una nueva identidad o un cambio de propósito. Requiere una sólida comprensión de quiénes son como empresa, por qué existen, qué les hace felices y les proporciona satisfacción.
Experiencia del cliente	Es la misma marca con valores similares, los mismos altos niveles de servicio, pero es nueva, con productos y servicios diferentes; reconocible, familiar y, sin embargo, nueva y diferente. La fidelidad del cliente se mantiene.

La cadena de restaurantes ha cerrado debido a la pandemia de la Covid-19. En consecuencia, ante un acontecimiento de nivel de extinción, el propietario reflexiona profundamente sobre la identidad y el propósito del negocio y su motivación principal para ponerlo en marcha. Llega a la conclusión de que existe para entregar pizzas gourmet exóticas con ingredientes frescos, locales y ecológicos de la más alta calidad sobre la mejor base con corteza elaborada a partir de masa fresca fermentada. Sin embargo, se da cuenta de que el modelo de entrega puede cambiar.

Como muchos otros restaurantes del área metropolitana se reinventan como mercados gourmet y tiendas de delicatessen, decide que no puede seguir su ejemplo. Sin embargo, quizá le ofrezcan un nuevo canal de distribución. ¿Quizá pueda asociarse con ellos para distribuir pizza?

Decide reinventar el negocio, fabricando *kits* de pizza gourmet. Cada kit contiene la masa fresca y los ingredientes para disfrutar de una pizza gourmet casera, sabrosa y deliciosa.

No es un negocio totalmente nuevo, sino una reinvención de lo que ya son. Pasan a suministrar sus kits de pizza para llevar a casa a estos nuevos mercados. Graban un vídeo en el que el cocinero muestra cómo extender la masa para hacer la corteza, cómo esparcir los ingredientes y cómo preparar el horno para que la pizza salga perfecta. Sus pizzas, muy perecederas y con ingredientes totalmente frescos, no deben almacenarse, sino consumirse en los dos días siguientes a su compra.

Con una sólida comprensión de quiénes son, por qué existen y qué les hace felices y les proporciona satisfacción al hacer negocios, la cadena pivota con éxito y se reinventa como la marca prémium favorita del país de pizza gourmet horneada en casa.

Arquitectura del modelo de madurez Kanban

La arquitectura del KMM define las relaciones fundamentales entre los tres pilares del modelo. La Figura 13.8 ofrece una visión general de la arquitectura del KMM. En su mayor parte, la arquitectura forma una matriz bidimensional con la cultura organizativa y las prácticas generales en las columnas, y los siete niveles de madurez organizativa en las filas. Cada celda de la tabla contiene valores culturales específicos para un nivel determinado, o prácticas kanban específicas, asignadas a una práctica general y a un nivel de madurez.

Los tres componentes clave (Cultura, Prácticas de Kanban y Resultados) se muestran en tres áreas adyacentes. El eje vertical de la arquitectura muestra los niveles de madurez de la organización.

Prácticas específicas

Cada una de las prácticas generales de Kanban puede implementarse con una o más prácticas específicas. Estas prácticas pueden tener diferentes niveles de fidelidad, que generalmente están relacionados con la profundidad de la madurez de la organización. Por lo tanto, el nombre y el número de una práctica específica refleja tanto su fidelidad como la profundidad de la madurez de la organización que implementa la práctica.

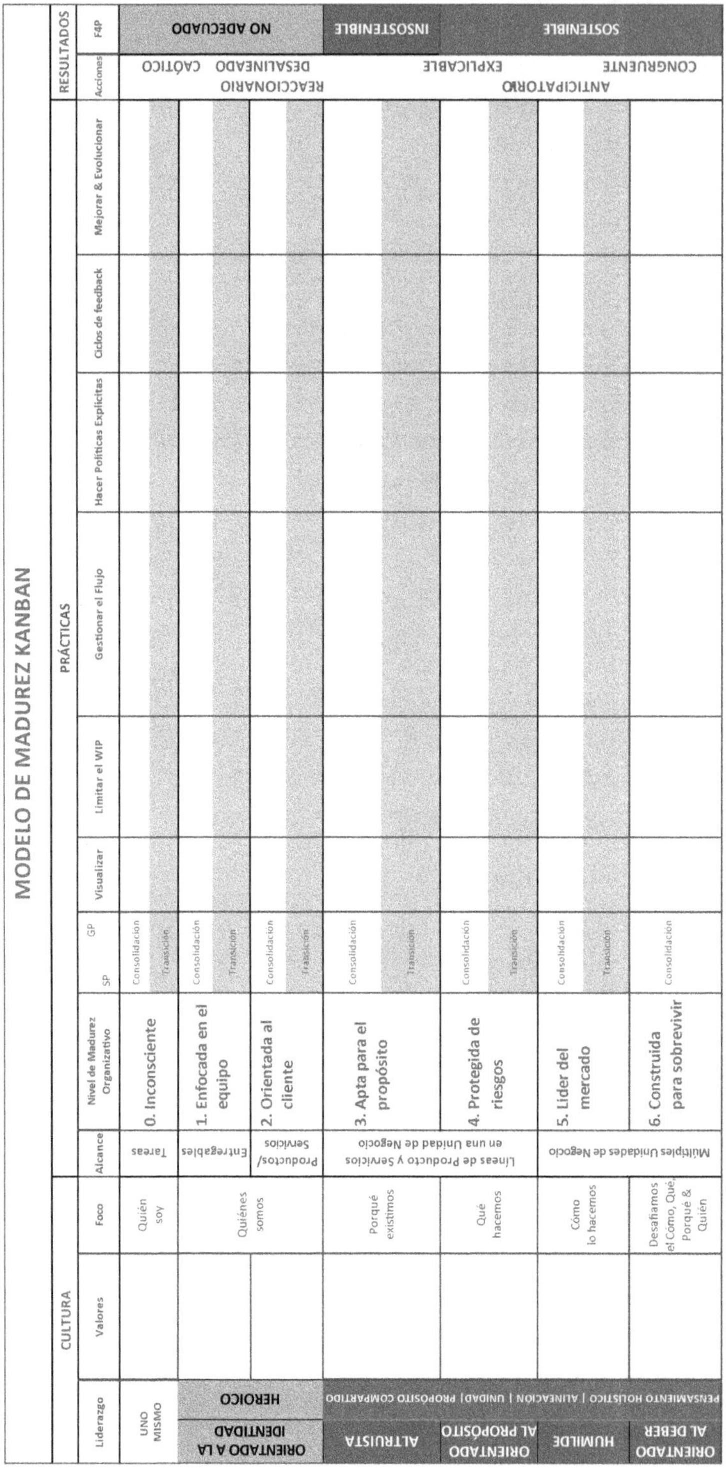

MODELO DE MADUREZ KANBAN

CULTURA							PRÁCTICAS						RESULTADOS	
Liderazgo	Valores	Foco	Alcance	Nivel de Madurez Organizativo	SP	GP	Visualizar	Limitar el WIP	Gestionar el Flujo	Hacer Políticas Explícitas	Ciclos de feedback	Mejorar & Evolucionar	Acciones	F4P
UNO MISMO		Quién soy	Tareas	0. Inconsciente	Consolidación	Transición							REACCIONARIO / CAÓTICO	NO ADECUADO
HEROICO		Quiénes somos	Entregables	1. Enfocada en el equipo	Consolidación	Transición							DESALINEADO	
ORIENTADO A LA IDENTIDAD			Productos/ Servicios	2. Orientada al cliente	Consolidación	Transición								INSOSTENIBLE
ORIENTADO AL DEBER		Porqué existimos	Líneas de Producto y Servicios en una Unidad de Negocio	3. Apta para el propósito	Consolidación	Transición							EXPLICABLE	
ALTRUISTA		Qué hacemos		4. Protegida de riesgos	Consolidación	Transición							ANTICIPATORIO	SOSTENIBLE
ORIENTADO AL PROPÓSITO		Cómo lo hacemos	Múltiples Unidades de Negocio	5. Líder del mercado	Consolidación	Transición							CONGRUENTE	
HUMILDE		Desafiamos el Cómo, Qué, Porqué & Quién		6. Construida para sobrevivir	Consolidación									

PENSAMIENTO HOLÍSTICO | ALINEACIÓN | UNIDAD | PROPÓSITO COMPARTIDO

Figura 13.8 Arquitectura del KMM

Por ejemplo, **Implementar Ciclos de *Feedback* (CF)** tiene las siguientes prácticas específicas:

- CF 2.1 Celebrar una reunión interna de reposición del flujo de trabajo.
- CF 3.1 Celebrar una reunión de reposición.

En realidad, se trata de dos versiones de la misma práctica con distinta fidelidad.

El enfoque de CF 2.1 es interno, y los asistentes suelen ser los trabajadores implicados en el flujo de trabajo o en el proceso de prestación de servicios. La selección del nuevo trabajo viene determinada por los trabajadores, que lo extraen de un *backlog* predefinido. Esto es típico de las organizaciones que operan en el Nivel de Madurez 2.

Con CF 3.1, la reunión incluye ahora a los clientes, y la selección la hacen generalmente los clientes o todos los *stakeholders* presentes por consenso. El propósito de la reunión es el mismo independientemente de la implementación, pero en el nivel de madurez más profundo se reconoce que hay clientes, que hay riesgos que deben gestionarse y que deben cumplirse las expectativas de los clientes. Al incluir a los clientes en la reunión de reposición del sistema y permitirles influir en la secuenciación y programación del trabajo a través del sistema, el riesgo se traslada a personas mejor informadas para gestionarlo adecuadamente. Por lo tanto, se mejora la gestión de riesgos, y reconocemos que la reunión de reposición (CF 3.1) es una variación más profunda y madura de una reunión de reposición del equipo interno (CF 2.1). Esto refleja una organización que opera en el Nivel de Madurez 3.

Las prácticas específicas definidas en cada nivel de madurez se derivan de patrones observados sobre el terreno y se asocian a organizaciones que exhiben los comportamientos y resultados asociados al nivel de madurez correspondiente.

Prácticas de transición y consolidación

Para garantizar una evolución fluida de una organización, las prácticas específicas de los Niveles de Madurez 1 a 6 se organizan en dos grandes grupos:

- Prácticas de transición
- Prácticas de consolidación

Cuando una organización aspira a lograr los resultados que caracterizan el siguiente nivel de madurez, puede añadir prácticas de transición. Éstas suelen inyectar un poco de tensión en la operación y actúan como catalizadores del proceso de cambio evolutivo definido en el modelo de cambio evolutivo. Mientras exista motivación para alcanzar los resultados definidos en el siguiente nivel, la adopción y aplicación de estas prácticas debería encontrar poca o ninguna resistencia.

Las prácticas de consolidación son prácticas necesarias para lograr los resultados que definen un nivel de madurez; sin embargo, una organización en un nivel inferior tiende a resistirse o a repelerlas a menos que se realice primero algún trabajo preparatorio.

Evitando los dos modos de fracaso con Kanban conocidos

Con unos quince años de observaciones y experiencia en todo el mundo y en un amplio espectro de industrias, se han observado dos patrones de fracaso, o modos de fracaso, con la implementación del Método Kanban: la meseta de la falsa cumbre y la extralimitación.

Un predecesor del Modelo de Madurez Kanban (KMM) era conocido como el Marco de Evaluación de la Profundidad de Kanban. Surgió en 2012, y su propósito era evaluar la idoneidad de la adopción de la práctica Kanban en función de la preparación de la organización. Había un amplio reconocimiento de que cada una de las seis prácticas generales podía ser implementada con diferentes grados de fidelidad. Cuando se producían fracasos en la adopción, estos se debían generalmente a que se habían elegido prácticas inadecuadas, ya fueran demasiado simplistas, que no llevaban a la organización a un mayor nivel de rendimiento, o demasiado desafiantes, que provocaban una resistencia que llevaba al fracaso en la adopción.

La habilidad de *coaching* o consultoría requerida era la de un entrenador deportivo: conocer el libro de jugadas de las prácticas y ser capaz de asignarlas al nivel de habilidad y capacidad existentes. El objetivo era estresar a la organización lo suficiente como para provocarl un mayor nivel de rendimiento, pero sin forzarla tanto como para romperla, provocando una regresión a un nivel inferior de rendimiento. El KMM representa un avance considerable con respecto a su predecesor, ya que codifica más de 150 prácticas específicas y las relaciona con los niveles de madurez. En consecuencia, proporciona una amplia orientación sobre la adopción de prácticas adecuadas, pero va mucho más allá en términos de comprensión de la preparación organizativa, con un mapa mucho más completo de la cultura organizativa, el liderazgo y los resultados empresariales observables.

Como herramienta de *coaching*, cuando se utiliza correctamente, el KMM elimina estos dos modos de fracaso conocidos. Utilizar el KMM para comprender la madurez organizativa y cómo afecta a la implementación de Kanban se ha convertido en una parte vital de *coaching* Kanban.

La meseta de la falsa cumbre

La meseta de la falsa cumbre proviene de la arrogancia de creer que, dado que una organización ya ha adoptado Kanban, ya se han experimentado todos sus beneficios. Típicamente, escuchamos una reacción como: «¡Hemos adoptado Kanban! Nos ayudó [. . .]». Por lo general, a partir de una iniciativa de abajo hacia arriba, enumeran algunas prácticas como el uso de tableros y algunos beneficios de los que han disfrutado y que se corresponden con el Nivel de Madurez 1, tales como:

- Alivio de la sobrecarga y de un entorno de trabajo estresante y abusivo
- Mayor transparencia
- Mejora de la colaboración
- «Nos dio lo que necesitábamos»

En parte, el Modelo de Madurez de Kanban existe para mostrar que estas adopciones superficiales han dejado muchos beneficios adicionales sobre la mesa y que la organización puede llevar Kanban mucho más lejos.

Extralimitación

La extralimitación suele dar lugar a una adopción abortada. El problema tiene su origen en un plan de transición demasiado ambicioso, a menudo hacia un diseño destinado a alcanzar el Nivel de Madurez 4 o incluso 5 en una organización que actualmente se encuentra en el Nivel de Madurez 0 o 1. El problema suele manifestarse por culpa de «el tipo más listo de la sala». Esta persona es un consultor o un *coach* que siente la presión psicológica o social de presumir de sus conocimientos y experiencia o simplemente es demasiado optimista y excesivamente ambicioso. O puede tratarse de un *sponsor* o un alto ejecutivo víctima de la adoración, como una hurraca, de un objeto nuevo y reluciente, ese objeto metafóricamente reluciente que promete un nirvana de transformación empresarial mágica. El Nivel de Madurez 4 suena muy atractivo para los ejecutivos, y puede que estén impacientes por llegar a él.

Con cualquiera de estos patrones, el consultor «más listo de la sala» o el ejecutivo «obsesionado con el objeto brillante», existe la presión de abandonar el cambio evolutivo y, en su lugar, diseñar una solución de Nivel de Madurez 4 elaborada, a menudo a gran escala, y dirigir una iniciativa tradicional de cambio gestionado para instalar la solución final lo antes posible, con el fin de acelerar la consecución del Nivel de Madurez 4. Irónicamente, este es el comportamiento de un líder de Nivel de Madurez 2. La madurez de la organización siempre está limitada por la madurez del liderazgo y, por lo tanto, un esfuerzo de gestión heroico para alcanzar rápidamente el Nivel de Madurez 4 está condenado al fracaso. La iniciativa estresa a la organización con demasiadas cosas, demasiado rápido. Lo que se necesita es desarrollar primero la madurez del liderazgo y, con ella, reconocer que el cambio debe dirigirse de forma gradual y evolutiva para que tenga éxito, sobreviv y prospere.

Cuando las prácticas son demasiado avanzadas para los principiantes o para organizaciones con una cultura inmadura, comportamientos existentes o prácticas realizadas, el resultado es que las nuevas prácticas simplemente no arraigan. A menudo, las personas son incapaces de entender el beneficio. Por ejemplo, si cada elemento de trabajo es una tarea, ¿qué sentido tendría la cobertura de riesgos mediante la asignación de capacidad de límites WIP entre elementos de trabajo de diferentes tipos? En un mundo en el que todo es homogéneo, el concepto de cobertura del riesgo es incomprensible. Hablar el lenguaje del Nivel de Madurez 4 en una organización de Nivel de Madurez 1 es, literalmente, hablar en una lengua extranjera.

Se dice que cuando los primeros colonos europeos llegaron a las costas de Norteamérica, los nativos americanos «no podían ver las naves».[47] En su lugar, veían los botes de remos con los que había llegado a tierra un grupo visitante. Entendían el concepto de embarcaciones pequeñas, canoas, kayaks y similares. No tenían ni idea de lo grande que era el océano ni de que se podía navegar en grandes embarcaciones oceánicas. Aunque sus ojos podían ver esas naves en el horizonte, tal vez ancladas, no podían procesar lo que estaban viendo: no podían ver las naves. Una nave les resultaba incomprensible. Sus cerebros no podían entender lo que veían sus ojos. Cuando se utilizan conceptos avanzados de la profundidad del modelo, en un entorno con un nivel superficial de madurez, se habla en una lengua extranjera. No se puede ver los tipos de elementos de trabajo, no se puede ver los riesgos, no se tiene ningún concepto de estas cosas, y por lo tanto no hay necesidad de visualizarlas o *tokenizar* los conceptos.

El Modelo de Madurez Kanban también existe, en parte, para proporcionar una hoja de ruta y un medio para interpretar y evaluar la madurez organizativa y la preparación para cualquier práctica Kanban específica. Un *coach* competente puede utilizar el modelo como guía para sugerir los siguientes pasos adecuados y evitar extralimitarse. El objetivo es avanzar poco a poco, haciendo progresos que se mantengan, y con cada pequeña mejora, crear una nueva base sobre la que construir la siguiente mejora.

---

47. Una breve búsqueda en la *World Wide Web* no arroja ninguna investigación académica definitiva ni ninguna prueba de que esta afirmación sea cierta. Sin embargo, Joseph Banks, que documenta el viaje del capitán Cook a Australia en 1770, deja constancia de la falta de reacción de los aborígenes ante el *Endeavour* de Cook. De ahí que la historia pueda haber sido adaptada o haberse convertido en «conocimiento común» aceptado entre los exploradores y emigrantes al «Nuevo Mundo».

Puntos clave

- El Modelo de Madurez Kanban (KMM) existe para ilustrar cómo se corresponden los patrones de implementación de Kanban y las prácticas específicas comúnmente utilizadas en el método, con los diferentes niveles de madurez organizativa.

- El KMM utiliza un modelo de siete niveles de madurez organizativa. Los siete niveles son:
  - Inconsciente
  - Enfocada en el equipo
  - Orientada al cliente
  - Apta para el propósito
  - Protegida de riesgos
  - Líder del mercado
  - Construida para sobrevivir

- Es importante reconocer que es la organización la que madura. La implementación de Kanban no hace sino reflejar la madurez de la organización, lo que valora su personal, lo que les importa y la información que necesitan para tomar decisiones.

- La arquitectura KMM consiste en establecer una correspondencia entre los valores culturales y las prácticas generales de la organización y los siete niveles de madurez.

- Las prácticas Kanban se agrupan en subniveles dentro de un nivel de madurez. Se clasifican como prácticas de transición o prácticas de consolidación.
  - Las prácticas de transición ayudan a crear inercia para abandonar un equilibrio cómodo en un nivel de madurez existente, al tiempo que introducen la tensión justa para catalizar una mejora evolutiva.
  - Las prácticas de consolidación son necesarias para consolidar el comportamiento y ofrecer los resultados para el siguiente nivel de madurez. A menudo se encuentran con resistencia y requieren cierta preparación y entrenamiento antes de que su adopción se institucionalice.

- Se han observado comúnmente dos modos de fracaso al implementar Kanban:
  - La meseta de la falsa cumbre
  - Extralimitación

- El Modelo de Madurez Kanban proporciona una hoja de ruta clara que ilustra cómo las prácticas Kanban se corresponden con niveles específicos de madurez organizativa. En consecuencia, el KMM puede ser utilizado como una herramienta de *coaching* para evitar ambos modos de fracaso.

14

Receta para el éxito

Una hoja de ruta de liderazgo para
hacer madurar a su organización

Accountability: El ingrediente mágico

A partir de nuestro trabajo de desarrollo del Modelo de Madurez Kanban, estudiamos los retos de por qué y cómo las organizaciones se esforzaban por adoptar prácticas que condujeran a mejoras. La cultura se cita a menudo como la razón principal por la que las organizaciones se resistían a las prácticas. La cultura es el producto de los comportamientos y las acciones, y estos están impulsados por los valores. Para cambiar la cultura, hay que liderar con valores. Para impulsar la adopción de nuevos valores, se necesita liderazgo. La falta de liderazgo es la causa principal de que a las organizaciones les cuesta mejorar sus capacidades y resultados.

La falta de liderazgo se explica con excusas como: «El liderazgo es raro», «El liderazgo requiere valentía y riesgo y, por lo tanto, una cultura de seguridad psicológica. Como no tenemos seguridad psicológica en nuestra cultura...», «El liderazgo no crece en los árboles» o «No se puede chasquear los dedos e inventar el liderazgo». Hay una complacencia resignada en el sentido de que «Las cosas nunca pueden mejorar: no tenemos liderazgo».

Si bien el desarrollo del liderazgo es un tema profundo y desafiante —y uno que la mayoría de las organizaciones ignoran— se puede recorrer un largo camino para catalizar actos de liderazgo en todos los niveles de una organización exigiendo que las personas sean *accountable*. La *accountability* es el secreto para liberar el liderazgo latente en su organización, impulsar el cambio cultural y, en última instancia, la adopción de prácticas que mejoren la agilidad, la resiliencia, la experiencia del cliente y el rendimiento económico.

Liderar una organización en proceso de maduración[48]

Esta orientación de liderazgo pretende impulsar la *accountability* en su organización, mejorar la confianza y el capital social, aumentar la cooperación entre las unidades organizativas y producir las mejoras en agilidad, satisfacción del cliente, resiliencia e innovación que ha estado buscando.

- Liderar con propósito.
- Crear métricas centradas en el cliente.
- Implementar ciclos de *feedback*.
- Exigir que las personas sean *accountable*.

Veámoslos uno por uno . . .

Liderar con propósito

Defina objetivos que sean significativos para el éxito de su empresa. ¿Cuál es la misión de su empresa, de su unidad de negocio, de su proyecto? ¿Por qué existe como empresa? ¿Cuál es su propósito? ¿Por qué acuden a usted sus clientes? ¿Por qué le eligen? ¿Cuál es el propósito de las empresas de sus clientes? ¿Qué expectativas tienen? ¿Y qué resultados esperan? Necesita una organización orientada a los resultados. Defina los resultados que espera y mida su rendimiento en función de ellos.

Todos deben comprender la finalidad de su trabajo y el resultado al que contribuyen. Estos resultados deben tener sentido para la misión de la empresa y para los clientes, que deben reconocer que el resultado que se persigue es valioso para ellos.

Crear métricas centradas en el cliente

Hay que tener en cuenta el objetivo y las expectativas de sus clientes: ¿Qué les importa? ¿Una entrega puntual? ¿Una entrega rápida? ¿La calidad? ¿La asequibilidad? ¿La comodidad? ¿La facilidad de uso? ¿Elegibilidad, opcionalidad, adaptabilidad o capacidad de configurar? Estas son las cosas que suelen preocupar a los clientes. ¿Qué importa a sus clientes? Defina los resultados previstos basándose en lo que les importa a sus clientes. Cree métricas que reflejen estas preocupaciones de los clientes. Intente cumplir las expectativas de sus clientes.

Escrito junto con Alexei Zheglov, nuestro libro, ahora en su tercera edición, *Fit for Purpose: Synthesizing Customer Experience and Strategy for Accelerated Business Results*[49]

---

48. Me gustaría expresar mi reconocimiento a Travis Birch, cuyo artículo «*You don't need to reorg, you just need service-oriented managers*» inspiró e influyó en las orientaciones sobre liderazgo que figuran al principio de este capítulo. https://medium.com/@travisbirch/you-dont-need-a-reorg-you-just-need-service-oriented-managers-9710b31c9772

49. Anderson, David J, y Alexei Zheglov. *Fit for Purpose: Synthesizing Customer Experience and Strategy for Accelerated Business Results,* 3ª ed. Seattle: Blue Hole Press, 2023.

enseña cómo definir los objetivos correctos y crear las métricas adecuadas para impulsar un cambio evolutivo deseable en su organización: objetivos y métricas que alineen a las personas en todas las unidades organizativas e impulsen la cooperación que se necesita para cumplir las expectativas de los clientes.

Implementar ciclos de *feedback*

Las métricas son inútiles a menos que se tome tiempo para reflexionar sobre ellas, para comparar sus objetivos y las expectativas de sus clientes con su capacidad y rendimiento actuales. El Método Kanban prescribe varias de estas revisiones que están diseñadas para exigir a las personas de distintos niveles de una organización que sean *accountable* en la consecución de las expectativas. Son estas:

- Revisión del Flujo/Revisión de la Prestación del Servicio
- Revisión de las Operaciones
- Revisión de la Estrategia

Existen algunos otros mecanismos de *feedback* en Kanban que tienen un papel secundario, pero aun así importantes en la *accountability.*

- Reunión de Reposición
- Reunión Kanban
- Reunión de Planificación de la Entrega
- Revisión de Riesgos

Gran parte de los fracasos que veo en las organizaciones pueden solucionarse midiendo las cosas correctas, implementando ciclos de *feedback* para reflexionar sobre las mediciones y métricas, y exigiendo que las personas sean *accountable*. A menudo oigo: «Llevamos años haciendo Agile, pero nuestros clientes siguen quejándose de que somos demasiado lentos e impredecibles».

Entonces les pregunto:

«¿Miden el *lead time* desde el compromiso con el cliente hasta la entrega?

«¡No, no lo hacemos!»

«¿Tienen un ciclo de *feedback*, una revisión o retrospectiva en la que comparen las expectativas del cliente con sus tiempos de entrega?».

«¡No, tampoco lo tenemos!»

«¿Se responsabiliza a la dirección de cumplir las expectativas de los clientes?»

«¿Qué quiere decir eso, exactamente?»

Esta sencilla fórmula de medir e informar sobre las cosas que preocupan a los clientes, implementar un ciclo de *feedback* para reflexionar sobre su capacidad actual y exigir a la dirección que sea *accountable*, solucionará la mayoría de los problemas; no es necesario reorganizarse y casi seguro que no necesita un marco o metodología Agile para lograrlo. Basta con empezar con lo que se hace ahora y hacer algunas mejoras en los procesos existentes.

Exigir que las personas sean *accountable*

Mis colegas de nuestra oficina europea de Bilbao me dicen que «*accountability*» no se puede traducir al español, ya que la traducción significa «la persona que es responsable de» y, por lo tanto, responsabilidad y «*accountability*» son lo mismo en español, lo que también es cierto en portugués y, en general, en la cultura latina. En otras partes del mundo se han hecho comentarios similares. El mismo problema lingüístico existe en alemán y en lenguas eslavas como el ruso y el ucraniano. Parece que es bastante difícil comunicar la «*accountability*» en muchas lenguas y muchas culturas. Este problema solo requiere una breve reflexión para resolverlo. No es lo mismo que alguien sea responsable de *hacer* el trabajo, responsable de la actividad, incluso de los entregables de la actividad (*output*), a que alguien sea responsable del *resultado* del trabajo (*outcome)*. Esta es la esencia de la *accountability*: *accountability* es la responsabilidad por un *outcome*. Para exigir *accountablity* a alguien, primero hay que definir el *outcome* u objetivo deseable y luego responsabilizar a alguien de conseguirlo.

Utilizando una metáfora o analogía deportiva: los jugadores del equipo son los responsables de jugar el partido y marcar los goles, pero el director del equipo o su entrenador principal es quien es *accountable* de que ganen o pierdan.

Su organización debe orientarse a los *outcomes*. Dirija mediante la definición de *outcomes* que estén alineados con las necesidades del cliente y con la misión de su empresa. Defina *outcomes*, mida e informe sobre métricas que estén en consonancia con los mismos, aplique ciclos de *feedback* que reflejen los *outcomes* reales frente a los deseados y exija a la gente, a todos los niveles de la organización, ser *accountable* de esos *outcomes*.

Acción directiva para madurar su organización

Así pues, ha heredado un equipo, un departamento, una unidad de producto, una unidad de negocio, alguna organización empresarial encargada de una función, o quizá de una llamada superior, un propósito o misión. Es disfuncional y, según ha aprendido, de baja madurez organizativa. Le gustaría marcar la diferencia rápidamente y producir resultados tangibles que permitan creer que no solo las cosas están mejorando, sino que esas mejoras pueden mantenerse. ¿Se ha encontrado, como yo, en esta situación a lo largo de su carrera?

Es posible que reconozca que la receta de liderazgo anterior llevará su tiempo: el cambio evolutivo lleva su tiempo; dar tiempo a sus métricas y a sus ciclos de *feedback* para que funcionen requiere paciencia, y no todo el mundo comparte su paciencia y su creencia de que la nueva *accountability* es el ingrediente secreto que permitirá que se produzca la magia y que surjan las soluciones adecuadas. Quiere progresar rápidamente, mostrar algunas victorias rápidas, mostrar un progreso tangible que genere confianza y refuerce la creencia de que va en la dirección correcta.

En 2010, *Kanban* incluía los seis pasos siguientes[50]:

- Focalizarse en la Calidad
- Reducir el *Work-In-Progress*
- Entregar Frecuentemente
- Equilibrar la Demanda con la Capacidad
- Priorizar
- Atacar las Fuentes de Variabilidad para Mejorar la Predictibilidad

Estos pasos se ofrecían en una secuencia de ejecución. Esta orientación es muy anterior al KMM y, sin embargo, es sorprendente como la secuencia de los pasos, o las acciones de dirección, reflejan el modelo de madurez. Aprovechándonos del KMM, podríamos modificar esta orientación, pero primero consideremos lo que escribí en 2010...

Implementando la receta original

Focalizarse en la Calidad es lo primero, ya que está bajo el control y la influencia exclusiva de un responsable de función, como un responsable de desarrollo de software o de pruebas, o el supervisor del responsable, con un título como el de director de Ingeniería. A medida que se desciende en el escalafón disminuye el control y aumenta la colaboración con otros grupos *upstream* y *downstream*, hasta llegar al paso de Priorizar. La priorización es tarea de los responsables de negocio, de la función de marketing o del cliente, pero no de la organización de prestación de servicios. Normalmente, la priorización no debería ser competencia de un responsable técnico o de prestación de servicios. Desgraciadamente, es habitual que la dirección de la empresa abdique de su responsabilidad y deje que los gestores de la prestación de servicios *downstream* prioricen el trabajo, para luego culparles por tomar decisiones equivocadas.

Como ya se ha dicho, los sistemas kanban, los límites WIP y el compromiso diferido empujan las decisiones de gestión de riesgos *upstream* a la gente de negocios, que es donde deben estar. Atacar las Fuentes de Variabilidad para Mejorar la Predictibilidad es el último punto de la lista, porque para reducir algunos tipos de variabilidad son necesarios cambios de comportamiento. Pedir a la gente que cambie su comportamiento es difícil. Así que es mejor dejar el ataque a la variabilidad para cuando se produzca un cambio de clima como resultado del éxito de los pasos anteriores. A veces es necesario abordar las fuentes de variabilidad para permitir algunos de esos pasos anteriores. El truco está en elegir fuentes de variabilidad que requieran pocos cambios de comportamiento y que puedan aceptarse fácilmente.

Focalizarse en la Calidad es más fácil porque es una disciplina técnica que puede dirigir un responsable de función. Los otros pasos son más difíciles porque dependen del acuerdo

---

50. Me gustaría dar las gracias a Donald Reinertsen, que me dio los dos primeros y los últimos pasos de la receta, y destacar cómo sus consejos de 2005, a los que alude en su Prólogo a *Kanban*, han resistido el paso del tiempo.

y la colaboración de otros equipos. Requieren habilidades de articulación, negociación, psicología, sociología e inteligencia emocional. Es fundamental llegar a un consenso sobre la necesidad de Equilibrar la Demanda y la Capacidad. Tiene sentido ir a por las cosas que están directamente bajo el control de uno mismo y que sabes que tendrán un efecto positivo tanto en el rendimiento de la organización como en los resultados de negocio que se ofrecen. «Limpia tu propio jardín antes de quejarte del vecino» es una expresión de uso común en el inglés americano. Antes de quejarte de los problemas con los demás, o de los problemas de cooperación y colaboración, asegúrate de que has arreglado tus propios asuntos y de que las cosas que están bajo tu control directo están en orden.

Desarrollar un mayor nivel de confianza con otras partes de la organización es necesario para permitir las cosas más difíciles. Crear y demostrar software de alta calidad con pocos defectos aumenta la confianza. Lanzar productos de alta calidad con regularidad genera aún más confianza. A medida que aumenta el nivel de confianza, usted, como persona responsable de la gestión, gana más capital político. Esto permite pasar al siguiente paso de la receta. En última instancia, su equipo se ganará el respeto suficiente para poder influir en los propietarios de los productos, el equipo de marketing y los *sponsors* de negocio para que cambien su comportamiento y colaboren para dar prioridad al trabajo más valioso para el desarrollo. Lo vimos demostrado en el caso práctico de Corbis descrito en los Capítulos 4 y 5.

Atacar las Fuentes de Variabilidad para Mejorar la Predictibilidad es difícil. No debe emprenderse hasta que un equipo ya esté rindiendo a un nivel más maduro y muy mejorado. Los cuatro primeros pasos de la receta tendrán un impacto significativo. Le proporcionarán éxito como nuevo directivo. Sin embargo, para crear realmente una cultura de innovación y mejora continua, es necesario atacar las fuentes de variabilidad en sus procesos y flujos de trabajo. Así pues, el último paso de la receta es un mérito extra: es el paso que separa a los verdaderos grandes líderes técnicos de los meros gestores competentes.

Retrospectiva de la receta de 2010

Al revisar el manuscrito de *Kanban* trece años después de su publicación, esperaba que el capítulo Receta para el Éxito no fuera necesario. Algunos críticos del libro original habían comentado que «no parecía encajar» con el resto del texto y que no trataba realmente sobre Kanban. Daba la sensación de que lo había incluido simplemente porque no había otro lugar mejor para ello. O se incluía en *Kanban* o no veía la luz del día. Y, por lo tanto, parecía un candidato natural para dejarlo fuera de este libro. En lugar de eso, se le ha dado promoción: se ha reescrito, se ha ampliado y se ha actualizado. Para entender por qué, tenemos que revisar la receta contra el modelo de madurez.

Aliviar la sobrecarga (de personas, equipos y flujos de trabajo completos) es el tema de los Niveles de Madurez 0, 1 y 2. Reducir el trabajo en curso para aliviar la sobrecarga también tiene un efecto mágico en la calidad: es posible focalizarse en la calidad precisamente porque no hay sobrecarga. De ahí que los dos primeros pasos de la receta se correspondan directamente con los niveles de madurez inferiores.

«Entregar con Frecuencia» tiene por objeto generar confianza. La confianza y el capital social mejoran con la mejora de la madurez, y el capital social ganado puede intercambiarse por el capital político necesario para cambiar el comportamiento más allá de la organización de prestación de servicios. Para lograr los cambios necesarios para alcanzar el Nivel de Madurez 3 es preciso generar confianza: la mejora de la calidad y la entrega frecuente contribuirán a ello. Así se crean los cimientos que permitirán los difíciles debates necesarios para equilibrar la demanda con la capacidad.

Para crear equilibrio, hay que ser capaz de rechazar demanda, de decir «no»: la organización tiene que desarrollar una disciplina de triaje. Tiene que ser capaz de dividir la demanda en tres categorías: lo que va a hacer ahora; lo que va a esperar hasta más tarde, y si es más tarde, cuándo; y lo que no va a hacer en absoluto. Para negociar estos cambios, se necesita la confianza que da la frecuencia y la calidad de las entregas. Si consigue hacer esto y alcanzar este equilibrio, liberará por completo a su organización de la sobrecarga en la entrega, y habrá alcanzado el nivel de Madurez 3. En este momento, debería ser capaz de entregar con predictibilidad precisamente porque su capacidad no estará sobrecargada.

Una vez que se dispone de una capacidad de entrega fiable y predecible, la atención puede centrarse en optimizar el valor aportado por esa capacidad. Es importante tomar decisiones acertadas sobre lo que hay que hacer ahora, lo que debe esperar y lo que no hay que hacer en absoluto. La selección, secuenciación y programación del trabajo que debe iniciarse adquieren importancia una vez que la capacidad de entrega es estable y predecible. También es importante la prioridad que se da al flujo de trabajo iniciado (su clase de servicio). Para hacer estas cosas (el triaje: seleccionar, secuenciar y/o programar el trabajo y asignar su clase de servicio) es necesario comprender el coste del retraso y ser capaz de utilizarlo eficazmente para tomar decisiones que optimicen la capacidad de entrega. Estas cuatro disciplinas juntas se denominan en lenguaje llano «priorización». Vemos que estas prácticas surgen en el Nivel de Madurez 3 y se consolidan en el Nivel de Madurez 4, junto con otras estrategias de gestión y cobertura de riesgos.

«Atacar las Fuentes de Variabilidad para Mejorar la Predictibilidad» es probablemente más importante de lo que reconocí en 2010. La versión de 2010 de la receta asociaba la reducción de la variación con las ideas del control estadístico de procesos y las enseñanzas de W. Edwards Deming. Era una estrategia de optimización. Normalmente asociamos este tipo de estrategias con organizaciones líderes del mercado como Walmart o Toyota. Es para organizaciones que aspiran al Nivel de Madurez 5.

La versión de 2010 utilizaba el lenguaje de Walter Shewhart, separando la variación en causas asignables y causas fortuitas. La optimización consiste justamente en reducir la variación por causas fortuitas, lo que Deming denominaba variación por causas comunes. Requiere cambios en las prácticas de trabajo, mejoras en los niveles de capacitación, nuevas herramientas o automatización. Es difícil de llevar a cabo y a menudo costosa. Es, con razón, el dominio de las organizaciones de alta madurez. Sin embargo, la eliminación de la variación de causa asignable es esencial para lograr una entrega predecible y el Nivel de Madurez 3. En consecuencia, atacar las fuentes de variación es una tarea difícil. Por lo tanto, atacar las fuentes de variabilidad, si esas fuentes son impedimentos, bloqueos, dependencias y otras causas asignables, en realidad tiene que empezar antes. Tiene que empezar antes de que podamos equilibrar la demanda con la capacidad. También debemos reconocer que la reducción del trabajo en curso también es un medio para atacar la variación, ya que el tamaño de los lotes, el inventario y las transferencias de lotes son fuentes de variación de causa fortuita. De ahí que la receta de 2010 fuera simplista en cuanto a la variabilidad, y la orientación podría haber sido más matizada.

Entonces, ¿cómo podríamos reescribir la Receta del Éxito en 2023?

La nueva receta del éxito

Podemos dejarnos guiar por el modelo de madurez. Las intervenciones en la gestión y los cambios de comportamiento introducidos deben ir dirigidos a mejorar la madurez organizativa.

- Centrarse en la Calidad
- Reducir el WIP
- Focalizarse en el Flujo
- Entregar con Frecuencia
- Mejorar la Predictibilidad (¡acortar la cola!)
- Desarrollar una Disciplina de Triaje
- Focalizarse en el Coste del Retraso

Esta nueva versión de la receta se corresponde directamente con el modelo de madurez y le llevará la mayor parte del camino hasta el Nivel de Madurez 4. Las prácticas Kanban específicas para cada uno de estos seis pasos se describen en el Volumen 2, *Implementando Kanban*, y en la segunda edición del Modelo de Madurez Kanban, también disponible en línea en kmm.plus.

Para completar el viaje hacia el Nivel de Madurez 4, también debemos comprender cómo escalar y por qué los enfoques existentes de agilidad empresarial han estado fallando.

Puntos clave

- La *accountability* es el «ingrediente mágico» que conduce a implementaciones exitosas de Kanban.
- La falta de liderazgo es la causa principal de que a las organizaciones les cueste mejorar sus capacidades y *outcomes*.
- Para impulsar la *accountability*, mejorar la confianza y el capital social, aumentar la cooperación entre las unidades organizativas y producir mejoras en agilidad, la satisfacción del cliente, la resiliencia y la innovación:
  - Liderar con propósito.
  - Crear métricas centradas en el cliente.
  - Establecer ciclos de *feedback*.
  - Exigir *accountability* a las personas.
- El Método Kanban prescribe ciclos de *feedback* diseñados para hacer *accountable* a las personas de distintos niveles en la consecución de las expectativas:
  - Revisión del Flujo/Revisión de la Prestación del servicio
  - Revisión de las Operaciones
  - Revisión de la Estrategia
  - Reunión de Reposición
  - Reunión Kanban
  - Reunión de Planificación de la Entrega
  - Revisión de Riesgos
- Guiadas por el Modelo de Madurez Kanban, las acciones de la dirección deben dirigirse a mejorar la madurez de la organización. Para tener una buena oportunidad de alcanzar el Nivel de Madurez 4:
  - Centrarse en la Calidad
  - Reducir el WIP
  - Focalizarse en el Flujo
  - Entregar con Frecuencia
  - Mejorar la Predictibilidad (¡acortar la cola!)
  - Desarrollar una Disciplina de Triaje
  - Focalizarse en el Coste del Retraso

15

La tiranía de los *timeboxes*
cada vez más cortos

Por qué los sistemas de flujo son esenciales
para la agilidad del negocio a escala empresarial.

El flujo continuo de trabajo entregado mediante el uso de un sistema kanban tiene ventajas significativas a la hora de permitir la agilidad del negocio a escala empresarial en comparación con los métodos Agile originales como Scrum. Yo le llamo a esto las cadencias desacopladas de Kanban: la cadencia de reposición puede ser diferente de los típicos tiempos de entrega de los servicios, que a su vez pueden no estar relacionados con la cadencia de la entrega del trabajo terminado. Con métodos Agile como Scrum, estos tres conceptos de reposición, tiempo de desarrollo y entrega están unidos en una sola cadencia, un solo *timebox* conocido como *sprint*.

Timeboxes

Los métodos Agile de desarrollo de software, con raras y hace tiempo olvidadas excepciones,[51] utilizan incrementos de tiempo fijos, a menudo mal llamados «iteraciones»[52]. En Scrum, un *sprint* es un período fijo de

---

51. *Feature-driven Development*, de Peter Coad y Jeff De Luca.

52. La iteración implica que algo debe reelaborarse. Los métodos iterativos en ingeniería de software, como el método Spiral de Barry Boehm, ya existían en la literatura mucho antes que las metodologías Agile. Los métodos Agile utilizan el desarrollo incremental, en el que cada pieza del alcance se construye sobre la anterior en lugar de reelaborar lo que se ha hecho antes, y aunque la reelaboración para mejorar la fidelidad de la funcionalidad es posible y factible con los métodos Agile, es inusual, especialmente con Scrum.

tiempo con un alcance definido de trabajo y un compromiso[53] de completar ese alcance dentro de esa ventana de tiempo. Originalmente, Scrum definió *sprints* de cuatro semanas. Esto se cambió más tarde, alrededor de 2004, a una recomendación de *sprints* de dos semanas por defecto. En general, la agilidad está relacionada con la frecuencia de la interacción con los clientes o responsables de negocio y la frecuencia de las entregas. Por lo tanto, los plazos más cortos permiten una mayor agilidad.

Lotes

La calidad del software suele estar relacionada con el tamaño del lote y el tiempo necesario para completar un trabajo. Se sabe que la relación no es lineal: la tasa de defectos aumenta más rápido y se acelera a medida que aumenta el tamaño del lote o la duración del trabajo. Por lo tanto, los lotes más pequeños, completados en periodos de tiempo más cortos, dan lugar a un número de defectos mucho menor. Así que, en teoría, los lotes de trabajo pequeños son deseables.

Dos formas de restringir pequeños lotes de trabajo: *timeboxes* o restricciones WIP

Hay dos formas de limitar el tamaño del lote de trabajo: restringir la cantidad de tiempo disponible para realizar el trabajo, lo que provoca delimitar un número pequeño de solicitudes que se pueden completar en el tiempo dado; o simplemente restringir el número de elementos de trabajo, restringiendo el tamaño del lote de solicitudes, también conocido como restricciones WIP. Todos los métodos Agile convencionales utilizan *timeboxes* para restringir el tamaño de los lotes, delimitando el trabajo para que quepa en el tiempo disponible. En cambio, el método Kanban adopta restricciones WIP para restringir el tamaño del lote directamente.

A pequeña escala y con organizaciones de menor madurez, no importa mucho cuál de estas dos estrategias elija, ambas son eficaces. Scrum es una metodología perfectamente buena para llevar a un equipo desde el Nivel de Madurez 0 al 1. Sin embargo, a medida que aumenta tanto su ambición como el tamaño de la organización, la estrategia del *timebox* no funciona. Para entregar consistentemente de acuerdo con la demanda del cliente dentro de las expectativas de esos mismos clientes a escalas más grandes, como una unidad de producto de 150 personas, o incluso más, a una unidad de negocio de 300 a 1 200 personas o más, tendrá que hacer madurar la organización y así gestionar el riesgo, maneja las dependencias, y coordinar a escala. Es sencillamente imposible escalar la agilidad y la madurez organizativa con *timeboxes* a nivel de equipo. El resto de este capítulo explica por qué.

---

53. La Guía Scrum ha sido modificada para eliminar «compromiso» y sustituirlo por «previsión». Aunque la mayoría de las organizaciones siguen utilizando el término «Compromiso de Sprint», y los clientes lo interpretan como una promesa, la guía oficial lo ha modificado a lo que podríamos considerar un «compromiso blando», un indicador más que una promesa estricta.

La presión por *timeboxes* más cortos

Debido a las ventajas de los lotes más pequeños, como mayor calidad, interacción más frecuente entre los clientes y la organización de entrega, y beneficios potenciales de una entrega más temprana del trabajo de valor (también conocido como la evitación del coste de oportunidad del retraso), las organizaciones han estado bajo presión para perseguir longitudes de *sprint* cada vez más cortas. Me invitaron a pronunciar un *keynote* en la conferencia interna de una conocida empresa de tarjetas de crédito del Reino Unido. El vicepresidente de la unidad de negocio pronunció un breve discurso para presentar el acto antes de que yo subiera al escenario. Durante su discurso, elogió a la unidad de negocio, compuesta por unas 400 personas, por haber alcanzado el objetivo de entregar semanalmente nuevo software. Aunque la entrega semanal de nuevas funcionalidades era buena, afirmó que su objetivo era que pasaran a la entrega diaria. Esta organización seguía el marco Scrum. Según la Guía Scrum, Scrum es inmutable. Si se abandona el uso de una práctica, entonces no es Scrum. Por lo tanto, si tuvieran que seguir con Scrum a la escala de una unidad de negocio de 400 personas mientras persiguen el objetivo de la entrega diaria, ¿a qué retos se enfrentarían?

Los retos de los *timeboxes* más cortos

A primera vista, los *timeboxes* más cortos y, por tanto, los lotes más pequeños para el *backlog* del *sprint*, son algo positivo. Sin embargo, los *timeboxes* más reducidos generan tres tipos de presiones a las que suele ser difícil enfrontarse y adaptarse: en primer lugar, los lotes más pequeños requieren un enfoque cada vez más detallado para el análisis de requerimientos y el desarrollo, la necesidad de escribir historias de usuario cada vez más precisas que puedan completarse dentro de una ventana de tiempo más pequeña. En segundo lugar, es necesario un planteamiento cada vez más preciso de la estimación para que pueda establecerse un compromiso realista; con ventanas de tiempo más pequeñas, se requiere una mayor precisión en la estimación. Y, por último, si una parte del trabajo se ve afectada por dependencias, estas dependencias deben rastrearse y gestionarse entre equipos y múltiples *backlogs* de *sprints* y, potencialmente, a través de los límites de los *sprints*. El fracaso en cualquiera de estas tres cosas hace que el enfoque de los *timeboxes* no funcione y fracase estrepitosamente. El enfoque de los *timeboxes* es intrínsecamente frágil a gran escala. Examinemos por qué ...

Análisis de requerimientos

Desarrollar la capacidad, con una nueva y (es de esperar) mejor técnica de análisis de requerimientos, diseñada para proporcionar la granularidad que garantice que los elementos de trabajo son lo suficientemente pequeños como para encajar perfectamente en un corto *timebox*, es difícil, incluso cuando estás seguro de qué técnica debes adoptar. El reto de los *sprints* muy cortos es que, después de más de veinte años de Agile, todavía hay poca o ninguna orientación sólida para escribir historias de usuario pequeñas y consistentes. Incluso si hay un buen método con el que su equipo se sienta cómodo (a) ahora tiene que realizar mucho análisis por adelantado antes del *sprint planning*, y (b) ha introducido un problema de gestión de dependencias entre iguales o entre padres e hijos, ya que los requerimientos a pequeña escala pueden no ser significativos para el cliente, pueden no generar valor. Esto significa que, si un pequeño requerimiento tiene una relación de par a par con otros, todos deben entregarse juntos para liberar valor. O que, si ese pequeño requisito es uno de varios hermanos, perteneciente a un requerimiento padre o contenedor, solo la entrega del conjunto liberará valor. Este reto se agudiza especialmente en cuanto no se puede, por limitaciones de capacidad, seleccionar todos los pares para el mismo *sprint* con el mismo equipo.

El análisis detallado de requerimientos unido a *sprints* cortos introduce un problema de gestión de dependencias en las metodologías Agile.

Por otra parte, en ausencia de una orientación sólida sobre el análisis de requerimientos, la ansiedad por los *sprints* cortos conduce a efectos no deseados, como la división de las historias en unidades funcionales basadas en actividades de descubrimiento de información del estilo «historia de arquitectura», «historia de diseño», «historia de desarrollo», «historia de prueba», donde el valor real para el cliente puede abarcar ahora varios *sprints*, y las dependencias entre historias a través de *sprints* son ahora un requerimiento de seguimiento. Este tipo de desglose frustra el propósito de los *timeboxes* cada vez más cortos y crea una falsa sensación de agilidad cuando, en realidad, el valor para el cliente y la calidad no mejoran; quizá incluso ocurra lo contrario. La falta de instrumentos y de seguimiento del *lead time* del cliente disfraza el problema, y los equipos ágiles centrados localmente y solo en sí mismos, ignoran alegremente que no están aportando valor al cliente.

Ahora se reconoce el concepto de «Sprint de Diseño» (u otros similares, *upstream*, de descubrimiento de información previa al compromiso), y hay clases que enseñan los elementos únicos necesarios en un *sprint* de diseño. Sin embargo, no se haga ilusiones: los *sprints* de diseño son un antipatrón; son un indicador de que los incrementos en *timeboxes* en los métodos Agile son un callejón sin salida: ¡no escalan! Para ser ágil, siguiendo estrictamente los métodos Agile de desarrollo de software, hay que ser pequeño: equipos pequeños, productos pequeños, base de código pequeña. Para escalar con este mismo enfoque, hay que abandonar la agilidad y utilizar *timeboxes* mucho más amplios. Esto es precisamente lo que observamos con el Scaled Agile Framework (SAFe): plazos más amplios, normalmente de tres meses, conocidos como incrementos de producto (PI o *Product Increments*).

Estimación

A medida que los *sprints* se hacen más y más cortos, el reto de saber si un elemento de trabajo puede completarse dentro del límite de tiempo se hace cada vez más importante. Por eso, en los últimos quince o veinte años, he visto cómo la comunidad Agile buscaba medios de estimación cada vez más elaborados. Cuanto más corto es el *timebox*, mayor es el esfuerzo inicial necesario para estimar si el trabajo se ajustará al tiempo disponible. Una gran estimación por adelantado es un antipatrón que destruye el concepto de agilidad: primero hay que estimar todo lo que hay en el *backlog* para jugar a algún juego mágico de Tetris tratando de encajar requerimientos muy detallados y de formas extrañas en el *backlog* del *sprint*. Al reducir los plazos, aumentan los costes económicos (los costes de transacción de la planificación de *sprints*) y disminuye la eficacia de los *sprints*. No es ni *Agile* ni *Lean*.

Dependencias

¿Qué pasa si una historia de nuestro *sprint backlog* se bloquea debido a una dependencia? Eso podría impedir que se completara a tiempo. Por lo tanto, cuanto más corto sea el *sprint timebox* mayor será la necesidad de identificar las dependencias por adelantado. Esto requiere más análisis de los elementos aún no comprometidos en el *backlog* del producto. ¿Y qué pasa si hay dependencias? Las metodologías Agile recurren al diseño organizativo para solucionarlo, utilizando el mágico equipo multifuncional. La idea es sencillamente que todos los miembros de un equipo pueden hacer todo lo necesario para producir un producto de máxima calidad y, como consecuencia, nunca habrá dependencias externas. Para cualquier empresa que aspire a liderar el mercado, esto nunca ha sido cierto: no se gana nada con generalistas; para ganar se necesitan especialistas. Con un pequeño grupo de generalistas de élite puede darse y se da, pero, de nuevo, no es escalable. No se dota de generalistas de élite a un departamento de TI de 500 personas ni a una unidad de negocio de 600. No es pragmático. Sencillamente, no hay una reserva adecuada de mano de obra disponible y, aunque la hubiera, probablemente no se podría pagar a todos.

Con demasiada frecuencia, veo organizaciones como la de un caso de estudio que utilizo habitualmente en mis clases de formación: tenían cinco equipos de desarrollo, tres administradores de bases de datos (*DataBase Administrators* o DBA) y dos diseñadores de experiencia de usuario (*User Experience* o UX). ¿Qué se podría hacer con estas limitaciones? Se podría poner a los dos chicos de UX en cada uno de los dos equipos, y a los tres chicos de base de datos en los otros tres equipos y entonces, como resultado, se tendrían dos equipos de *front-end* y tres equipos de *back-end*. Ahora, trate de planificar los *sprints* de tal manera que esos equipos elijan solo las historias *front-end* o *back-end*, pero, vaya, ahora se está desconectando de la funcionalidad solicitada por el cliente y se han creado dependencias entre sus historias *front-end* y *back-end*. Alternativamente, se acepta la realidad y se utiliza a los DBA y a la gente de UX como servicios compartidos y, una vez más, se tienen dependencias.

Las dependencias son un hecho en todos los desarrollos de software, excepto en los de pequeña escala o los mediocres, realizados por generalistas aficionados. Si se hace algo a gran escala, o cualquier cosa que aspire a liderar el mercado, se tendrán especialistas y dependencias. El movimiento Agile se ha negado a aceptar esta verdad básica: para ser Agile, hay que aspirar a ser mediocre o aceptar que no se puede escalar.

Escalado, agilidad empresarial y *timeboxes*

Como ya se ha mencionado, el enfoque de Scaled Agile Framework (SAFe) respecto a las dependencias consiste en invertir la agilidad y utilizar en su lugar bloques de tres meses denominados incrementos de producto. Efectivamente, retrocediendo el reloj hasta 1994, un enfoque de gran planificación por adelantado, que implica un gran análisis y una gran estimación por adelantado (y mucha cuerda roja[54]) produce planes increíblemente frágiles que es poco probable que sobrevivan a las primeras de las trece semanas previstas. Una famosa marca alemana tenía la costumbre de alquilar un pabellón deportivo en Frankfurt, antes de la pandemia, e invitar a unas 1500 personas de oficinas de toda Europa a asistir a un festival de tres a cinco días de cuerda roja una vez por trimestre, con un coste de varios millones de euros cada vez. Scaled Agile Framework y sus incrementos de producto y planificación en PI *sencillamente* no son Agile. Para hacer frente a los retos y ansiedades de los agilistas de todo el mundo, les da permiso para dejar de ser Agile y hacerlo todo en *timeboxes* trimestrales. Aumentar el plazo a tres meses es una solución simple y elegante, pero no es Agile; más bien, es la antítesis de Agile y la antítesis de la motivación del movimiento de métodos ligeros de finales de los 90 que se convertiría en el movimiento Agile.

La ansiedad por la gestión de las dependencias está arraigada en la restricción del *sprint*

Si se quiere ser Agile más allá del nivel del equipo, más allá del Nivel de Madurez 1, se tiene que eliminar la restricción de los *timeboxes* para controlar el tamaño de los lotes. Una restricción temporal es una forma fantástica de llevar a una organización caótica de la anarquía del Nivel de Madurez 0 al control y la predictibilidad del Nivel de Madurez 1, pero ahí es donde termina. Los *sprints* con restricciones de tiempo son un callejón sin salida evolutivo. ¡No se puede escalar Agile usando *sprints* con *timeboxes*!

La respuesta es focalizarse en la calidad y los plazos de entrega cortos utilizando una restricción WIP en lugar de una restricción temporal. De los enfoques establecidos, bien documentados y respaldados por una red mundial de formadores, consultores y *coaches*, solo el Método Kanban ofrece esta receta. Para las organizaciones que luchan por escalar Agile y cumplir con una visión de agilidad de negocio a escala empresarial, el Método Kanban proporciona un enfoque centrado en la calidad y la entrega frecuente y rápida utilizando restricciones de WIP en lugar de restricciones de tiempo.

---

54. Scaled Agile Framework recomienda visualizar las dependencias mediante el uso de una cuerda roja para unir las tarjetas de historias o funcionalidades separadas en un tablero visual, ilustrando la programación de esas historias o funcionalidades a través de los *sprints* con el plazo más largo del incremento del producto.

Dejando atrás Scrum: El primer paso en un viaje hacia la agilidad empresarial a gran escala

Ahora estoy convencido de que el patrón mostrado en la Figura 15.1 (tomado de Kanban Maturity Model, segunda edición, página 133) es un paso necesario para la agilidad a gran escala.

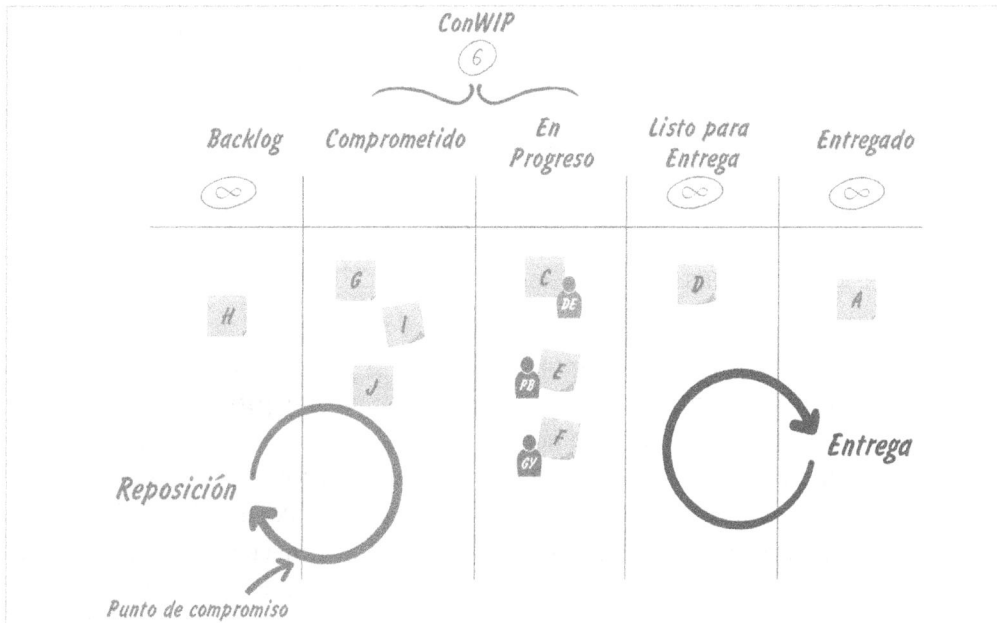

Figura 15.1 Tablero Kanban de entrega con punto de compromiso definido y WIP constante

Para cada equipo Scrum, déjelo todo igual, pero elimine el *timebox* del *sprint*: simplemente las historias, una vez iniciadas, no tienen que terminar en dos semanas. En lugar de limitar el tiempo, limite el WIP; utilice un límite constante de *work-in-progress* (CONWIP). Al principio, las cadencias de reposición y entrega pueden permanecer sincronizadas con la cadencia del anterior *sprint*. Con el tiempo, es probable que las ajuste a las necesidades del negocio, adaptándose a los costes de transacción y coordinación de la celebración de las reuniones y al ritmo de llegada de nueva información que afecte a la selección, la secuenciación, la programación y la prioridad. Este es su primer paso en un viaje de cambio evolutivo lejos de Scrum y también en el camino hacia la agilidad empresarial a gran escala.

Alivio de la tiranía del *timebox*

Este cambio de una restricción temporal a una restricción de trabajo en curso le libera de la tiranía del *timebox* y sus tres disfunciones de análisis por adelantado, de la estimación excesiva y costosa, y de la gestión de dependencias pesadas.

Evitar: ¿Va a encajar en el *timebox*?

Si los elementos de trabajo se van a realizar, sea cual sea el tiempo necesario para completarlos, no hay necesidad de un análisis previo para dividirlos en elementos más pequeños, ni de realizar un seguimiento de las dependencias complicadas entre *sprints* o entre equipos. En su lugar, deje que el desglose del trabajo se produzca de forma natural una vez que el trabajo se haya comprometido para su entrega. Haga un seguimiento de ese trabajo con un tablero kanban de dos niveles que utilice *parking lots* (zonas de espera) y avatares para mostrar la participación de los servicios compartidos.

No hay necesidad de complicados, elaborados y grandes esfuerzos de estimación de análisis por adelantado. Basta con hacer un seguimiento de los plazos de entrega históricos a través del flujo de trabajo y utilizar el gráfico de distribución de plazos de entrega para determinar de forma probabilística cuánto tiempo puede tardar algo en completarse.

Evitar: ¿Se retrasará por una dependencia?

Si los elementos de trabajo se van a realizar, sea cual sea el tiempo necesario para completarlos, tampoco es necesario realizar un análisis previo para determinar la necesidad de especialistas o conocimientos, ni reorganizarse constantemente, persiguiendo el nirvana del equipo multifuncional perfecto que nunca necesita ayuda externa. Deje que las dependencias se produzcan a medida que las descubre, cree visibilidad sobre ellas y realice un seguimiento activo. Utilice un enfoque orientado al servicio y defina tableros kanban de flujo de trabajo (y sistemas) que fomenten la cooperación entre funciones. No se reorganice en equipos multifuncionales ni intente diseñar la eliminación de dependencias a partir de la arquitectura de su producto; en lugar de eso, empiece donde está y aprenda a ser competente en la coordinación de servicios compartidos.

Una solución general para la gestión de las dependencias

Para conseguir agilidad empresarial a gran escala, abandone el uso de restricciones temporales para controlar el tamaño de los lotes y mejorar la calidad y el *time-to-market*. En su lugar, utilice las restricciones WIP y adopte los servicios compartidos por especialistas dentro de la organización. Deje de reorganizarse. Empiece a hacer fluir el trabajo a través de una red de servicios interdependientes.

Para disponer de una solución general realmente eficaz para la gestión de dependencias[55], necesitamos comprender el coste de oportunidad del retraso. Tenemos que comprender la urgencia de un trabajo y cómo le afectarán los retrasos en las dependencias. Tenemos que entender mis Epifanías de las Cinco Millas.

---

55. La Kanban Univesity publicó su solución general para la gestión de dependencias como póster infográfico en formato PDF listo para imprimir disponible en http://kmm.plus (https://www.mauvisoft.com/posters_download/). También puedes encontrarlo en el Apéndice F del *Modelo de Madurez Kanban* 2ª edición.

Puntos clave

- Separar la reposición, el plazo de desarrollo y la entrega de un *sprint* acotado en el tiempo mediante un sistema kanban tiene ventajas significativas a la hora de permitir la agilidad de negocio a escala empresarial en comparación con los métodos Agile originales como Scrum.

- Tradicionalmente, Scrum utilizaba incrementos de tiempo fijos (inicialmente cuatro semanas, ahora normalmente dos) para completar un trabajo de alcance definido dentro de ese periodo de tiempo.

- Restringir el tamaño de los lotes mediante límites de WIP es más eficaz que hacerlo con límites de tiempo.

- Por lo general, el desarrollo de software mediante lotes pequeños completados en periodos cortos de tiempo da lugar a una mayor calidad que los lotes más grandes acotados en un plazo determinado.

- Los *timeboxes* más cortos requieren un análisis detallado de los requerimientos, una mayor precisión en la estimación y, si hay dependencias, puede ser difícil gestionarlas entre equipos y a través de los límites de los *sprints*.

- El enfoque del Scaled Agile Framework (SAFe) para gestionar las dependencias utiliza plazos de tres meses denominados incrementos de producto. Esto implica un gran análisis y una gran estimación por adelantado y produce planes frágiles que a menudo no sobreviven a las primeras de las trece semanas previstas.

- Para alcanzar la agilidad de negocio a escala empresarial, el Método Kanban permite una alta calidad y una entrega frecuente y rápida, utilizando las limitaciones de WIP en lugar de las de tiempo y abarcando una red de servicios interdependientes.

16

Epifanías de las cinco millas

Gestión autónoma y Agile de las dependencias

Salí rodando de mi camino y me puse a pedalear. Al girar para dirigirme hacia el norte por la carretera principal, mi sombra corría delante de mí. «Dinos cómo gestionar las dependencias» resonaba en mi cabeza. Era 2015 y acababa de regresar de Barcelona (España) al condado de Clallam, el más noroccidental de los cuarenta y ocho estados de Estados Unidos. Había estado visitando eDreams Odigeo, la empresa europea de viajes online que rivaliza con la Expedia de Seattle. Había estado impartiendo talleres de Enterprise Service Planning, dos de ellos, en grupos de veinticinco personas durante cinco días completos. Trabajando con los agentes de cambio internos de eDreams Odigeo, Peter Kerschbaumer e Ivan Font, cada tarde solicitábamos *feedback* después de la clase; a la mañana siguiente analizábamos lo que habíamos aprendido y ajustábamos el horario, el programa y el plan de estudios si era necesario. Cada mañana la historia era la misma: «Dinos cómo gestionar las dependencias».

Eso me frustraba.

Siempre había pensado que Kanban estaba diseñado para, y era capaz de, escalar. Desde luego, se adaptaba a una unidad de producto de unas 150 personas, como demostramos en 2007 en Corbis. Los conceptos podían llevarse al tamaño de una unidad de negocio de entre 300 y 1 200 personas: lo habíamos visto en las implementaciones que habían tenido lugar desde entonces, y en 2010 teníamos algunos ejemplos notables, como en Petrobras, en Río de Janeiro. En una iniciativa dirigida por Amanda Varella, una unidad de negocio que fabricaba cinco productos de software para la exploración petrolífera y el análisis de datos de estudios sísmicos, formada por cinco equipos de producto y cinco servicios compartidos, como el diseño de la interfaz de usuario, utilizaba un total de diez sistemas kanban interdependientes que daban servicio a unas 450 personas.

Cómo escalar Kanban: ¡Haga más!

La solución siempre fue sencilla. La forma de escalar Kanban es hacer más de lo mismo: ampliarlo de una manera orientada al servicio. Piense en términos de servicios; vea su organización como una red de servicios interdependientes. «Kanbanice» cada nodo de esa red —cada servicio— partiendo de los principios de STATIK, un taller que habíamos formalizado basándonos en la emergente experiencia real que se remonta a aquel primer encuentro con Dragos Dumitriu en 2004.

Para gestionar las dependencias, utilice *parking lots* para visualizar las entradas que esperan la devolución de solicitudes dependientes. Cada sistema kanban considerará «clientes» a los que envían solicitudes, y se diseña el sistema kanban para hacer frente a la demanda de ese «cliente»: sus solicitudes, el ritmo de llegada y el patrón de demanda a lo largo del tiempo. De este modo, una red de sistemas Kanban interdependientes puede diseñarse de forma natural para hacer frente con elegancia a las dependencias, y cada sistema kanban puede actuar de forma autónoma. Si el diseño de los sistemas kanban individuales necesita ajustes, y sin duda los necesitará, los mecanismos de *feedback* a nivel de red —revisión de riesgos y, lo que es más importante, revisión de operaciones— proporcionan el cableado evolutivo para adaptar y hacer evolucionar los nodos de la red, de modo que las solicitudes de los clientes (del exterior) puedan fluir con elegancia, en cascada, a través de una red de nodos de servicio interdependientes, cada uno de los cuales utiliza su propio sistema Kanban. Es una solución elegante y sencilla.

Marcos de trabajo de escalado: ¿una locura organizativa?

Me frustraba que el mercado sintiera la necesidad de marcos de trabajo de escalado, conjuntos de definiciones de procesos complicados y engorrosos. Parecía que el ego humano no podía con la idea de que los problemas complicados y complejos se resuelven mejor con soluciones sencillas y elegantes. «Si es tan sencillo, entonces debemos ser estúpidos, porque ya llevamos muchos años luchando contra este reto». El ego humano parecía exigir una solución grande, complicada, engorrosa y pesada para el problema: una muleta para el frágil ego. «Ah, es tan difícil que necesita un marco tan grande y pesado para superar los retos, no me extraña que yo, humilde y pequeño, no pudiera resolverlo solo».

Hay otra explicación posible: Kanban siempre ha exigido que las personas asuman responsabilidades y que al menos algunas de ellas sean *accountable* de los *outcomes*. En una red de nodos de servicio autónomos, que actúan con empoderamiento, las personas de cada nodo de la red tienen que asumir responsabilidades, asumir *accountability* y mostrar actos de liderazgo. Con un marco a gran escala, es bastante fácil culpar del fracaso al marco de trabajo: o no cumplió sus promesas o nuestra organización no tenía el liderazgo y la cultura para aplicarlo correctamente. En cualquier caso, no es culpa nuestra. La adopción del marco y el posterior fracaso a la hora de producir los *outcomes* previstos es el error de las víctimas de las circunstancias. Es el mundo del pensamiento ilusorio, «si tan solo...» nuestras circunstancias fueran diferentes, [este marco de trabajo] nos habría funcionado. Rote a los consultores, a los Agile *coaches* y a las personas con altos cargos directivos hasta que se pierda la memoria institucional, y luego vuelva a intentarlo.

A Albert Einstein se le atribuye erróneamente[56] la frase: «La definición de locura es hacer lo mismo una y otra vez y esperar un resultado diferente». Independientemente de quién lo dijera, tiene sentido. En los últimos veinte años, hemos visto una locura organizativa institucionalizada en muchas grandes empresas que han intentado escalar Agile, han fracasado en gran medida y, pocos años después, lo han vuelto a intentar. Un conocido banco y negocio de tarjetas de crédito estadounidense intentó cinco veces durante quince años escalar Agile; finalmente, en 2023, eliminaron 1 100 puestos con nombres relacionados con Agile como *Scrum Master, Product Owner, Release Train Engineer* y similares. Esta reducción representaba el 2 % de su plantilla total. Parecía que alguien al frente de esta empresa de enorme éxito había recuperado la cordura. El ahorro de costes se estima en unos 250 millones de dólares al año.

Prácticas de gestión de las dependencias existentes en kanban

Mi conciencia volvió a centrarse en la carretera: pedaleé más allá de la entrada al parque Voice of America, que conduce al Dungeness National Wildlife Refuge y al famoso faro de New Dungeness, a cinco millas de estrecho de San Juan de Fuca, al final del arenal. Salté del sillín mientras la bicicleta se tambaleaba al subir la colina y giraba de nuevo hacia el norte, pedaleando hacia el paseo marítimo.

El viernes por la mañana, en Barcelona, modifiqué la agenda e inserté un nuevo ejercicio en la clase: «Identifica todas las formas que hayas aprendido esta semana que se pueden utilizar para gestionar mejor las dependencias». Había hecho este ejercicio mentalmente y calculé que deba haber al menos quince prácticas[57]:

* Casillas de verificación en las tarjetas que indican el trabajo especializado necesario
* Campos de fecha en las tarjetas que indican los puntos de integración programados
* Decoraciones en las tarjetas para indicar dependencias entre pares, o elementos que deben entregarse juntos, representando un paquete colectivo de valor

---

56. https://www.history.com/news/here-are-6-things-albert-einstein-never-said
57. En la actualidad existen al menos 20 prácticas reconocidas en el Método Kanban y en el Enterprise Service Planning para la gestión de dependencias. Éstas se han recopilado en un póster infográfico disponible para su descarga gratuita en KMM.Plus. https://kmm.plus/en/book/kmm/dependency-management/

- Filas o *swimlanes* en los tableros kanban para el trabajo de un tipo definido por su origen: el sistema kanban solicitante
- Asignación de capacidad de kanban entre filas o tipos de elementos de trabajo
- Diseño de tableros kanban que muestren dependencias secuenciales que fluyen de izquierda a derecha de columna a columna
- Divisiones y fusiones de diseños de tableros que muestren dependencias de integración
- Diseños de tableros kanban de dos niveles para dependencias padre-hijo
- Mapeo de servicios compartidos en columnas de un tablero kanban de prestación de servicios; es decir, creación de fantasmas o copias de tarjetas que existen en una columna de un tablero padre y quizás fluyen a través de varias columnas de un tablero hijo perteneciente a un servicio compartido
- *Parking Lots* en los tableros para solicitudes dependientes que esperan ser atendidas en otro sistema
- Marcación de elementos bloqueados con tarjetas de bloqueo
- Agrupación de bloqueos (*Blocker Clustering*): recopilación y análisis de tarjetas de bloqueos para comprender mejor los riesgos asociados a las dependencias
- Revisión de Riesgos
- Revisión de Operaciones
- Planificación de la Entrega

Quince prácticas para la gestión de dependencias en Kanban sin tener que pensar mucho en ello. ¡Fantástico! ¡Caso cerrado! Kanban ya escala debido a su arquitectura organizativa orientada a servicios, y la gestión de dependencias está incorporada. Desafortunadamente, eso no impresionó a la buena gente de eDreams Odigeo. Necesitaban poder señalar una o más prácticas específicas que convirtieran Kanban en Kanban a escala empresarial.

Estaba desinflado. El viento mediterráneo me dejó sin aire en las velas y regresé a Seattle preguntándome qué haría falta para que el mundo Agile estuviera dispuesto a aceptar que Kanban era un método eficaz para permitir la agilidad empresarial a gran escala.

Primera epifanía: sistemas de reserva

Cuando llegué a los acantilados, el chasis se inclinó hacia la derecha y las ruedas giraron hacia el este, hacia Marine Drive. Sentado por encima del agua, podía ver claramente por encima del arenal, a través del estrecho, la ciudad de Victoria y la Isla de Vancouver (Canadá). Delante de mí, el majestuoso monte Baker, en tierra firme, se erguía orgulloso con sus cumbres nevadas. Seguí pedaleando por el pequeño pueblo de New Dungeness. Antaño un próspero puerto, los cambios en la normativa sobre la pesca del cangrejo habían provocado el cierre del muelle hacía décadas, y las nuevas restricciones urbanísticas a lo largo de la costa significaban que poco a poco se lo estaba devolviendo a la naturaleza. La mayoría de los edificios comerciales de la calle principal se habían convertido en viviendas. Pasé por delante de la antigua escuela y del único negocio que quedaba, una granja que vendía productos locales. Miré el reloj: doce minutos desde que salí de casa, cuatro millas en mi ordenador de viaje. Ahora me dirigía hacia el sur por la carretera Sequim-Dungeness, pasando por las granjas de lavanda.

Y entonces me di cuenta. Esta gente se ganaba la vida vendiendo billetes de avión, entendían los sistemas de reserva. Llevábamos años viendo cómo se utilizaban los sistemas de reserva en los tableros kanban. Tal vez el primer ejemplo fue el «Top 10» en Posit Science, pero se había documentado un sistema de reserva de estilo calendario por primera vez en Finlandia[58] un par de años después. Y me di cuenta de que había visto uno en eDreams Odigeo. No recordaba en qué departamento ni quién era el responsable, pero sí en qué edificio del World Trade Center de Barcelona, y que estaba en la última planta. Tenían un sistema de reservas dividido en semanas naturales y en ellas se colocaban los billetes, con lo que se reservaba efectivamente un hueco para empezar a trabajar en esa semana. Con esta descripción tan básica, el equipo de eDreams llegó más tarde a la conclusión de que se trataba de «Bianca» y un departamento financiero que no formaba parte del grupo de productos en absoluto ni era esencial para la iniciativa de Enterprise Service Planning a gran escala que Peter e Ivan estaban dirigiendo.

Sistemas dinámicos de reserva

Sin embargo, esto no bastaba por sí solo. El sector de las aerolíneas disponía desde hacía tiempo de una solución para gestionar dependencias complejas: los sistemas de reservas no eran estáticos, sino dinámicos, y las aerolíneas no solo ofrecían distintas clases de servicio, como clase *business* o clase turista para los asientos que vendían en sus vuelos, sino que históricamente también ofrecían distintas clases de reserva.

En los días gloriosos del transporte aéreo, antes de que existieran las aerolíneas de bajo coste, aún era posible viajar con un presupuesto modesto mediante la compra de un billete «*stand-by*». Los billetes *stand-by* significaban que el viajero no tenía garantizado un asiento en ningún vuelo. Tenía que esperar literalmente a que el vuelo embarcara y, si quedaban asientos libres sin vender, se le permitía embarcar. Esto solo era posible con equipaje de mano, no con maletas facturadas, ya que no habría habido tiempo de cargarlas en la bodega antes de la salida. Aunque esta clase de reserva había desaparecido en gran medida en la era del transporte aéreo económico, aún se utilizaba para gestionar dependencias complejas. Los grandes aeropuertos centrales que a menudo sufrían interrupciones por mal tiempo, como el O'Hare (ORD) de Chicago, emitían tarjetas de embarque de *stand-by* a los pasajeros desplazados que habían perdido conexiones por el retraso de su vuelo de llegada. Había una alta probabilidad de que los pasajeros del siguiente vuelo llegaran a su vez con retraso y, por tanto, se liberaran plazas. Así, los pasajeros en *stand-by*

---

58. Tablero básico de sistema de reservas, reportado por primera vez por Sami Honkonen en 2011. https://www.slideshare.net/AGILEMinds/sami-honkonen-scheduling-work-in-kanban

podrían embarcar. Sus maletas facturadas no viajarían con ellos, pero para eso había soluciones aparte. Cuando trabajaba para Motorola a principios de los 2000, su política de viajes corporativos insistía en que los vuelos internacionales conectaran a través de Chicago. En consecuencia, en varias ocasiones tuve la experiencia personal de que me cambiaran la reserva, quedarme en *stand-by* y que mi equipaje retrasado llegara a Seattle al día siguiente.

Me pareció que un sistema de reservas dinámico (un tablero adicional para poner billetes en cola, dividido por semanas naturales (u otras franjas horarias), con capacidad basada en la tasa de entrega media del sistema kanban, y que ofreciera diferentes clases de reservas) era la respuesta a la gestión de dependencias a gran escala en Kanban. Y qué mejor lugar para probar esta idea que en una unidad de producto de billetes de avión de una empresa de viajes.

Aún quedaban cinco millas por recorrer hacia el sur, en dirección al viento, hasta la ciudad de Sequim y mi puesto de café favorito, un lugar conveniente para parar. Agaché la cabeza, pedaleé con más fuerza y dejé la idea repetirse en mi cabeza. Cuando llegué al puesto de café, me senté en un banco, apoyé la bicicleta en él y saqué mi iPhone, abrí la aplicación Notas y empecé a escribir enérgicamente.

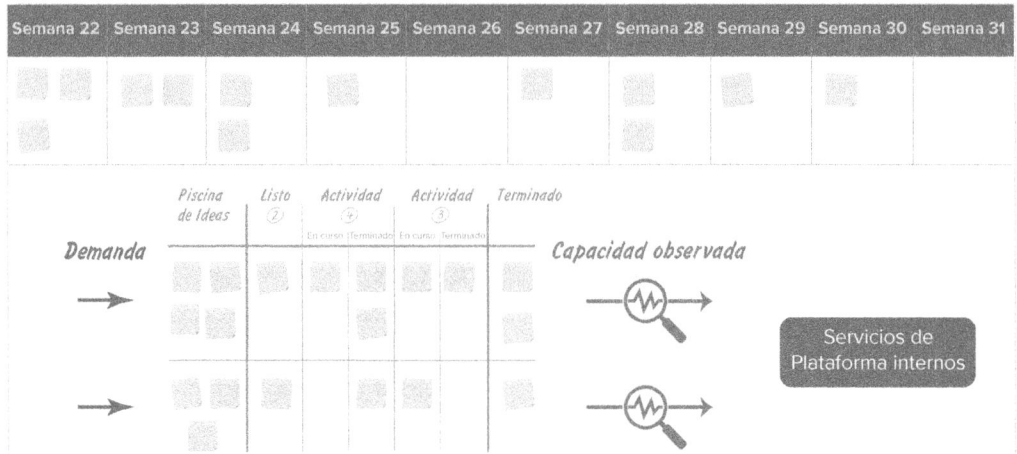

Figura 16.1 Tablero Kanban de sistema de reservas

Clases de reserva

Las aerolíneas utilizan más de dos clases de reserva. Viajando en avión dentro de España, había encontrado otra, el billete *shuttle* (puente aéreo) ofrecido por Iberia entre Madrid (MAD) y Barcelona (BCN). También había oído que una colaboración entre British Airways y American Airlines ofrecía billetes de este tipo entre Londres Heathrow (LHR) y Nueva York John F. Kennedy (JFK). Un billete *shuttle* es totalmente flexible y supera a un billete de primera clase o de clase *business*. Los titulares de billetes *shuttle* no necesitan reserva para un vuelo concreto. Solo tienen que presentarse en el aeropuerto y solicitar embarcar en el siguiente vuelo, como si estuvieran haciendo cola para un autobús.

Imagínese a un empresario que vive y trabaja en Barcelona, en la costa mediterránea, y tiene una importante reunión de negocios en Madrid un viernes por la mañana. La reunión implicará negociaciones delicadas. Si todo va bien, todo podría terminar antes del almuerzo, pero si no se llega a un acuerdo podría prolongarse hasta el almuerzo y alargarse hasta la tarde. Para cubrir este riesgo, la reserva de un billete en clase *business* podría tener una salida a las 8.00. de Barcelona y un vuelo de vuelta a las 19.00. Si la reunión termina pronto, aún es posible volver al aeropuerto de Barajas y pedir amablemente coger un vuelo anterior. Pero es viernes, los vuelos pueden estar muy reservados. ¿Qué hacer? Pues pagar un poco más por un billete *shuttle*. Si todo va bien y la reunión termina poco después de las doce, es fácil coger un taxi y estar en el aeropuerto veinte minutos más tarde. Presentar el billete *shuttle* en facturación y embarca en el siguiente vuelo. Llegar de vuelta a Barcelona con tiempo suficiente para conducir hasta el campo de golf de la Costa Brava y jugar una ronda completa de dieciocho hoyos antes del anochecer.

Por lo tanto, al menos las clases de reserva son comunes: las reservas estándar que te garantizan un asiento en un vuelo específico; las reservas *stand by* que no te garantizan un asiento a menos que haya capacidad no vendida, y los billetes *shuttle* que te garantizan que estarás en el siguiente vuelo disponible, incluso si tienen que echar a otra persona para dejar espacio disponible. Me pareció que podíamos replicar equivalentes de estas clases de reserva para crear un sofisticado sistema dinámico de reservas para implementaciones Kanban a gran escala, como en la tabla 16.1.

Table 16.1 Clases de reservas

Clases de reserva	Descripción
Garantizada	Se garantiza que un elemento empieza en su fecha
Reservada	Si hay capacidad disponible, el elemento empezará en su fecha
Stand-by	Si hay capacidad adicional disponible, este elemento será considerado para su selección antes que frente a otros elementos en el búfer Listo antes del compromiso. Se le dará una alta preferencia. Si no tiene éxito, su clase de reserva puede ser elevada a Reservada en la próxima oportunidad o en una oportunidad posterior.

El rendimiento de la inversión no es el coste del retraso

El verano siguiente, 2016, volví a casa, fuera de la temporada de clases, conferencias y consultorías por todo el mundo. En verano, mi entrenamiento diario habitual era una ruta ciclista de veinte millas en el sentido de las agujas del reloj por New Dungeness y Sequim, que me gustaba llamar el «Tour de 98382» (por el código postal del municipio de Sequim y el condado circundante no incorporado). En su parte mayoritariamente llana, solía ser más difícil debido a los incesantes vientos cruzados; no importaba la hora del día o el tiempo que hiciera, la cuestión no era si hacía viento o no, sino en qué dirección soplaba. Era prudente mantener algo en el depósito, reservas de energía, en caso de que las últimas cinco millas tuvieran que recorrerse a fondo, con la nariz pegada al manillar, en medio de un vendaval aullante.

Lo que tenía en mente era el Coste del Retraso. Durante algunos años, desde la publicación de *Principles of Product Development Flow* de Donald Reinertsen y la aparición del Scaled Agile Framework *(*SAFe), la comunidad se había centrado considerablemente en el algoritmo *Weighted Shortest Job First*, WSJF (Primero el Trabajo Más Breve Ponderado) para «calcular» el Coste del Retraso y utilizarlo para priorizar —secuenciar, programar y seleccionar— el trabajo. La versión de Reinertsen de esta ecuación

$$\frac{\text{Beneficios Totales de por vida}}{\text{Duración}}$$

había sido transformada por la gente de Scaled Agile en algo casi irreconocible. Sin embargo, ambas versiones me parecían erróneas: simplemente no coincidían con los esquemas de las funciones de coste del retraso que había dibujado en 2009 y adoptado por primera vez en Posit Science, y la propia observación de Reinertsen durante su visita a Corbis en 2007 —que nuestras clases de servicio estaban se basaban en el coste del retraso— parecía, por lo tanto, estar en desacuerdo con la idea de que WSJF era la forma correcta de medir el coste del retraso.

Además, me sentía incómodo con el lenguaje, el álgebra y la geometría. El coste del retraso implica que el coste, quizá el coste de oportunidad, debería ser el numerador y el retraso el denominador. En lugar de eso, teníamos los beneficios totales o el valor como numerador y la duración como denominador. Aunque el retraso y la duración se expresan en unidades de tiempo, no son lo mismo. El álgebra no coincidía y, si lo dibujabas como una función, las etiquetas de los ejes *x* e *y* tampoco coincidían. ¿En qué circunstancias la duración equivale al retraso? ¿En qué circunstancias el *lead time* representaría el retraso? Para que el *lead time* sea equivalente al retraso, es necesario que un elemento en curso bloquee el inicio de otro elemento. Para que esto sea cierto, el límite WIP tiene que ser uno.

WSJF también me pareció mal. La gente argumentaba que el *lead time* no era duración. La idea era que solo el esfuerzo, el tiempo de trabajo con valor añadido, contribuía a la duración. Parecía que la duración era, de hecho, solo una aproximación al coste, con los beneficios totales de por vida una aproximación al valor. Si esto fuera cierto, entonces lo que teníamos era:

$$\frac{\text{Valor}}{\text{Coste}}$$

y ésta es la ecuación del Retorno de la Inversión (ROI). Como observamos en Microsoft XIT en la primera implementación de Kanban, el ROI no es el coste del retraso. Si seleccionas el trabajo basándote en el coste del retraso, se hará en una secuencia diferente a la del trabajo priorizado por el retorno de la inversión. El ROI no refleja la urgencia de un elemento, solo su beneficio a largo plazo comparado con su coste. La posible pérdida de beneficios por retrasos no se tiene en cuenta: el retraso simplemente no es una variable en la ecuación.

Este conflicto me preocupaba desde hacía varios años y no encontraba una explicación.

Segunda epifanía: el retraso equivale a la cadencia de reposición

Y entonces caí en la cuenta, justo cuando pasaba por delante de la vieja escuela de Dungeness: ¡El retraso en un sistema Kanban equivale a la cadencia de *replenishment* (reposición)!

En una reunión de reposición, elegimos «qué empezar» en función del kanban libre disponible. Al elegir «qué empezar» de entre un conjunto de opciones de nuestro búfer listo, elegimos, a su vez, qué dejar para más adelante. Si decidimos no empezar algo en la reunión de reposición de esta semana, tendremos que esperar a la semana siguiente para tener otra oportunidad de seleccionarlo. En cada reunión de reposición, el retraso que se tiene en cuenta es el retraso hasta la siguiente reunión, normalmente una semana.

No controlamos cuándo se terminan los elementos. Nuestro punto de control es la selección, la introducción de un elemento en nuestro sistema kanban, la decisión de iniciar el elemento. Los tiempos de entrega siguen una curva de distribución de probabilidades. Por tanto, si empezamos algo, se completará en un tiempo de tiempo expresado por la probabilidad. Así que la pregunta que deberíamos hacernos es: «¿Cuál es el coste probable del retraso por no iniciar un elemento?». Si no decidimos empezar un elemento hoy, en esta reunión de reposición, ¿qué coste de oportunidad o impacto podríamos sufrir en el futuro si esperamos a empezar el elemento más tarde?

Una vez más, hundí la barbilla en el manillar y pedaleé furiosamente por la carretera Sequim-Dungeness hasta que pude parar y anotar esta epifanía en mi teléfono.

Descubriendo la evidencia matemática de las curvas de coste obtenidas empíricamente

Para calcular matemáticamente el coste del retraso, hay que combinar la curva de distribución del *lead time* con la curva del ciclo de vida de adquisición de valor del elemento en cuestión. No es trivial. Este era el mundo del análisis cuantitativo avanzado. Feo.

Me obsesioné con esto. Pasé varios días elaborando una hoja de cálculo con once ejemplos diferentes. Trabajé en ella en casa y en bares de copas, cafeterías y restaurantes locales. Lo que surgió fue un análisis del coste probable del retraso en el inicio basado en diferentes curvas de adquisición de valor del ciclo de vida. Estas curvas se parecían a los esquemas de 2009, y quedó claro que era posible agrupar conjuntos de curvas en cuatro categorías.

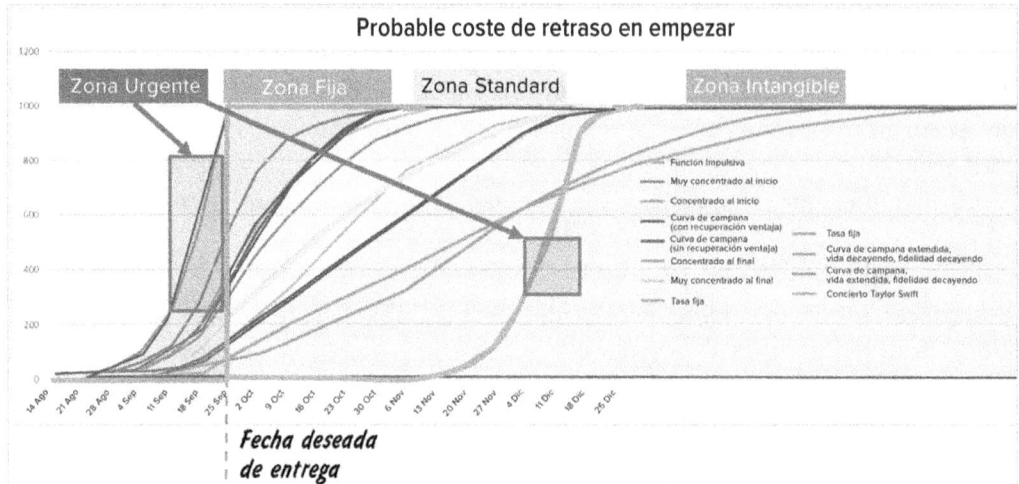

Figura 16.2 Cuatro zonas de función de clases de servicio PcoRE

Ahora teníamos una explicación matemática completa que validaba las curvas utilizadas por primera vez con Posit Science en 2009, y una explicación de por qué las cuatro clases de servicio, y nuestra comprensión de cómo se relacionaban con el coste de los retrasos, habían demostrado ser tan sólidas a lo largo de aproximadamente una década. Las matemáticas avanzadas encajaban con la intuición. Lo que había surgido en Corbis en 2007 y se había perfeccionado mientras trabajábamos en *Kanban* en 2009 proporcionaba una técnica de gestión de riesgos muy sencilla pero potente: solo cuatro clases de servicio y cuatro curvas de coste del retraso proporcionaban un sistema de clasificación adecuado para permitir una gestión de riesgos sofisticada basada en la urgencia.

Tercera epifanía: clases de gestión de las dependencias

Sin embargo, hizo falta una tercera epifanía para sintetizar las dos primeras y obtener la solución completa para la implementación a gran escala. La pregunta importante es: «¿Cómo afecta el coste del retraso en la solicitud de un cliente a la gestión de dependencias?». Ya teníamos clases de servicio para saber cómo debe fluir un elemento a través de un sistema kanban y clases de reserva para saber cómo debe tratarse ese elemento mientras está en cola y programado para empezar; para completar la solución, necesitábamos clases de gestión de dependencias, también basadas en el coste del retraso, para determinar cómo debe fluir un elemento a través de los sistemas kanban y cómo las solicitudes dependientes fluyen en cascada a través de una red de sistemas kanban. Aunque cuatro de estas clases de gestión de la dependencia, basadas en las cuatro formas de la función de coste del retraso, podrían haber sido suficientes, al final diseñé seis. Decidí considerar el impacto de las restricciones fijas: fechas que no pueden cambiarse. Así surgieron dos variantes para la clase estándar y el coste del retraso con fecha fija. La clase estándar se divide en dos, que corresponden aproximadamente a la madurez baja frente a la madurez alta, y el nivel de confianza varía entre el cliente y la organización de entrega. En las organizaciones de baja madurez, los plazos suelen utilizarse como objetivos y factores de estrés para motivar el comportamiento. Era importante que mi modelo tuviera en cuenta esta realidad disfuncional. La clase de fechas fijas también se divide en dos, separando las restricciones fijas, esas fechas críticas—como las Navidades, o los plazos reglamentarios— de las funciones meramente muy empinadas en las que el impacto es grave en un corto periodo de tiempo.

Esto nos da seis conjuntos de reglas, o políticas, relativas a la gestión de dependencias: reglas sobre si necesitamos hacer un análisis previo para detectar dependencias y peticiones en cascada, y reglas sobre si utilizar nuestros sistemas dinámicos de reservas y cómo hacerlo.

Table 16.2 Seis clases de Gestión de las Dependencias

Clase de gestión de las dependencias	Tarjeta de servicio solicitante	Tarjeta de servicio solicitado	Reserva de servicio solicitante	Reserva de servicio solicitado	Naturaleza de la gestión de las dependencias
1. Sin importancia	Intangible	Intangible	Opcional Stand-by	Ninguna	No hay gestión de dependencias; descubrimiento de dependencias dinámico, just-in-time
2. Disponibilidad de confianza	Estándar con SLE (Expectativa de nivel de servicio)	Estándar	Opcional Stand-by	Ninguna	Descubrimiento dinámico, just-in-time, de dependencias; asignación de capacidad en el servicio solicitado para garantizar el servicio cuando sea necesario
3. Mitigación del riesgo de cola	Estándar con plazo	Fecha fija	Opcional Reservada	Stand-by	Clase de reserva Stand-by (por si acaso); descubrimiento de dependencias dinámico, just-In-time; utilizar la distribución del lead time filtrada - suponer que existe una dependencia para determinar el tiempo de inicio y la clase de servicio de la tarjeta del servicio solicitante
4. Fecha fija	Fecha fija	Fecha fija con alta prioridad de inicio	Reservada	Reservada	Detección anticipada de dependencias, con una clase de reserva en el servicio solicitado reservada; la definición de ready (listo) requiere un análisis anticipado y una reserva de clase reservada
5. Garantizado en tiempo	Fecha fija con cero tolerancias al retraso	Fecha fija con inicio garantizado	Garantizada	Garantizada	Detección anticipada de dependencias, con una clase de reserva garantizada en el servicio solicitado; la definición de ready (listo) requiere un análisis anticipado y una reserva garantizada en el servicio solicitado
6. Urgente	Urgente	Urgente	Ninguna	Ninguna	Sin gestión de dependencias; descubrimiento dinámico de dependencias; acelerar las dependencias cuando son descubiertas

Ahora tenía lo que la gente de eDreams Odigeo demandaba, un conjunto tangible de prácticas que podemos señalar como la solución de escalado para Kanban. Kanban a escala empresarial requiere la capacidad de utilizar el coste del retraso, sistemas de reserva dinámicos con tres clases de reserva, asignación de capacidad basada en la tasa de entrega media del sistema kanban y seis clases de gestión de dependencias basadas en el coste del retraso y en la existencia o no de una restricción fija adicional, una fecha límite.

Si podemos etiquetar una solicitud entrante con la clase de servicio correcta basándonos en el coste del retraso (y debemos saber si viene con una restricción fija para la entrega), ya sabemos lo suficiente para dejar que ella y cualquier solicitud en cascada fluya a través de nuestra red de servicios interdependientes, y cada nodo actúe de forma autónoma utilizando reglas simples (políticas) para la clase de servicio, la clase de reserva y la clase de gestión de dependencia (Ver Tabla 16.2). No hay necesidad de un control centralizado.

La suposición de colas finas

Todo parece tan elegante, tan sencillo, tan comprensible. ¿Qué podría salir mal? La realidad es que la mayoría de las organizaciones aún no están preparadas para aplicar estas prácticas, por lo demás bastante sencillas. Todo lo que he descrito en este capítulo parte de unos cuantos supuestos. En esencia, el supuesto clave es que la prestación de servicios es predecible y fiable, que las distribuciones de los tiempos de entrega son de cola fina[59] (es decir, que rara vez o nunca se ven tiempos de entrega excepcionalmente largos) y que el uso de la Ley de Little[60] es posible porque los conceptos de *lead time* medio y tasa de entrega media son conceptos significativos. La conclusión es que nuestra red de sistemas kanban interdependientes debe estar operando principalmente en el Nivel de Madurez 3. El Nivel de Madurez 3, en el que tenemos una entrega de servicios fiable y predecible, implica que nuestras distribuciones de tiempos de entrega deben ser de cola fina. Es casi imposible cumplir las expectativas del cliente sin una curva de tiempos de entrega de cola fina.

Por lo tanto, para escalar eficazmente, necesitamos madurar nuestra organización. Para ello, tenemos que trabajar en la cultura: liderar con valores. Para tener éxito a gran escala necesitamos un liderazgo adecuado a todos los niveles. Necesitamos liderazgo en cada nodo de servicio de nuestra red, liderazgo en cada sistema kanban. No se escala instalando un marco de trabajo. Se escala desarrollando y potenciando el liderazgo.

---

59. «Cola fina» se refiere a una curva o función de distribución que es de naturaleza superexponencial, y que se agregaría con un gran número de puntos de datos a una distribución ampliamente Gaussiana. Gaussiana implica que la cabeza y la cola de la curva son asintóticas respecto al eje x, mientras que la interpretación popular es que son curvas de campana. Los datos con distribución Gaussiana regresarán a la media (la media aritmética) con un número modesto de puntos de datos. Nassim Taleb se refiere a esta clase de distribuciones como «mediocristanas», es decir, aburridas y de bajo riesgo.

60. La Ley de Little es una ecuación de la teoría de colas que relaciona el ritmo medio de llegada con el trabajo medio en curso y el plazo medio de entrega. Puede utilizarse para estimar el WIP para una asignación de capacidad basada en un acuerdo para entregar el trabajo a un ritmo medio determinado. Sin embargo, depende de la capacidad de calcular una media significativa a partir de un conjunto modesto de puntos de datos. Esto solo puede ser cierto cuando la distribución del tiempo de entrega es de cola fina.

Puntos clave

- Corbis y Petrobras son dos organizaciones que fueron capaces de escalar Kanban con hasta 450 personas utilizando sistemas kanban interdependientes.

- Para escalar Kanban, ¡haga más!

- Por lo general, los marcos de trabajo a gran escala no han funcionado bien, a menudo por falta de liderazgo.

- Kanban ya cuenta con al menos quince prácticas que ayudan a gestionar las dependencias.

- Un sistema de reserva dinámico con diferentes clases de reserva puede utilizarse para implementaciones Kanban a gran escala.

- Cuatro clases de servicio y cuatro curvas de coste del retraso proporcionaron un sistema de clasificación adecuado para permitir una gestión sofisticada del riesgo basada en la urgencia.

- Si a una solicitud entrante se le asigna la clase de servicio correcta en función del coste del retraso, y se sabe si tiene una restricción fija para la entrega, ésta y cualquier solicitud en cascada pueden fluir a través de una red de servicios interdependientes. Cada nodo actúa de forma autónoma utilizando reglas sencillas (políticas) para la clase de servicio, la clase de reserva y la clase de gestión de dependencias.

- Para que una organización escale eficazmente, debe tener un nivel de madurez que permita el liderazgo a todos los niveles.

17

Superar la crisis, liderazgo

Para aprender cómo escalar, pregunta a un emprendedor

Todavía era de noche en Bilbao cuando me desperté el primer lunes de octubre de 2021. Mi teléfono había registrado tres llamadas de mi hija pequeña, la que conocimos en el Capítulo 1 con tres meses; ahora tenía dieciséis. A esa edad solo sabía de ella cuando necesitaba dinero o había una emergencia. Le devolví la llamada.

«Mamá se ha sentido mal. Está en la UCI[61] en un hospital de Oklahoma City».

«Espera. ¿Qué ha pasado?»

«Estaba jugando en un torneo nacional de tenis. Parece que ha sufrido un colapso por agotamiento durante el fin de semana. Está en la UCI. Ahora mismo estamos de camino al aeropuerto. Tenemos un vuelo nocturno a Dallas con conexión a OKC por la mañana».

Era mucho antes de la medianoche del domingo en Seattle.

«Llámame esta noche, a mi hora, después de que lleguéis al hospital mañana».

Llevaba quince años preparándome para este día, pero nada te prepara realmente.

Hice unas cuantas llamadas y concerté una cita urgente con un notario[62] para ese mismo día a la hora de comer, a fin de otorgar un poder notarial. Después de tres años viviendo en España, creando un historial

---

61. Unidad de Cuidados Intensivos

62. Los americanos que lean esto deben entender que en Europa los notarios son abogados especializados en derecho administrativo y contratos, entre otras materias. Los notarios dan fe de la transmisión de títulos de propiedad y de los trámites legales de préstamos bancarios, hipotecas, contratos, poderes notariales y actividades similares.

crediticio y una relación de confianza con mi banco, y otro tanto buscando propiedades, acababa de acordar la compra de un caserío de cincuenta años a veinte minutos de Bilbao. El contrato debía cerrarse la semana siguiente.

Apenas una semana antes, había firmado el contrato de alquiler de un apartamento en Austria, cerca de nuestra oficina y del lugar donde se celebraba nuestro anual Kanban Leadership Retreat. De repente, un gran drama real estaba sucediendo al mismo tiempo.

Mi agente de viajes me consiguió el primer vuelo disponible que salía de Bilbao y emprendí el regreso a Estados Unidos por primera vez desde que comenzó el confinamiento por la pandemia de Covid-19 a principios de marzo de 2020. El viaje estuvo plagado de problemas. Mi vuelo de Bilbao no pudo salir por culpa de la niebla. Tomamos un autobús a Santander, en la vecina provincia de Cantabria. Perdí mi conexión en Madrid y me volvieron a reservar un día más tarde. Ese vuelo se canceló más tarde por problemas con el avión. Me reservaron de nuevo un vuelo a Miami. Salió con casi cinco horas de retraso. Perdí la conexión con Oklahoma City y tuve que pasar la noche en Miami, reprogramado en un vuelo temprano a través de Dallas. Era la hora de comer del jueves cuando por fin llegué al hospital de Oklahoma City. Mis dos hijas estaban allí. La mayor, que había dejado sus estudios de medicina en Nueva Orleans, había tomado el control. Uno de los residentes, muy impresionado, me susurró: «Lleva toda la semana llevando las riendas». Las noticias de los médicos no eran alentadoras.

La semana siguiente nos despedimos de mi esposa, con la que llevaba veintidós años, en una ceremonia familiar privada en una funeraria de Oklahoma City. Eran tiempos de Covid. Los grandes funerales eran ilegales. Pasarían nueve meses antes de que pudiéramos organizar un funeral adecuado para que todos sus compañeros de equipo, amigos del club de tenis, antiguos colegas y compañeros de estudios de enfermería, vecinos desde hacía veinte años y amigos de la familia desde hacía mucho tiempo pudieran presentar sus respetos.

A veces simplemente no puedes controlar la cantidad de vida real que sucede de golpe. No puedes elegir la cantidad de crisis personales en curso. Cuando alguien muere inesperadamente, hay mucho papeleo que hacer. El duelo no lo hace nada fácil.

Volví a Seattle con una joven angustiada de dieciséis años. Estaba enfadada con el mundo. Su instituto fue muy comprensivo. Envié un mensaje al equipo directivo de mi empresa: «Voy a ausentarme del trabajo durante un periodo de tiempo indeterminado. Tenéis el control.»

«Entendido. Tenemos el control.»

Empecé a ocuparme del papeleo legal. El primer trabajo fue asegurarme de que las luces, literalmente, seguían encendidas, de que se pagaban todas las facturas de la casa. Para controlar el estrés, empecé a dar largos paseos todas las mañanas y, cuando estaba en casa, dejaba la televisión encendida con contenidos seguros y reconfortantes: fútbol, la Liga española, todo lo que tuviera que ver con el Athletic Club o la Real Sociedad, y la Premier

League inglesa, Liverpool, Manchester United o Arsenal. Para ser sincero, daba igual qué equipos jugaran, todo me valía.

Llegaron noticias de Bilbao de que los contratistas habían entrado a mi nueva casa. La casa estaba en condiciones mucho peores de lo que se pensaba.[63] La electricidad era ilegal e insegura, la fontanería estaba vieja, tenía fugas y olía mal. El sistema de agua caliente era inadecuado: una casa con cinco dormitorios y cinco cuartos de baño solo tenía agua caliente para dos duchas. También había que cambiar las ventanas de un solo cristal, sin aislamiento y con marcos de madera (de moda en 1974). Había aceptado comprar la casa «tal cual» y los propietarios se habían marchado literalmente, entregando las llaves después de cuarenta y ocho años y llevándose solo unos cuantos muebles preciados. La noticia era que, al final, la casa necesitaba ser completamente reformada, despojada hasta la estructura y reconstruida por completo.

Sabía que era una casa para arreglar, pero no tenía ni idea del mantenimiento aplazado que ahora era urgente.

Yo era solo el segundo propietario. Los vendedores, una dulce pareja de ancianos de unos setenta años, habían encargado la construcción de la casa a principios de los setenta, cuando estaban recién casados. La mujer había heredado el terreno de su abuela. Contrataron a un joven y prometedor arquitecto. Más tarde sería catedrático de arquitectura en la Universidad del País Vasco (UPV) y diseñaría su nuevo campus a las afueras de Bilbao. Tuvo una carrera ilustre y llegó a ser medianamente famoso a nivel nacional. Cuando era joven, estaba claro que había estado experimentando con este diseño: escaleras de caracol en el exterior, típicas del estilo Baronial escocés, y la era de las Artes y Oficios estaba representada por vidrieras estilo Gaudí que debían de estar hechas a mano en Barcelona, con una escalera abierta de mediados de siglo, de corredor sencillo y abierta en la terraza sur. Estaba sacada de una película de James Bond de la época de Sean Connery. Era fácil imaginarse a Goldfinger con su bata de seda acolchada y sus zapatillas, llevando un esponjoso gato persa, disfrutando del sol de la mañana mientras bajaba los escalones hacia la piscina. «¡Ah, Sr. Bond, le estábamos esperando!» Al parecer, la escalera, la elección y el color de los caminos de piedra y otros elementos del paisaje exterior eran de inspiración japonesa. La casa merecía ser restaurada. Pero no ahora. Era una crisis personal de más. Estaba al límite.

Se hizo un plan para hacer la casa habitable a corto plazo. Más o menos segura. Funcional, sobre todo. No te seques el pelo mientras la secadora está en marcha en la cocina. Ese tipo de cosas.

---

63. Los americanos que lean esto se extrañarán de que estos problemas no se descubrieran durante una inspección de la vivienda antes de cerrar el otorgamiento de las escrituras. Esta práctica no es habitual en España ni, en general, en Europa. Aunque es posible, es probable que los vendedores se sientan insultados por la petición y no concedan el acceso. Si quiere una propiedad en España, no puede arriesgarse a perder el trato pidiendo una inspección de la vivienda. Yo había mitigado algunos riesgos pidiendo que se permitiera a mis arquitectos visitar la casa para estudiar los planes de decoración interior. Aunque les pedí que vigilaran los problemas de infraestructura, no pudieron hacer una inspección detallada.

Televisión de Hogar y Jardín

Había mantenido conversaciones sobre la casa con nuestros arquitectos de Bilbao, que habían diseñado las reformas interiores de las dos oficinas de la ciudad: el centro de formación David J. Anderson School of Management, en la Gran Vía, y la oficina del Grupo Mauvius Europa, a dos manzanas de distancia. Se estaban haciendo planes para una gran reforma de mi nuevo hogar.

Empecé a ver HGTV[64]. La dejaba encendida de fondo todo el día, desde las 9 de la mañana hasta las 9 de la noche. Pensar en remodelar mi casa en España era una distracción maravillosa, soñar despierto en el paraíso, libre de abogados inmobiliarios, agentes de *call centers* de bancos, compañías de seguros, papeleo legal y una adolescente con el corazón roto.

Fueron los programas de HGTV los que me dieron mi epifanía final sobre el escalado. Si quieres aprender a escalar, ¡pregúntale a un emprendedor!

Centrarse en la calidad

Tarek El Moussa es un inversor inmobiliario en el sur de California, en el condado de Orange principalmente. Tarek se especializa en comprar casas de estilo ranchero moderno de mediados de siglo, construidas en los años cincuenta o sesenta, que están en mal estado, a menudo inhabitables, y luego las renueva con interiores elegantes y modernos. Las revende («*flips*») a nuevos propietarios, normalmente con beneficios. Empezó solo, a los veinte años, casi sin dinero, viviendo en el garaje de su madre para poder dedicar todos sus fondos a su negocio. A base de mucho trabajo y de asumir riesgos empresariales, ha creado un próspero negocio de inversión inmobiliaria y construcción.

Durante más de diez años ha sido presentador de HGTV, primero junto a su primera mujer, Christina, en *Flip or Flop*, que duró diez temporadas y, más recientemente, *Flipping 101*, ahora en su tercera temporada. La premisa de *Flipping 101* es que Tarek trabaja con inversores inmobiliarios jóvenes y novatos. Les da consejos y les ayuda a tener éxito. Su enfoque, con sus aprendices, desde el principio, es siempre escalar. Si quieren tener éxito, tienen que aprender a escalar.

La primera regla de Tarek para ampliar tu negocio es que debes dejar de cometer errores: debes centrarte en la calidad y en acertar a la primera. Los problemas de calidad y los retoques necesarios minan la confianza en tu marca y dañan tu reputación. Corregir errores y problemas de calidad cuesta tiempo y, con la inversión inmobiliaria, el retraso tiene un coste tangible. Si el inversor ha pedido dinero prestado para financiar el proyecto, más tiempo significa más intereses por el préstamo, lo que, a su vez, merma cualquier beneficio que pueda esperar obtener más adelante. Toda pérdida de tiempo evitable conlleva un coste de oportunidad. Corregir los errores también aumenta los

---

64. HGTV es un canal de televisión por cable de Warner Brothers Discovery: Home & Garden Television. Fundado en 1992, fue la visión de un ejecutivo de Scripps Networks. Muchos de sus programas aún llevan avisos de copyright de Scripps Networks.

costes y puede hacer volar por los aires el presupuesto de renovación. La mala calidad y los consiguientes retrasos causados por la repetición de las obras hacen que la finalización sea impredecible. Esto añade riesgo y dificulta saber cuándo poner la casa a la venta, organizar la puesta en escena con muebles bonitos y decoración y programar jornadas de puertas abiertas para atraer a compradores y agentes inmobiliarios. La falta de predictibilidad, por tanto, conlleva malos resultados económicos.

El consejo de Tarek: contrata o desarrolla a tu propio equipo competente para que pueda trabajar sin supervisión. La gente buena cuesta más. Esto te ahorrará dinero a largo plazo. Céntrate en la calidad y en acertar a la primera.

Aumentando la resiliencia

El perro familiar iba a emigrar para vivir conmigo en España. Se burló de mí: «Vosotros, los humanos, os quejáis de la vacuna Covid y de las pruebas negativas y del papeleo y la burocracia extra antes de volar. Intentad ser un perro. Para nosotros es el triple de esfuerzo y siempre ha sido así.» Y tenía razón. Y no se trataba solo de las vacunas, sino del papeleo de la licencia de exportación expedida por el Departamento de Agricultura de Estados Unidos. Un tema complicado. No se puede solicitar hasta diez días antes del viaje, pero su SLA de tramitación es de cinco a diez días, y el papeleo debe enviarse por correo a ambas direcciones. Hice algunas llamadas. Me ayudaron mucho. Me aconsejaron: «Envíenos el paquete por FedEx de un día para otro. Incluya dentro un sobre de devolución de FedEx dirigido a usted, con franqueo pagado. Asegúrese de que toda la documentación está en orden, con todos los sellos del veterinario. Incluya un cheque para los gastos de tramitación. Estaremos pendientes de ello. Comprendemos los problemas de tiempo; todos los que hacen esto tienen los mismos problemas». Estaba tratando con un servicio totalmente inadecuado. Las personas que estaban dentro del sistema, impotentes para influir en él, habían encontrado las mejores soluciones. Por suerte, yo les había llamado primero. Con su asesoramiento experto para acelerarlo todo, me devolvieron la documentación tres días después. ¡Uf!

Lo siguiente sería la inspección en el aeropuerto. Había comprado un transportín de vuelo recomendada para esta raza de spaniel. Salvo que, según me advirtieron mis hijas, «es un poco grande para su raza, como un kilo de más y más alto». Volví a medir el transportín y leí las directrices emitidas, esta vez por las aerolíneas, que iban a ser determinantes hasta el centímetro de si le dejaban subir al avión o no. No podía arriesgarme. Así que me lancé a la carrera un domingo por la tarde, recorriendo las tiendas de animales de Seattle en busca de transportines de vuelo aprobados por la USDA del tamaño adecuado. Encontré uno. Qué suerte. Seguíamos en marcha. El perro volaría conmigo a San Francisco. Pasaría la noche allí y luego tomaría un vuelo a Londres, donde tenía reservada una noche en el HARC (Heathrow Animal Reception Centre), el hotel para mascotas de LHR. Esta estancia adicional en Londres significaba otra capa de burocracia y papeleo. Como el Reino Unido es un archipiélago insular situado frente a la Europa continental que se ha mantenido libre de rabia, siempre ha tenido sus propias normas estrictas para los animales que viajan. El perro se burló de mi pasaporte de vacunación anti-Covid europea del País Vasco y de mi prueba PCR negativa: «¿De qué te quejas?».

Dos días después, junto con mi hija, que cumpliría diecisiete años durante las vacaciones, nos reencontramos en Bilbao. Siempre resiliente, el perro se adaptaba a su nuevo hogar y a su nueva vida.

Fui afortunado por conseguir quedarme sin trabajo que hacer y de haber sido capaz de dejar mi empresa en buenas manos. Poner en orden nuestros asuntos familiares en Estados Unidos estaba resultando un trabajo a tiempo completo.

Trabaje para quedarse sin trabajo que hacer

El segundo consejo de Tarek El Moussa podría parafrasearse más fácilmente como «¡Tiene que trabajar para quedarse sin trabajo que hacer!». Si está en el baño alicatando la ducha porque hacerlo usted mismo e ahorra dinero, mientras lo hace no puede estar buscando el próximo negocio, la próxima propiedad que comprar, arreglar y revender. Si hace el trabajo usted mismo, su negocio será parar-avanzar, parar-avanzar. Perderá muchas oportunidades. No tendrá un flujo fluido. Su flujo de caja será turbulento.

¿Qué significa «trabajar para quedarse sin trabajo que hacer»?

En el sentido más simple, significa que ha formado a su reemplazo, que existe un plan de sucesión. Es demasiado fácil detenerse ahí, y es simplista suponer que quedarse sin trabajo conduce al desempleo: un suplente o un aprendiz presumiblemente más joven y más barato puede ocupar tu puesto a un coste menor. Este es sin duda un riesgo en las organizaciones de menor madurez, organizaciones que están condenadas al fracaso a gran escala. Trabajar para quedarse sin trabajo que hacer significa liberar tiempo para asumir un mayor alcance, una mayor responsabilidad y un trabajo más exigente o de más valor añadido. La recompensa por trabajar para quedarse sin trabajo que hacer en una organización de mayor madurez debería ser un nuevo empleo con mayores retos.

En los trabajos de servicios profesionales modernos en industrias de bienes intangibles, la mayoría de nosotros «pensamos para vivir», y gran parte de lo que hacemos es tomar decisiones. Cada frase, cada párrafo, cada capítulo de este libro implica muchas decisiones: el valor está en la toma de decisiones, no en la escritura. La tecnología de reconocimiento de voz puede escribir las palabras por mí, pero ni siquiera los motores de inteligencia artificial más avanzados pueden escribir este libro. Por tanto, el reto de quedarse sin trabajo consiste en preguntarse: «¿Qué decisiones de las que tengo que tomar podrían automatizarse o delegarse en otra persona? ¿Qué tendría que suceder para que yo pudiera confiar en la automatización o en la delegación en otros para trabajar eficazmente?»

Trabaje para quedarse sin trabajo mediante la codificación de lo que hace. El liderazgo basado en los hallazgos aporta claridad a cosas que parecen complejas u opacas. Los sistemas de codificación sencillos, como nuestras cuatro clases de servicio basadas en el coste de los retrasos, constituyen la base de la delegación y el empoderamiento. Integrarlos en un marco de decisión ayuda a que el proceso de toma de decisiones sea repetible, predecible y fiable. Trabaje para quedarse sin trabajo definiendo procesos y procedimientos, introduciendo mecanismos de *feedback*, controles y equilibrios que gobiernen y dirijan en su ausencia.

Trabaje para quedarse sin trabajo desarrollando a otros líderes, empoderándolos. Si les falta confianza, désela: déjeles practicar y ensayar en un entorno seguro. Inculque valores como el altruismo y el servicio. Enseñe a sus líderes emergentes que, si quieren que se confíe en ellos, se les respete, se les admire y se les copie, no todo debe girar en torno a ellos, sino en torno al servicio a los demás. Comunique sus valores, hágalos explícitos. Mida y recompense a quienes sigan sus valores y respeten su cultura organizativa. Aunque los *outputs* y los *outcomes* son importantes, igual de importantes son los medios para producirlos.

Sigua el modelo de madurez para guiarse —para guiar lo que hace para trabajar para quedase sin trabajo— y para guiar cómo desarrolla a otros para hacer ese trabajo, para tomar decisiones que ya no necesitará tomar por su cuenta.

Creando robustez

Mi hija pequeña y la hija de Teodora Bozheva se llevan apenas tres meses. Su familia vive a unos dieciséis kilómetros (diez millas) de nosotros, en la ciudad costera de Sopela. Las niñas no se habían visto desde antes de la pandemia. Ahora, justo antes de Navidad, quedaron en verse en el pueblo vecino de Algorta, cerca de la Pizzería Toto. La familia de Teodora la conoce bien. El restaurante original, que ahora es una cadena con cuatro locales, está situado a solo cincuenta metros de su apartamento. La tradición familiar de pedir pizza para llevar los viernes por la noche venía de lejos. Teodora había visto cómo el fundador hacía crecer el negocio, creando una clientela fiel que se entusiasmaba con la calidad y el buen servicio de Toto en Sopela. Los habitantes de Sopela estaban tan orgullosos de tener un local tan bueno que no dudaban en recomendarlo a cualquiera.

Animado por su éxito, el propietario decidió expandirse, abriendo un segundo local en Algorta, a solo tres kilómetros (dos millas), luego otro en la ciudad de Bilbao, y más tarde otro en la capital del País Vasco, Vitoria-Gasteiz, a ochenta kilómetros (cincuenta millas), en la vecina provincia de Álava. Sin embargo, la expansión tuvo un precio. Cuando abrió el local de Algorta, la calidad y el servicio, a los que sus fieles clientes se habían acostumbrado, disminuyeron. Cuando el propietario no estaba presente en Sopela, se cometían errores, la calidad era irregular, el servicio a menudo lento. Teodora podía ir a recoger un pedido para llevar y no estaba listo cuando se lo habían prometido, faltaban ingredientes o se había preparado un pedido equivocado.

A escala de un solo local gestionado por el propietario, la calidad y el servicio producían resultados en los Niveles de Madurez 3 y 4. Ahora, eso había retrocedido. Las cosas seguían yendo bien las noches en las que el propietario estaba presente, pero, si no, Teodora y su familia aprendieron a evitar el restaurante. Solo pedían pizza las noches en que el propietario trabajaba en la sucursal de Sopela. Como organización, la ampliación había provocado una regresión al Nivel 2 de Madurez. La ampliación estaba poniendo en peligro el negocio principal.

Escalar no era solo cuestión de encontrar y abrir nuevos locales, dotarlos de personal, proporcionarles los menús y las recetas, y resolver cuestiones logísticas como el pedido de ingredientes y suministros, como cajas; para escalar adecuadamente, el propietario tenía que trabajar para quedarse sin trabajo que hacer. El propietario no podía estar en dos, tres o cuatro sitios a la vez. Para escalar eficazmente, el papel del propietario como jefe de cocina y gerente tenía que delegarse en otra persona. En cada sucursal tenía que haber ayudantes, capaces de dirigir igual que el propietario y de tomar las mismas decisiones a nivel de sucursal que normalmente tomaría el propietario por sí solo. El mérito es suyo. Desarrolló a personas de confianza para que desempeñaran su papel cuando él no estaba presente. La calidad y el servicio mejoraron de nuevo, volviendo al mismo nivel que tenían cuando tenían una sola ubicación. Había trabajado exitosamente para quedarse sin trabajo. Había delegado el foco en la calidad en otras personas. Aumentar la escala y abrir más locales era ahora una cuestión de inversión de capital y tiempo para desarrollar líderes adecuados en cada nuevo local. La cadena Pizzería Toto era robusta.

Mi hija menor decidió volver a Seattle y terminar el instituto en Estados Unidos en lugar de cambiarse a la excelente American School of Bilbao. Cambiar de institución en su tercer año de instituto, y adaptarse a la cultura y el idioma españoles era pedir demasiado. Cuando acabaron las vacaciones, volvimos a Seattle.

Despertando

«¿Cómo te llamas?»

«¿Cuántos años tienes, David?»

«¿De dónde eres?»

«Vivo aquí. Tengo una casa».

«Sí. Vivo con mi hija».

Era un sueño extraño. Desordenado, confuso. Había un Jeep rosa, ¿o quizá un Toyota Landcruiser rojo descolorido de los primeros modelos? Me entrevistaba un paramédico, hablaba con mi hija por teléfono, estaba tumbado de espaldas, montado en una especie de vehículo en medio del tráfico. ¿Por qué hablaba con mis hijas por teléfono?

«Hola David, soy el Doctor Chalmers. Estás en las Sala de Urgencias del Harbor View. ¿Cómo te encuentras?»

«¿Qué ha pasado?»

«Te atropelló un coche al cruzar la calle. Los paramédicos que te trajeron dijeron que fue un atropello con fuga. Te encontraron deambulando por la carretera, con la cabeza sangrando».

«¿Qué hora es?»

«Son alrededor de las 19.45.»

Ocho horas antes había terminado mi paseo matutino, cruzando la carretera principal a solo cuatro manzanas de nuestra casa familiar, sobre las 11.45. En el estado de Washington, los peatones tienen preferencia de paso en las intersecciones; cada cruce es esencialmente un paso de peatones. Recuerdo que llegué a la mediana, vi dos coches que circulaban a una velocidad excesiva en una zona de 40 km/h y les dejé pasar. Cinco coches más se acercaban por la calle, pero el primero de ellos tuvo tiempo más que suficiente para verme, reducir la velocidad y cederme el paso.

Las siguientes ocho horas desaparecieron de mi memoria. Al parecer, estuve semi-inconsciente, al menos durante un rato. Pude hablar con un agente de policía y algunos paramédicos. Mis vaqueros tenían marcas de pintura rosa del vehículo que me atropelló. Meses después recibimos el informe policial. Al parecer, dos minutos más tarde, en la siguiente oleada de coches desde el semáforo, una mujer que conducía por la carretera principal, haciendo todo lo posible por evitar a alguien que creía que era un drogadicto o un alcohólico en medio de la carretera, volvió a atropellarme. Ella llamó al 911. Los paramédicos en el camión de emergencias llegaron al lugar dos minutos después. La policía, seis minutos después.

Los europeos que lean esto estarán incrédulos: un coche me atropelló mientras cruzaba la calle y no se detuvo, y al menos cuatro coches después pasaron de largo. En Europa, cada uno de ellos (no solo el que se dio a la fuga) habría cometido un delito. En Estados Unidos, a nadie le importa, nadie quiere involucrarse, nadie quiere que su día o su vida se vean interrumpidos.

Tenía suerte de estar vivo.

Se había producido una oleada de accidentes de este tipo en los alrededores de Seattle en los meses posteriores al fin del confinamiento pandémico. Una afluencia de personas de otros estados, desconocedoras de las leyes de tráfico del estado de Washington, trajo a la ciudad a mucha gente nueva. Una campaña de vallas publicitarias con el lema «*Slow the FLOCK down*» instruía a los conductores sobre sus responsabilidades. El uso de la palabra con F no era accidental.

Tenía el lado derecho de la cara destrozado, con tres fracturas. No tenía visión en ese lado, la cara hinchada y magullada. Era un desastre. Sin embargo, me habían explorado de pies a cabeza durante toda la tarde con un arsenal de equipos de alta tecnología. No me veían casi nada mal físicamente: una lesión en el tobillo y otra en el codo, curiosamente en diferentes lados del cuerpo. La buena noticia era que no tenía cáncer. ¡Menos mal! Un mes más tarde descubrí que a una de cada tres personas se le diagnostica cáncer cuando visita inadvertidamente un servicio de urgencias como paciente.[65] Me programaron una serie de visitas ambulatorias. Mi hija vino a recogerme una hora más tarde. Antes, los paramédicos le habían dicho: «Tu padre se va a poner bien». Ella tenía una carrera de atletismo. Hacía carrera de vallas vallas. Me sacó en silla de ruedas del hospital y me llevó a casa.

Ahora no necesitaba una excusa para ver HGTV todo el día. Suerte que había trabajado para quedarme sin trabajo.

Dos semanas más tarde me dieron el alta médica: mi visión no se había visto afectada, mi función cerebral parecía intacta y las pequeñas lesiones físicas de mis piernas y brazos se estaban curando bien. La cabeza tardaría al menos un año en curarse del todo. Me dijeron que siguiera tomando analgésicos. Volé de vuelta a Bilbao sentado en primera clase con un reluciente ojo morado. ¡La vida de una estrella del rock!

Al perro no le importó. Estaba encantado de verme.

Identifique a sus líderes y capacítelos

Ben Napier es un maestro artesano y carpintero que posee la empresa Scotsman en Laurel, Mississippi. Junto con su mujer, Erin, diseñadora de interiores, copresentan otro programa en HGTV llamado *Home Town*. La premisa es sencilla: Ben y Erin ayudan a los habitantes de la pequeña ciudad de Laurel, a unas dos horas de Nueva Orleans, a comprar propiedades antiguas e históricas y renovarlas. Al hacerlo, revitalizan el corazón de su pequeña ciudad, insuflándole nueva vida. Es una misión y una pasión: están salvando Laurel, casa por casa.

Home Town se ha convertido en uno de los programas más populares de HGTV. A la gente le encanta la misión, le encanta el romanticismo de restaurar un pequeño pueblo de Estados Unidos y le encanta la química en pantalla de Ben y Erin, y de sus amigos, familiares y vecinos que desempeñan papeles secundarios en el programa. Tras cinco temporadas de éxito, la gente de todo el país preguntaba: «Si podéis hacer esto por Laurel, ¿podéis venir a hacerlo por nosotros y nuestro pequeño pueblo?». En respuesta a esta demanda, HGTV quiso ampliar la franquicia con un programa derivado llamado *Home Town Kickstart*. La premisa era sencilla: se invitaría a pequeñas ciudades de todo el país a solicitar su participación y se elegirían seis. Para ayudar a Ben y Erin a escalar, se reclutaría a otras cinco parejas de presentadores de otros programas de HGTV para que vinieran a ayudar. Y se rodaría una temporada entera de episodios en seis lugares.

El secreto sería codificar la fórmula y utilizarla para liderar con el ejemplo. Para liderar con el ejemplo a dos niveles: el programa de televisión no podía esperar rejuvenecer toda una ciudad, ni quedarse durante años mientras eso ocurría; en su lugar, daría el «*kickstart*» (puesta en marcha) al proceso y esperaría que, inspirados y llenos de nueva confianza, los habitantes locales continuaran donde el programa lo dejara y, a su vez, otras ciudades de todo el país se inspiraran en el programa y pudieran copiar el modelo para poner en

---

65. https://www.theguardian.com/society/2022/apr/07/more-than-third-uk-cancer-patients-diagnosed-in-emergency

marcha su propio renacimiento. Más de 3 000 pequeñas ciudades presentaron solicitudes; la respuesta a la idea fue abrumadora y conmovedora. Seis fueron las elegidas.

A la pregunta: «¿Cómo se escala?» Erin Napier respondió: «Identifique a sus líderes y capacítelos».

Home Town había empezado como un programa de televisión sobre la renovación de casas antiguas y se había convertido en un movimiento nacional. Ben y Erin habían pasado de ser un carpintero y una decoradora de interiores a liderar un movimiento social nacional para revitalizar los pequeños pueblos de Estados Unidos y reconstruir comunidades. Si querían escalar, no se trataba simplemente de que HGTV contratara a diez presentadores más para ayudar a hacer una serie de televisión; si querían escalar, Ben y Erin tenían que reproducirse en todas y cada una de las pequeñas ciudades que quisieran seguir su ejemplo. Tenían que crear líderes de un movimiento y capacitar a esos líderes.

El modelo de puesta en marcha era sencillo. Elegirían tres inmuebles para restaurar: un negocio comercial en el centro de la ciudad, un espacio público o comunitario y la casa de un líder de la comunidad, alguien que viviera en una propiedad antigua en el corazón de la ciudad. Los líderes de la comunidad podían ser propietarios de una guardería, voluntarios del Boys and Girls Club o miembros veteranos de los servicios de emergencia, como bomberos o paramédicos, el criterio clave era que fueran líderes respetados por la comunidad. Lo mismo tenía que ser respecto al propietario del negocio seleccionado: tal vez ya habían participado activamente en los esfuerzos por revitalizar la ciudad o el distrito comercial.

El objetivo era reconocer a las personas que compartían los valores originales del programa, que ya estaban mostrando liderazgo, recompensarlas a través del programa y la renovación de su propiedad, y señalar que el comportamiento altruista y orientado al servicio sería reconocido y apreciado. *Home Town Kickstart* lidera con el ejemplo, lidera con señales, lidera con la inspiración de su fórmula y la claridad de su enfoque. Demuestra lo que se puede conseguir con presupuestos modestos, por lo que es pragmático y sus orientaciones accionables. Cumple todos los requisitos de un liderazgo de Nivel de Madurez 4.

Ben y Erin tuvieron que trabajar para quedarse sin un trabajo que nunca habían tenido, tuvieron que clonarse a sí mismos. Su enfoque consistía en recompensar, amplificar, capacitar e inspirar.

Recompense el buen liderazgo con más recursos, más tiempo, mayor alcance, más dinero, más espacio y más personas.

Amplifique el liderazgo fomentándolo. Otorgue a los buenos líderes mayor responsabilidad y *accountability*. Motívelos para pasar al siguiente nivel. Establezca expectativas sobre los líderes y el papel que deben desempeñar en sus comunidades y organizaciones.

Facilite el liderazgo preparando a las personas para el éxito. Proporcione los recursos, la formación, el equipamiento, el tiempo y el espacio necesarios para que tengan éxito. Piense en sistemas. Cree una organización que sea un sistema adaptable que pueda aprender y evolucionar.

Inspire a los demás para que sigan su ejemplo. Lidere con el ejemplo. Señale sus valores. Fomente un comportamiento alineado. En una situación como la de *Home Town Kickstart* no tiene el control desde el principio, así que no necesita aprender a renunciar a él. Quienes dirigen organizaciones tienen que aprender a soltar, a renunciar al control; no busque centralizar la toma de decisiones y el control mediante la conformidad con un marco; en su lugar, sustituya el liderazgo y desarrolle madurez organizativa.

Cierre

A nuestro perro le tocaba una nueva ronda de vacunas, esta vez en su nuevo veterinario de Bilbao. Se convirtió en el primer miembro de la familia en recibir un pasaporte europeo. [66] [67] Con bastante descaro, ¡declara que su nacionalidad es vasca!

En verano celebramos un emotivo funeral por mi difunta esposa en una iglesia de Seattle. La iglesia estaba llena de compañeros del club de tenis, antiguos colegas de la escuela de enfermería, amigos y vecinos. Hubo recitales de piano y violín, elogios y oraciones. Tras el cierre, era hora de seguir adelante. Ese mismo mes, en el Kanban Leadership Retreat en Mayrhofen, en los Alpes austriacos, anuncié a la multitud: «He estado fuera bastante tiempo. Ahora he vuelto». Les pregunté qué podía hacer por ellos, por la comunidad Kanban a nivel global. Escribir este nuevo libro fue la petición más popular.

El verano se convirtió en otoño. Había pasado otro año. Empezaban las obras de reforma de mi casa cerca de Bilbao. Por consiguiente, en familia celebraríamos Navidad y Año Nuevo en nuestro apartamento de los Alpes. Mi hija pequeña cumplía dieciocho años. Kanban había alcanzado la mayoría de edad. Me senté en mi escritorio de Ramsau-im-Zillertal y empecé a escribir.

---

66. Mis dos hijas y yo perdimos la ciudadanía europea cuando el Reino Unido abandonó la Unión Europea en enero de 2020. Solo tras diez años de residencia permanente en España puedo recuperar la ciudadanía europea.

67. Técnicamente, el pasaporte del perro es un pasaporte de vacunación, que le permite viajar libremente por toda la Unión Europea con la seguridad de que sus vacunas están al día.

Puntos clave

- Si quiere aprender a escalar su empresa, pregunte a un emprendedor.
- En primer lugar, hay que centrarse en la calidad y en acertar a la primera. Los errores y la necesidad de corregirlos cuestan tiempo y dinero.
- Contrate o desarrolle a su propio personal competente que pueda trabajar sin supervisión. La gente buena cuesta más, pero a la larga se ahorra dinero.
- Incremente la resiliencia. Asegúrese de contar con personas que puedan hacerse cargo en su ausencia.
- Trabaje para quedarse sin trabajo. Empodere a otros para que puedan tomar decisiones; pregúntese qué decisiones podrían automatizarse o delegarse en otra persona.
- Codifique lo que hace definiendo procesos y procedimientos e introduciendo mecanismos de *feedback*: integrarlos en un marco de decisión ayuda a que el proceso de toma de decisiones sea repetible, predecible y fiable.
- Cree robustez. Desarrolle gestores de confianza que puedan hacer lo que usted hace, que puedan desempeñar su papel cuando esté ausente.
- Identifique a sus líderes y recompénseles, amplifíquelos, capacítelos e inspírelos:
  - Recompense el buen liderazgo con más recursos, más tiempo, mayor alcance, más dinero, más espacio y más personas.
  - Amplifique el liderazgo fomentándolo. Otorgue a los buenos líderes mayor responsabilidad y *accountability*.
  - Facilite el liderazgo preparando a las personas para el éxito. Proporcione los recursos, la formación, el equipamiento, el tiempo y el espacio necesarios para tener éxito.
  - Inspire a otros para que sigan tu ejemplo. Lidere con el ejemplo. Señale sus valores. Fomente un comportamiento alineado. No intente centralizar la toma de decisiones y el control mediante la conformidad con un marco; en su lugar, sustituya el liderazgo y desarrolle madurez organizativa.

A

Los Valores de Kanban originales

Colaboración

La colaboración implica que los individuos trabajen juntos como equipo para lograr un objetivo común. De hecho, las definiciones de colaboración y equipo son mutuamente dependientes: ser un equipo requiere colaboración y colaborar eficazmente requiere un equipo. En general, la colaboración se considera una forma más profunda de cooperación, una forma más valiosa de cooperación. La cooperación implica que los seres humanos trabajen por su cuenta, pero de forma compatible con el trabajo de los demás, y puede permitir un resultado compartido o un objetivo común. Un flujo de valor en el que cada función de una cadena se realiza por separado puede considerarse una cadena cooperativa; no hay colaboración: una función no ayuda a otra, simplemente hace su parte y pasa el trabajo a la siguiente función para que haga la suya. Curiosamente, nuestra observación es que la colaboración aparece a nivel de equipo antes de que aparezca la cooperación efectiva entre equipos para entregar un producto o servicio. Esto podría deberse a varias razones: la escala que implica a más personas hace que sea más complicado lograr la cooperación a un nivel más amplio que la colaboración a nivel de equipo; el mayor liderazgo necesario a un nivel superior para impulsar la colaboración a mayor escala y formar eficazmente a un equipo mucho mayor; o las métricas e incentivos utilizados se centran demasiado en el individuo o en pequeños grupos de individuos fácilmente identificables y contenibles, es decir, un equipo. No vemos la aparición de la cooperación entre equipos hasta el Nivel de Madurez 2. El grado de dificultad es mayor, y se requiere un mayor liderazgo y unas capacidades de gestión más desarrolladas.

Una organización debe alentar y valorar la colaboración para fomentar equipos resistentes y robustos capaces de producir una variedad de trabajos con una calidad constante. Para ello, debe fomentar el intercambio y el comportamiento altruista de los individuos hacia otros miembros del equipo. La colaboración es lo que realmente separa el Nivel de Madurez 1 del Nivel de Madurez 0. Cuando un grupo pequeño tiene una identidad, pero trabajan sistemáticamente solo como individuos, aunque el trabajo sea de naturaleza similar, no es verdaderamente un equipo. El subnivel Transición del Nivel de Madurez 1 recoge este concepto. Lo hemos visto en casos prácticos y creemos que es un paso de transición necesario. Lo más probable es que un pequeño grupo de individuos con una identidad compartida estén siendo gestionados centrándose en las personas y en la eficiencia o utilización de los recursos, en lugar de adoptar el principio de prestación de servicios Kanban de «gestionar el trabajo y dejar que los trabajadores se autoorganicen en torno a él.» En Kanban, queremos que se mida la eficiencia del flujo y los elementos valorados por el cliente, como el trabajo en curso, el *lead time* y la tasa de entrega. En una organización orientada al servicio, es importante preocuparse más por el dónde y el cuándo del trabajo solicitado por el cliente y menos por el dónde y el cuándo de los trabajadores.

Debemos animar a los directores y jefes de equipo a que se vean a sí mismos al servicio de la entrega de productos o servicios al cliente. A menudo, nos encontramos con que los directores de departamento y los líderes de equipo creen que su papel es hacer coincidir de la mejor manera posible las tareas con los trabajadores disponibles, optimizando la eficiencia en función de las habilidades y la experiencia del individuo. Como enfoque verdaderamente orientado al servicio, el Método Kanban desaconseja esto. En su lugar, necesitamos directores que gestionen el trabajo y fomenten el desarrollo de una amplia gama de habilidades compartidas por la mayoría o todos los miembros del equipo. Exigimos que los individuos colaboren compartiendo sus habilidades y desarrollando esas habilidades en los demás.

En general, una empresa debe dejar de centrarse en el individuo y fomentar el comportamiento altruista. Al principio, se trata de altruismo hacia los compañeros de equipo y, a medida que se avanza hacia niveles de madurez más altos y profundos, este altruismo debe crecer en alcance y escala.

La colaboración genera confianza. El acto de colaborar con alguien (conocerle de cerca, comprender sus habilidades y competencias y verle actuar altruistamente para ayudarle) libera oxitocina y refuerza la confianza entre los miembros del equipo. La colaboración es clave para generar confianza, y una mayor confianza fomenta una mayor colaboración, un círculo virtuoso en el que una cosa refuerza a la otra y así sucesivamente.

Las evidencias de colaboración pueden existir tanto en el sentido positivo (demostrando un comportamiento de colaboración) como en el sentido negativo —demostrando un fracaso en el cambio hacia un comportamiento orientado al servicio y altruista. Las evidencias positivas podrían incluir objetivos personales e incentivos para compartir conocimientos y transmitir habilidades a otros miembros del equipo. Las evidencias negativas incluirían el aprovechamiento individual y las métricas de eficiencia de recursos o la clasificación del personal en las revisiones anuales. Si existen incentivos perversos para acaparar información o proteger las habilidades de forma egoísta, es evidente que la organización no adopta la colaboración como un valor.

Transparencia

Valorar la transparencia significa valorar más la disponibilidad de la información que su ocultación. A nivel de equipo, la transparencia significa que todos los miembros del equipo saben en qué están trabajando los demás. Esta transparencia puede extenderse al director y a personas ajenas al equipo, incluidos, potencialmente, los clientes. El control de la información y su flujo es una fuente de poder en las organizaciones y grupos sociales, por lo que valorar la transparencia socava explícitamente esta fuente de poder. En consecuencia, la transparencia puede encontrar resistencia si los individuos, normalmente las personas en cargos directivos, consideran que la transparencia ha socavado su fuente de poder y, por tanto, ha minado su autoestima y su sentido de sí mismos. Hemos visto anécdotas como, por ejemplo, el vicepresidente de una organización de gestión de proyectos (PMO) en una empresa de Internet con sede en el sur de California que una mañana temprano arrancó de la pared un tablero kanban de proyectos y lo destrozó. ¿Por qué un vicepresidente de una PMO no querría tener ese tablero en la pared? ¿Por qué se sentiría motivado para destruirlo? Porque la transparencia elimina su capacidad de controlar la información y la narrativa. No puede mentir a sus superiores sobre el progreso de los proyectos si la información está disponible libremente.

Por lo tanto, valorar la transparencia es aceptar la idea de que la organización debe enfrentarse a su realidad, por fea que sea la foto. La transparencia es pragmatismo y orientación a la acción, en lugar de ilusiones y aplazamiento de la acción con la esperanza de que los problemas se solucionen por arte de magia o simplemente desaparezcan. La transparencia y la orientación a la acción van de la mano.

La transparencia aumenta el capital social. Ya no es necesario confiar en que alguien está trabajando en algo si la información está disponible libremente. Ya no es necesario confiar en que alguien es capaz de tomar buenas decisiones si el marco de decisión que utiliza y la información sobre sus decisiones reales están disponibles de forma transparente. La transparencia elimina la incertidumbre del entorno y mejora su fiabilidad. El capital social mide la fiabilidad de un grupo social o de una entidad social como una empresa.

La capacidad de valorar la transparencia requiere el desarrollo del liderazgo junto con el desarrollo de habilidades y competencias de gestión. Nadie debe temer a la transparencia cuando se tienen las habilidades, la competencia y la confianza para «¡hacer algo al respecto!».

No estamos diciendo aquí que toda la información deba estar disponible para todos. Una norma así podría abrumar a la gente con datos y paralizarla si se ve desbordada e incapaz de interpretar lo que ve. Del mismo modo, parte de la información debe ocultarse por motivos normativos y de cumplimiento o para mantener la confianza y la seguridad. Hay que reconocer también que cierta información puede considerarse humillante y afectar a la dignidad de las personas o los equipos y, en consecuencia, a su capacidad para funcionar eficazmente. Los líderes deben elegir cuidadosamente cuándo puede ser necesaria la humillación ritual (y potencialmente pública), ya sea para reconstruir la confianza o como motivador adecuado para el cambio. Por lo tanto, nuestra directiva de que su organización adopte la transparencia como un valor fundamental no es una exigencia general de que se ponga toda la información a disposición de todo el mundo, sino más bien una petición que se comparta tanta información como sea posible para facilitar una organización cada vez más digna de confianza, capaz de actuar con mayor rapidez y eficacia.

Las evidencias de que se valora la transparencia son fáciles de encontrar y de medir: la información está disponible o está oculta. Las políticas son explícitas o no lo son. Los valores son explícitos o no. Los marcos de decisión y la información sobre cómo se toman las decisiones (el razonamiento que las sustenta y las compensaciones que requieren) son explícitos o no. Las personas son reconocidas y recompensadas por ser transparentes (por ejemplo, por informar honestamente del progreso de una tarea o de la existencia de un impedimento o bloqueo, o por admitir que carecen de las habilidades o la experiencia necesarias para completar un trabajo) o no lo son.

Flujo

El flujo también puede parecer algo extraño de valorar como organización. Sin embargo, al adoptar el principio de prestación de servicios en Kanban de «gestionar el trabajo y dejar que la gente se autoorganice en torno a él», la búsqueda de un flujo de trabajo eficiente se convierte en algo natural. Cuando una organización reconoce que el *lead time* y la entrega puntual y/o predecible son casi siempre criterios de adecuación para el cliente, entonces reconoce que mejora la variabilidad en sus procesos al mejorar el flujo. Una alta eficiencia del flujo le permite gestionar mejor el riesgo y producir resultados económicos superiores.

Los retrasos suelen ser el principal factor de insatisfacción del cliente. Los obstáculos en el flujo impiden la adecuación a los objetivos. El flujo es clave para mejorar la gestión del trabajo del conocimiento y los servicios profesionales. Si el trabajo se retrasa, esperando por cualquier motivo, entonces no está fluyendo. Valorar el flujo significa valorar la eliminación de los retrasos.

Más allá de la eliminación básica de los retrasos, la organización también valora la suavidad o fluidez del flujo. Una llegada del trabajo fluida y constante es respetuosa con las personas que lo realizan y contribuye en gran medida a aliviar la sobrecarga de trabajo. La fluidez también produce resultados más predecibles y, por tanto, atractivos para los clientes. La fluidez también reduce la necesidad de personal eventual y de recursos no utilizados, lo que mejora los resultados económicos sin afectar a la satisfacción del cliente.

El Toyota Way identificó tres tipos principales de problemas en los flujos de trabajo: *muri,* o sobrecarga; *mura*, irregularidad, y *muda*, actividad que no añade valor, o supone un desperdicio. La valoración del flujo aborda directamente el *mura* mediante la búsqueda de la fluidez y reconoce su contribución al *muri*, aliviando la sobrecarga mediante un flujo uniforme que puede gestionarse eficazmente con un simple límite de WIP.

La evidencia de que una empresa valora el flujo puede verse en la adopción de muchas prácticas Kanban descritas en el Modelo de Madurez Kanban, como el uso de límites WIP, la visualización de los bloqueos y el envejecimiento del WIP, la agrupación de bloqueos (*blocker clustering*) y la Revisión de Riesgos, la gestión de dependencias, y el uso de políticas para la «definición de listo» y las «definiciones de hecho» locales, mostrando que el trabajo está disponible para hacer *pull* hacia el siguiente paso. Una mayor colaboración entre los equipos, que vaya más allá de la mera cooperación y que incluya la prestación de asistencia cuando sea necesario, también es un indicador de que se valora el flujo.

Respeto

Aquí, respeto no significa «cortesía» o «educación», aunque ambos son aspectos importantes de una cultura y las normas sociales de una organización. En este uso, respeto significa reconocimiento de la capacidad, las circunstancias o el contexto. En Kanban, respetamos a las personas, los sistemas, los clientes, los reguladores, los *sponsors*, los responsables, los contribuyentes y otros *stakeholders* y beneficiarios.

Respetamos a las personas ofreciéndoles una organización y un sistema de trabajo que les permita alcanzar el éxito. Deben tener la formación, los recursos, las habilidades, el equipamiento, el tiempo y el espacio necesarios para hacer un gran trabajo. Se debe confiar en ellos y darles poder mediante el uso de políticas explícitas. Deben saber por qué están ahí, cómo pueden contribuir y qué resultados son deseables. Deben ser respetados para que tengan autonomía, puedan dominar su trabajo y tengan un profundo sentido de su propósito y del valor que aportan. Al hacerlo, las personas deben sentirse realizadas. Esto es lo que entendemos por «respeto».

Respetamos las circunstancias, el contexto y la capacidad comprendiéndolo, viéndolo como el resultado de la transparencia sobre el trabajo y el flujo de trabajo, analizándolo y modelándolo de forma que se puedan predecir los resultados basándose en una comprensión realista de cómo funcionan las cosas actualmente. ¡En Kanban no hay pensamiento ilusorio! Si se encuentras suspirando y diciendo: «Si tan solo . . . nuestra estrategia hubiera funcionado» (rellénese tras los puntos suspensivos: si nuestra gente trabajara más duro, tuviéramos mejor gente, tuviéramos más tiempo, tuviéramos más dinero, fuéramos mejores en la ejecución, fuéramos mejores en la entrega, etc., etc.), significa que no ha respetado la realidad operativa actual de sus circunstancias y capacidad.

El respeto consiste en reconocer sus circunstancias y capacidades actuales como lo que son y hacer planes en consecuencia. Si sus capacidades actuales no se ajustan a sus necesidades, expectativas o deseos, tiene que invertir en mejorarlas antes de fijarse objetivos ambiciosos. El respeto significa vivir en un mundo pragmático, basado en una sólida comprensión de la realidad. ¡En Kanban no hay pensamiento ilusorio!

Comprensión (interna)

En el contexto del Método Kanban y del Modelo de Madurez Kanban, comprender significa que buscamos entender la naturaleza de nuestro entorno. Buscamos comprender el mundo que nos rodea y lo que lo impulsa.

En el Nivel de Madurez 2, y progresando hacia el Nivel de Madurez 3, queremos que las organizaciones comprendan cómo, qué, por qué y quién a través del estudio, la observación, la recopilación de evidencias, el uso de modelos y la experimentación. En el Nivel de Madurez 2, nos centramos en comprender nuestro entorno interno y las fuerzas que lo conforman: qué hacemos, cómo lo hacemos y la variabilidad, el riesgo y la incertidumbre que se relacionan con el trabajo y nuestra capacidad para entregarlo dentro de las expectativas.

Queremos que las personas comprendan el trabajo que se les pide que hagan y cómo realizarlo con coherencia y entregarlo con calidad; los servicios que prestan, sus flujos de trabajo y la colaboración que implica la prestación de esos servicios; y el impacto que tienen sus políticas en su capacidad y rendimiento. La comprensión básica se centra en el pragmatismo de aceptar su propio entorno y sus capacidades actuales por lo que son. En Kanban no hay pensamiento ilusorio.

Acuerdo

Valorar el acuerdo significa que queremos avanzar con consenso y entendimiento compartido. En una implementación Kanban en la que queremos conseguir hacer *pull*, nos ponemos de acuerdo sobre la capacidad del sistema y respetamos esa capacidad, y nos ponemos de acuerdo sobre qué *pull* hacer a continuación y cuándo hacer *pull*. Las políticas se establecen por acuerdo. Nos esforzamos por llegar a un entendimiento compartido en la medida de lo posible. Como norma general, no permitimos ni fomentamos los comportamientos intimidatorios, pero reconocemos que es necesario hacer excepciones, y presionamos cuando debemos hacerlo.

Aunque valoramos el acuerdo, reconocemos que hay ocasiones en las que el consenso total y el acuerdo amplio no son realistas. En Kanban no hay pensamiento ilusorio. Por lo tanto, puede haber momentos en los que retrasarse debido al consenso no sea lo mejor para nosotros y, por lo tanto, cambiaremos nuestro valor de acuerdo por un liderazgo fuerte y decisivo.

Equilibrio

El equilibrio desempeña un papel fundamental a la hora de respetar y evitar sobrecargar a personas, equipos, flujos de valor, flujos de trabajo de prestación de servicios y unidades de negocio enteras. El equilibrio demuestra que valoramos la sostenibilidad tanto a nivel personal como organizativo. Si queremos ofrecer un servicio al cliente consistente y mantener su adecuación a nuestro propósito, debemos tener equilibrio.

En el Nivel de Madurez 3, el equilibrio implica que nos esforzamos por evitar sobrecargar a las personas y los flujos de trabajo (sistemas) de prestación de servicios. Queremos equilibrar la demanda con la capacidad de entrega y limitar el trabajo en curso a la capacidad de las personas y el flujo de trabajo en el que trabajan. Los límites de trabajo en curso se utilizan para evitar sobrecargar a las personas y los flujos de trabajo, mientras que la asignación de capacidad, la modelización de la demanda y el triaje se utilizan para mantener el equilibrio entre la demanda y la capacidad de prestar el servicio.

Servicio al cliente

Valorar el servicio al cliente demuestra que reconocemos que un objetivo fundamental de nuestra organización y de los servicios que prestamos es atender adecuadamente a nuestros clientes y satisfacer lo que esperan de nosotros. Medimos nuestro éxito, nuestra autoestima y nuestra capacidad en relación con nuestra habilidad para satisfacer las expectativas de los clientes. Cuando podemos satisfacer las expectativas de los clientes de forma consistente, podemos decir que cada uno de nuestros servicios es adecuado para su propósito. Ser *fit-for-purpose* es nuestro principio rector, nuestro verdadero norte, nuestra ambición permanente.

Liderazgo a todos los niveles

En el Nivel de Madurez 3, tenemos que ampliar nuestra visión del liderazgo. En el Nivel de Madurez 1, valorábamos tomar la iniciativa. En el Nivel de Madurez 2, esto se profundizó hasta valorar los actos de liderazgo y reconocer que el liderazgo conlleva un riesgo personal. En el Nivel de Madurez 3 se entiende mejor que el liderazgo solo desde arriba provoca retrasos, y que los líderes de arriba no son los más indicados para saber lo que se necesita o para ver la necesidad de acción en la base. Para que una organización se mueva con agilidad, se necesita liderazgo a todos los niveles. Los actos de liderazgo deben fomentarse y esperarse a todos los niveles, y los líderes más veteranos deben tratar de proporcionar la confianza, la seguridad y la tolerancia al fracaso necesarias para fomentar la asunción de riesgos. El liderazgo a todos los niveles no surge por arte de magia, sino porque los líderes más veteranos crean la cultura que lo permite. Los líderes maduros no se sienten amenazados por el liderazgo desde abajo; al contrario, se sienten reforzados por él. El liderazgo a todos los niveles libera a las personas en cargos directivos para que se centren en cuestiones estratégicas y en la cultura de la organización, mientras que los mandos intermedios e inferiores se centran en cuestiones operativas y tácticas. Debería convertirse en norma cultural que, independientemente de su rango o puesto en la organización, cualquiera se plantee «¡hagamos algo al respecto!».

B

Los 14 puntos de Deming: desentrañados y reinterpretados para el siglo XXI

El sistema de gestión de W. Edwards Deming contenía lo que él denominó sus «14 Puntos para la Gestión». Deming dijo de ellos que «Mis 14 Puntos para la Gestión son la aplicación natural del Sistema de Conocimiento Profundo para la transformación del estilo actual de gestión a uno de optimización».

Lo que podemos deducir de esto es que Deming persigue el Nivel de Madurez 5 de la organización, y su sistema de gestión pretende crear la capacidad de toma de decisiones y la cultura que permitan que surja una organización de Nivel de Madurez 5 como consecuencia natural de seguir este asesoramiento. Los consejos de Deming influyeron e inspiraron a quienes crearon el *Capability Maturity Model* (CMM), que evolucionó hasta convertirse en el CMMI. Deming también influyó en Toyota, aunque hay pruebas de que Toyota ya utilizaba kanban y *kaizen* antes de la visita de Deming a Japón en la década de 1950. La influencia de Deming en el KMM es bastante evidente, y podemos mostrar fácilmente una mapeo de sus 14 puntos con elementos dentro del KMM y su modelo de arquitectura, con los resultados, las prácticas y la codificación de la cultura organizativa requerida.

Crear constancia de propósito.

Deming buscaba la ambición de crear una organización robusta, sostenible y económicamente rentable que ofreciera buenos productos y un servicio excelente, creara riqueza y empleo de buena calidad y mejorara continuamente en todos los aspectos de esta aspiración.

KMM logra estos objetivos de varias maneras:

- Utilizamos el marco de trabajo Fit-for-Purpose para comprender las necesidades de los clientes e impulsar la evolución de productos y servicios cada vez mejores.
- El Nivel de Madurez 3 define los resultados de una calidad aceptable de productos y servicios.
- El Nivel de Madurez 4 define el resultado de una organización robusta, sostenible y económicamente viable.
- El Nivel de Madurez 5 define a una organización que persigue sin descanso la mejora en todos los aspectos de su actividad.
- Los valores definidos en el KMM crean un gran lugar para trabajar y una cultura capaz de mantener el Nivel de Madurez 5.

Asumir el liderazgo del cambio.

En realidad, Deming lo llamó «Adoptar la nueva filosofía». Se trata de la idea de que el papel del liderazgo es crear organizaciones capaces y preparadas para el cambio evolutivo, listas para la mejora continua. Para Deming, si una empresa no avanza, retrocede. Hemos captado esto en el valor de la Competencia en el Nivel de Madurez 4 en el pilar de cultura del KMM.

Dejar de depender de la inspección para lograr la calidad

El título de este punto resulta misterioso en el siglo XXI; sin embargo, la idea está bien planteada: hacerlo bien a la primera y evitar la repetición del trabajo son capacidades vitales para la agilidad empresarial moderna. El KMM comienza a captar este concepto como prácticas en el Nivel de Madurez 2 en busca del flujo. El uso de políticas para ajustar la definición de *«pullable»* (que se puede tirar de él) a través del sistema kanban, junto con el uso de métricas como el histograma de plazos de entrega y mecanismos de *feedback* como la Revisión de la Prestación del Servicio, fomentan un enfoque en el flujo fluido y la prestación de servicios de cola fina, predecibles y fiables. Señalar explícitamente el retrabajo (tarjetas que retroceden en un tablero kanban) o la demanda de fallos (tarjetas que se han creado para corregir un defecto que se ha escapado) ayuda a visualizar el impacto de la mala calidad. KMM, con las Prácticas de Gestión en su arquitectura, requiere que las personas en cargos directivos se centren en el sistema a través de políticas, mecanismos de *feedback* y acciones de mejora para construir un sistema fiable que produzca buena calidad de forma consistente.

Acabar con la práctica de otorgar contratos únicamente en función del precio.

Deming no era partidario de reducir costes porque sí. Reducir costes es, con razón, un aspecto de una organización de alto rendimiento, y el KMM lo recoge en los Niveles de Madurez 4 y 5. En primer lugar, hay que aprender a hacer bien lo correcto, entender bien el Por qué y el Qué, y después centrarse en mejorar el Cómo para reducir costes sin sacrificar la calidad ni la satisfacción del cliente.

A la hora de evaluar a los vendedores y adjudicar contratos a proveedores, el Marco de trabajo *Fit for Purpose* puede utilizarse como medio para evaluar y seleccionar a los vendedores, y después para supervisar su rendimiento. Es poco probable que el coste sea el único criterio de adecuación: valoramos el *lead time*, la calidad funcional y no funcional, la consistencia y la fiabilidad mucho más que el precio.

Mejorar constantemente y para siempre el sistema de producción y servicio.

Las Prácticas de Gestión del KMM —explicitar las políticas, aplicar mecanismos de *feedback* y mejorar colaborativamente, evolucionar experimentalmente— definen los medios para mejorar constantemente el sistema de producción. Si se combinan con las prácticas del Marco de trabajo *Fit for Purpose*, se consigue una prestación de servicios eficaz y satisfactoria. Los niveles de madurez organizativa del modelo, junto con el Modelo de Cambio Evolutivo, permiten perseguir un sistema de producción y servicio en constante mejora, y la definición del Nivel de Madurez 5 reconoce que una organización ha hecho realidad la ambición de Deming.

Instituir la formación en el trabajo.

Deming creía en el aprendizaje y la transferencia directa de competencias. El KMM y el Método Kanban no ordenan esto directamente, pero proporcionan un entorno que lo fomenta. La Visualización, las Políticas Explícitas y una fuerte tendencia a la colaboración, así como el debate abierto y la toma de decisiones por consenso en las reuniones de las Cadencias Kanban, como la reposición o la revisión de la prestación del servicio, crean muchas oportunidades para el aprendizaje y el desarrollo del personal menos experimentado.

Institucionalizar el liderazgo.

El KMM valora el liderazgo definiendo explícitamente la toma de iniciativas, los actos de liderazgo, el liderazgo a todos los niveles y el desarrollo del liderazgo como valores en los Niveles de Madurez 1 a 4. El KMM 1.3 añade el Liderazgo como cuarto pilar explícito del modelo y proporciona una codificación del liderazgo y un modelo para el desarrollo intencional del carácter y la madurez de quienes lideran. El KMM proporciona los medios para cumplir la esperanza de Deming e institucionalizar el desarrollo del liderazgo como elemento central para alcanzar y mantener un profundo nivel de madurez organizativa.

Expulsar el miedo.

El KMM adopta explícitamente las enseñanzas de Ray Immelman, quien matizó más el concepto de expulsar el miedo: primero, hacer que las personas se sientan seguras y protegidas; después, hacer que se sientan valoradas, reconocidas, respetadas y dignificadas. Con el foco en el sistema, el Método Kanban, junto con el KMM, se centra en el sistema de producción como fuente de fracaso y pide a las personas en cargos directivos que dirijan los cambios en el sistema —nuevas políticas, acciones de mejora, mejores recursos, formación, mejora de la capacidad, alineación de la estrategia y la capacidad— una configuración para el éxito. Juntas, estas cosas ahuyentan el miedo y crean confianza en los individuos y colectivamente en la fuerza laboral.

Romper barreras.

El Nivel de Madurez 2 y el establecimiento de un flujo a través de un flujo de trabajo de prestación del servicio hacia el objetivo común de entregar un elemento valorado por el cliente, están específicamente destinados a romper barreras. El Método Kanban fomenta explícitamente la cooperación y la colaboración que buscaba Deming.

El KMM también identifica barreras comunes para mejorar la madurez organizativa y barreras culturales para la adopción de prácticas. Proporciona orientación específica con contramedidas para eliminar las barreras y acelerar la adopción de prácticas, profundizar en la madurez organizativa y mejorar los resultados.

Eliminar eslóganes, exhortaciones y objetivos.

En el mundo de Deming de la industria manufacturera de los años 50, los eslóganes que exhortaban a los trabajadores a alcanzar determinados objetivos se consideraban desmoralizadores y susceptibles de destruir el compromiso de los empleados. La razón subyacente era que los empleados no estaban empoderados. La calidad del producto se debía a menudo y con toda probabilidad (Deming sugería que era probable en torno al 95 %) al sistema de producción, y no a las acciones individuales de un trabajador. Por lo tanto, los trabajadores no tenían ningún control sobre la calidad o los objetivos de producción, solo lo tenían las personas en cargos directivos.

El Método Kanban y el KMM cambian estas asunciones subyacentes. Si los líderes persiguen los cambios culturales requeridos en el KMM, los trabajadores están empoderados y son capaces de realizar cambios, pueden tomar la iniciativa y pueden mostrar actos de liderazgo. Sin embargo, los eslóganes y las exhortaciones, como los filtros de decisión destinados a impulsar el cambio cultural, deben ser sinceros y pronunciarse con integridad. La medida de un eslogan y de si tiene un efecto positivo o negativo es si el liderazgo y la organización muestran la integridad al hacer lo que dicen y cumplir el significado de un filtro de decisión.

Los objetivos deben ser siempre con sentido, alcanzables y fijados con un propósito específico. El Marco de Trabajo *Fit for Purpose* define metas específicas para los objetivos de mejora. Sin embargo, los criterios de adecuación al cliente, los criterios con los que un cliente decide si le gusta su producto o servicio, son umbrales que deben alcanzarse y superarse, mientras que los indicadores de salud operativa tendrán un rango saludable, y el objetivo siempre será mantenerlos dentro de ese rango saludable.

Los eslóganes, las exhortaciones y los objetivos tienen su lugar para ayudar a impulsar la excelencia y la búsqueda incesante de la perfección, pero tienen un impacto positivo cuando se despliegan en la cultura adecuada y prestando especial atención a la finalidad y el significado de cualquier objetivo.

Eliminar la gestión por objetivos: sustituir el liderazgo.

Por ejemplo, Deming publicó varias versiones en distintos momentos de su carrera,

- Eliminar las normas o cuotas de trabajo en la fábrica
- Eliminar la gestión por objetivos
- Eliminar la gestión por números y las metas numéricas

Es importante que volvamos a considerar su contexto (mediados del siglo XX, después de la Segunda Guerra Mundial, industria manufacturera) cuando analicemos este punto. La Gestión por Objetivos como concepto, como nombre propio, se atribuye a Peter Drucker, y hubo un momento en la carrera académica de Deming en el que compartió despacho con el joven Drucker. De ahí que «eliminar la gestión por objetivos» mostrara el desacuerdo directo de Deming sobre este punto con Drucker.

Para nosotros, hoy, en el siglo XXI, que trabajamos en empresas de servicios profesionales, ¿qué significa esto y sigue siendo relevante?

El KMM afirma explícitamente que:

- Los resultados siguen a las prácticas.
- Las prácticas siguen a la cultura.
- La cultura sigue a los valores.
- Por tanto, lidere con valores.
- Y, en consecuencia, todos los *outcomes* se derivan del liderazgo.

Deming afirma que la fijación de metas —la gestión por objetivos— es una muleta para paliar la falta de liderazgo, que la fijación de metas y objetivos es un pobre sustituto del liderazgo real. Los objetivos suponen una intervención a nivel práctico, y su finalidad es engatusar más que inspirar. Cuando las personas en cargos directivos piensan que su papel consiste simplemente en fijar objetivos y luego dar un puñetazo en la mesa, no prestan atención a la cultura, los valores y la identidad y el propósito de la organización. Cuando Deming dice «substituir el liderazgo», quiere que las personas en cargos directivos inspiren a su gente para lograr más y mejores resultados. Deming considera las metas y los objetivos como un medio de manipulación, o de engatusar a los trabajadores, y entiende que las mejoras conseguidas de este modo no serán sostenibles. La Gestión por Objetivos en este contexto es el comportamiento del «directivo héroe», y lo reconocemos como un comportamiento inherente al Nivel de Madurez 2. Para superar el Nivel de Madurez 2, debemos recompensar los verdaderos comportamientos de liderazgo, y no limitarnos a fijar objetivos y sacar el látigo.

Eliminar las barreras al orgullo por la calidad del trabajo: sustituir el liderazgo.

Deming abordó explícitamente el papel del «supervisor» de la fábrica. En el siglo XXI podríamos interpretarlo como «líder de equipo». Quería que esos supervisores fueran líderes, que inspiraran a sus trabajadores, que lideraran con el ejemplo y que señalaran los comportamientos correctos que producen el mejor resultado global del sistema: clientes satisfechos; productos y servicios adecuados a su finalidad, y una empresa robusta, económicamente sostenible y capaz de mejorar continuamente tanto lo que hace como la forma en que lo hace.

Sin embargo, tenemos que desembalar la «barrera del orgullo por la calidad del trabajo» y examinarla más a fondo. ¿Qué se necesita para sentirse orgulloso del trabajo?

- Un propósito que dé sentido al esfuerzo realizado
- Una sensación de cierre, sabiendo que su contribución realmente marca la diferencia
- El tiempo y el espacio necesarios para realizar el trabajo correctamente
- Las herramientas y los recursos para realizar el trabajo correctamente
- Un entorno de trabajo digno y todo lo que ello conlleva, incluido un salario justo por un día de trabajo justo
- Respeto, reconocimiento y estatus por hacer un buen trabajo

Cuando examinamos el modelo KMM y su enfoque en el liderazgo y la cultura, sus valores y la definición del Método Kanban, vemos que aborda todos estos requisitos para el orgullo por la calidad del trabajo a partir del Nivel 2 de Madurez. En el Nivel 2, el trabajo tiene sentido y propósito, los trabajadores y el sistema de producción (el flujo de trabajo) se liberan de la sobrecarga; los mecanismos de *feedback*, la instrumentación y la presentación de informes comienzan a surgir para garantizar que el tiempo, el espacio, las herramientas y los recursos estén disponibles para hacer el trabajo correctamente, y la cultura se está desarrollando para garantizar un lugar de trabajo digno que proporcione respeto, reconocimiento y un estatus equitativo por la contribución realizada. Aunque vemos avances en este objetivo a partir del Nivel de Madurez 2, para cumplir completamente el punto 12, una organización necesita madurar hasta el Nivel de Madurez 4.

Instituir un vigoroso programa de educación y empoderamiento personal.

Deming reconoció que el trabajo lo realizan los trabajadores y que esos trabajadores necesitan educación y un credo que les impulse al aprendizaje continuo a lo largo de su vida profesional.

El valor de Comprensión del KMM se centra principalmente en comprender y modelar la filosofía natural del entorno de trabajo (el sistema de producción, por utilizar el término de Deming) y el entorno de riesgo en el que opera dicho sistema de producción.

La literatura del Método Kanban y KMM proporciona los medios de formación para ayudar a los trabajadores a comprender el entorno en el que operan y a tomar mejores decisiones. Un ejemplo de ello es la importancia del *lead time* como criterio de selección del cliente, una métrica vital para impulsar la mejora del servicio al cliente, generar confianza y crear seguridad. Antes de la aparición del Método Kanban, el *lead time* no era una métrica muy utilizada, cuando lo era, en la industria de TI. Hoy en día, no solo es común, sino que entendemos su naturaleza, entendemos los elementos que influyen en la forma de la curva, y entendemos cómo los tiempos de entrega de cola ancha destruyen la confianza y conducen a un comportamiento de baja madurez.

Aunque Kanban y KMM no prescriben explícitamente la educación y la superación individual, el método y el modelo contribuyen en gran medida a educar a la fuerza laboral de los servicios profesionales, o trabajadores del conocimiento, y a proporcionarles una comprensión de los riesgos de su entorno. Ese conocimiento elimina la ansiedad y el miedo, y permite confiar en uno mismo y tomar decisiones de calidad.

La transformación es trabajo de todos.

Deming reconocía, como Toyota, que la mejora continua (*kaizen*) no era tarea de la dirección, ni de los altos cargos, ni de un grupo de mejora de procesos o de *coaching* (Deming los habría llamado «ingenieros industriales» u «hombres de tiempo y movimiento»), sino que la mejora es cosa de todos. El Método Kanban tiene este concepto en su núcleo, y el KMM proporciona el contexto organizativo y los elementos culturales para que esto suceda.

En mi entrada de blog *No More Quality Initiatives*[68], en el 27 de abril de 2005, expliqué que la mejora es cosa de todos. Respondía así a un reto que me habían planteado los miembros del Consejo Asesor de Clientes (CAC) del producto Visual Studio Team System de Microsoft: «Por favor, no nos dé otra iniciativa de transformación». El solicitante trabajaba para una gran consultora de TI con sede en Texas. Informó de que tanto los clientes como sus propios empleados tenían «fatiga de iniciativas de transición» y simplemente no querían agotarse con otra iniciativa de cambio que exigiera la adopción de un nuevo proceso. Lo que se necesitaba era un enfoque evolutivo e incremental que partiera de donde estaban y solucionara los problemas de uno en uno.

---

68. Posteriormente reeditado y publicado en David J Anderson, *Lessons in Agile Management: On the Road to Kanban* (Seattle: Blue Hole Press, 2012), 381.

Esto reforzó mi creencia de que la agilidad empresarial se conseguiría mediante un sistema de gestión, formando a la dirección para que cambien su comportamiento y se centre en la cultura organizativa. 2005 fue el periodo en el que tuvo lugar la primera implementación de Kanban en el departamento de TI de Microsoft. Este fue el momento en que las ideas convergieron para producir lo que ahora reconocemos como el Método Kanban y el KMM. Al menos en parte, el Método Kanban fue creado para cumplir con la visión de Deming para el lugar de trabajo moderno. El KMM existe para democratizar las habilidades necesarias para programar una organización para el cambio evolutivo con el fin de catalizar el proceso de cambio evolutivo y la búsqueda de la excelencia mediante la mejora continua del sistema de producción y los medios para sostenerlo, lo que crea empleo de calidad y clientes encantados.

Índice alfabético

Sobre el autor

David J Anderson es un innovador en el pensamiento de gestión para negocios del siglo XXI. Autor y pionero del Método Kanban, cuenta con más de treinta años de experiencia en el sector de la alta tecnología.

David ha trabajado anteriormente en IBM, Sprint, Motorola y Microsoft, donde desarrolló el Método Kanban para mejorar en gran medida los resultados de negocio a escala empresarial.

Creador del Método Kanban y del Modelo de Madurez Kanban, el Marco de Fit-for-Purpose y Enterprise Services Planning, David es líder mundial en formación de personas en cargos directivos y desarrollo de liderazgo para servicios profesionales e industrias de bienes intangibles.

Es autor de siete libros de referencia para la empresa moderna; el más renombrado, *Kanban: Successful Evolutionary Change for Your Technology Business*, se publicó en 2010 y se encuentra entre los cinco libros sobre Agile más vendidos de todos los tiempos.

David también fundó la Kanban University que cuenta con más de 400 consultores y formadores acreditados. Además, organiza múltiples conferencias mundiales sobre Kanban y dirige la David J Anderson School of Management, que ofrece formación en prácticas empresariales del siglo XXI para la agilidad empresarial, la resiliencia y la madurez organizativa.

El grupo de empresas fundado por David se engloba dentro del Mauvius Group Inc. Este grupo de empresas se centra en mejorar la calidad de la gestión, el liderazgo y la toma de decisiones para las empresas del siglo XXI.

Reconocimientos de la versión en español

Profundamente agradecida a David J. Anderson por confiarme la traducción de este libro. Ha sido una oportunidad de aportar otro granito de arena en la difusión de Kanban y, además, un enorme aprendizaje personal como *coach* y *trainer* de Kanban. Sin duda lo será también para sus lectores.

Me comprometí a traducir *Discovering Kanban* sin dudar un instante. Ha sido un gran reto. Un trabajo de esta envergadura necesita un equipo de personas expertas para revisarlo minuciosamente; reflexionando, contrastando y acordando las mejores opciones. Un honor trabajar codo con codo con grandes profesionales como Primi Cachero, Sergi Planas y Miquel Rodríguez. ¡Gracias por vuestro apoyo, tiempo y dedicación! Siempre recordaré las intensas conversaciones buscando la mejor alternativa en español para cada palabra y expresión.

Nos hemos centrado en respetar al texto original en inglés, manteniendo el contenido, la intención, el significado, la voz y el estilo del autor, sus ideas, sus licencias literarias y por supuesto las normas gramaticales y lingüísticas. Con la intención de lograr la mayor fidelidad a la versión original, hemos optado por mantener en inglés todas aquellas palabras y expresiones cuya traducción podía alterar su significado y que, siendo de uso común, no era imprescindible traducirlas.

Por último, agradezco especialmente a mi padre, Xavier, su ayuda en las numerosas revisiones de la traducción.

Espero volver a colaborar con tan magníficos compañeros de viaje en la traducción y difusión de los trabajos de David.

Lilian Mateu Ruano
Octubre, 2023. Barcelona